装潢书系02

现代风水宝典

当代风水名家 黄一真◎主编

南海出版公司

目 录

第一部分　现代住宅风水

引言：
住宅格局与精神气质 …………… 020

第一章　大门的风水

开门四主向 ………………………… 023
开门需配合路形 …………………… 024
东四宅和西四宅 …………………… 024
大门的坐向 ………………………… 025
入门宜有三见 ……………………… 026
入门宜有三不见 …………………… 026
大门两大忌讳 ……………………… 026
大门的颜色与尺寸 ………………… 027
门旁摆水可催财 …………………… 027
门槛的讲究 ………………………… 027

第二章　玄关的风水

玄关化煞防泄作用 ………………… 029
玄关的遮掩作用 …………………… 031
美化玄关的四项基本原则 ………… 032
影响玄关功能的八大重点 ………… 033

1.天花板的安置 …………………… 033
2.墙壁的间隔 ……………………… 033
3.地板的布置 ……………………… 034
4.鞋柜的摆放 ……………………… 035
5.地主财神的摆法 ………………… 036
6.植物的布局 ……………………… 036
7.饰物的选择 ……………………… 036
8.玄关镜片的安装 ………………… 037

第三章　客厅的风水

客厅的内部格局 …………………… 039
1.位置 ……………………………… 039
2.客厅的颜色 ……………………… 039
3.财位的布局 ……………………… 041
4.客厅安门的讲究 ………………… 042
5.客厅天花 ………………………… 043
6.客厅尖角的化解 ………………… 045
7.客厅梁柱的化解 ………………… 046
8.客厅楼梯风水 …………………… 048

客厅家具的摆放 …………………… 050
1.沙发 ……………………………… 050
2.茶几 ……………………………… 053

3. 组合柜 …………………………… 055

客厅饰物 ………………………………… 057
　　1. 字画 ……………………………… 057
　　2. 地毯 ……………………………… 059
　　3. 鱼缸 ……………………………… 060
　　4. 植物 ……………………………… 063

第四章 卧室与洞房的风水

卧室 ……………………………………… 065
　　1. 位置与格局 ……………………… 065
　　2. 床位 ……………………………… 066
　　3. 卧室的颜色选择 ………………… 069
　　4. 卧室的家具 ……………………… 069
　　5. 卧室的装饰与照明 ……………… 071
　　6. 卧室的植物 ……………………… 071

洞房 ……………………………………… 072
　　1. 洞房位置与布局 ………………… 072
　　2. 婚床的布置 ……………………… 072
　　3. 床上用品 ………………………… 073
　　4. 床上饰物 ………………………… 073
　　5. 主卧室的吉方 …………………… 073

第五章 儿童房与婴儿房的风水

儿童房 …………………………………… 085

　　1. 儿童房的位置 …………………… 085
　　2. 儿童房的内部布局 ……………… 086
　　3. 儿童房的地面 …………………… 086
　　4. 儿童房的颜色 …………………… 087
　　5. 儿童房的床位 …………………… 087
　　6. 儿童房的照明 …………………… 087
　　7. 儿童房还要注意的其他事项 …… 088

婴儿房 …………………………………… 089
　　1. 位置 ……………………………… 089
　　2. 床位 ……………………………… 089
　　3. 颜色 ……………………………… 089

第六章 书房的风水

文昌位的选择 …………………………… 091

仁智之局 ………………………………… 092

办公用品的摆放 ………………………… 094

灯光照明 ………………………………… 095

第七章 厨房和餐厅的风水

厨房 ……………………………………… 097
　　1. 厨房位置的选择 ………………… 097
　　2. 厨房风水的十大忌讳 …………… 097
　　3. 厨房环境空间感的营造 ………… 098
　　4. 厨房的色彩 ……………………… 098

5.创造诱导食欲的环境……………100
　　6.厨房应避免死角………………100
　　7.厨房空间要重视人体尺度……100
　　8.厨房照明………………………100
　　9.灶台与炉具的位置……………101
　　10.厨房的家具与用品……………102
　　11.厨房的植物……………………102
餐厅……………………………………103
　　1.餐厅的方位……………………103
　　2.餐桌的十大注意事项…………103
　　3.酒柜的布置要点………………107
　　4.餐厅的装饰四要素……………108
　　5.餐厅的植物……………………109

第八章　卫生间的风水
卫生间的位置……………………………111
厕所与浴室的统一………………………114
卫生间的颜色……………………………114
卫生间地面………………………………115
马桶的方位………………………………115
卫生间的植物……………………………116

第九章　窗户的风水
窗户的数量………………………………119

开窗的方位与形状………………………120
两面开窗不可正对………………………121
窗户大小要适中…………………………121
窗户的高度………………………………122
窗框的颜色………………………………122
开窗的方式………………………………123
窗帘的使用………………………………123

第十章　阳台的风水
阳台的生旺及化煞植物…………………125
阳台的吉祥饰物…………………………127
阳台改建…………………………………129
阳台神位的摆放…………………………130
住宅的十八种典型外煞…………………131
　　1.天斩巨煞………………………131
　　2.孤峰独峙………………………131
　　3.白虎动土………………………131
　　4.长路直冲………………………131
　　5.五花大绑………………………131
　　6.镰刀拦腰………………………132
　　7.尖刀劈面………………………132
　　8.天枰冲日………………………132
　　9.火形冲射………………………132
　　10.山石尖射………………………132

11. 刺面破财 ······ 132
12. 脚底穿心 ······ 132
13. 孤阳独阴 ······ 132
14. 乌龙入宅 ······ 133
15. 后靠穷山 ······ 133
16. 反弓去水 ······ 133
17. 强光污染 ······ 133
18. 恶物顶心 ······ 133

第十一章 庭院的风水

庭院的水体 ······ 135
1. 池塘 ······ 136
2. 泳池 ······ 136
3. 喷泉 ······ 137

庭院的植物 ······ 137
十三种庭院吉祥植物 ······ 139
八大驱邪植物 ······ 140
鲜花的作用 ······ 141
养花容器的形状与摆放方位 ······ 141
不宜亲近的四种花卉 ······ 141

第十二章 激发住宅的潜能

小物品的大作用 ······ 143
1. 水晶 ······ 143
2. 风铃 ······ 143
3. 时钟 ······ 144
4. 食盐 ······ 144

镜中有玄机 ······ 145
1. 镜的形状 ······ 145
2. 平、凸、凹镜各有用处 ······ 145
3. 镜子功用能放能收 ······ 146
4. 家具用镜九法 ······ 147

灯火照明旺家居 ······ 147
1. 分区照明 ······ 147
2. 明堂灯 ······ 147
3. 长明灯 ······ 147
4. 日光灯 ······ 148
5. 灯的数量 ······ 148
6. 弥补缺陷 ······ 148
7. 水晶吊灯增宅运 ······ 149
8. 烛光添浪漫 ······ 149

第二部分 现代办公风水

引言：
和谐空间的法度与秩序 …… 152

第一章 办公大门的风水

办公室入口的三种形态 ………… 155
1. 葫芦口 ……………………… 155
2. 备斗口 ……………………… 155
3. 平行口 ……………………… 155

办公大门宜在龙边 …………… 156
办公室大门的旺向 …………… 156
1. 五行属金的行业 …………… 156
2. 五行属木的行业 …………… 156
3. 五行属水的行业 …………… 157
4. 五行属火的行业 …………… 157
5. 五行属土的行业 …………… 157

办公大门颜色宜忌 …………… 158
办公大门的材料选择 ………… 158
办公大门入口四大忌 ………… 159
1. 门冲 ………………………… 159
2. 电梯吸气 …………………… 159
3. 穿心剑 ……………………… 159
4. 隔角煞 ……………………… 159

门厅是公司的第二门面 ……… 160
公司必须有前台 ……………… 160
前台的布局 …………………… 161
办公室入口屏风的用法 ……… 162

第二章 写字楼内局的风水

办公空间布局要以人为本 …… 165
1. 光线 ………………………… 167
2. 颜色 ………………………… 167
3. 空气 ………………………… 168
4. 声音 ………………………… 168

写字楼内部布置的程序 ……… 170
写字楼布置的基本方法 ……… 170
现代办公布局的三大方向 …… 171
1. 秩序感 ……………………… 171
2. 明快感 ……………………… 171
3. 现代感 ……………………… 171

影响内部办公环境的三要素 … 172
1. 办公家具 …………………… 172
2. 色彩 ………………………… 172
3. 档案管理系统 ……………… 172

现代办公空间的五大装修风格 … 173
1. 稳重型 ……………………… 173
2. 现代型 ……………………… 173

3.跳跃型 …………………… 173
　　4.创意型 …………………… 173
　　5.简洁型 …………………… 173
写字楼空间的最佳配置 …………… 174
写字楼户型与格局 ………………… 174
写字楼户型十不宜 ………………… 175
　　1.锯齿形 …………………… 175
　　2.菜刀型 …………………… 175
　　3.长枪型 …………………… 175
　　4.曲折型 …………………… 175
　　5.走廊形 …………………… 175
　　6.钻石型 …………………… 175
　　7.半弧形 …………………… 175
　　8.T字形 …………………… 175
　　9.三角形 …………………… 175
　　10.回字形 ………………… 175
写字楼天花设计 …………………… 176
写字楼平面不可缺中心 …………… 177
写字楼八方凸凹角的影响 ………… 177
写字楼吉凶格局 …………………… 179

办公通道不宜阻塞 ………………… 180
写字楼内部的楼梯宜忌 …………… 180
卫生间的宜忌 ……………………… 181
开偏门和茶水间可以补运 ………… 182
员工休息区的布局 ………………… 183
开放式写字楼布置的16项基本原则 … 184

第三章 总裁室的风水

总裁室要在财位上 ………………… 187
总裁室的理想位置 ………………… 188
总裁座位的五大忌讳 ……………… 188
　　1.忌座位背门 ……………… 188
　　2.忌座后有窗 ……………… 188
　　3.忌座侧对门 ……………… 189
　　4.忌走道近窗 ……………… 189
　　5.忌被冲射 ………………… 189
办公台摆放三要素 ………………… 190
布局十细节 ………………………… 190
　　1.方位 ……………………… 190
　　2.面积 ……………………… 191
　　3.路线 ……………………… 191
　　4.门向 ……………………… 191
　　5.套间 ……………………… 191
　　6.隔屏 ……………………… 191

7. 前后 …………………………… 191
8. 金库 …………………………… 192
9. 桌面 …………………………… 192
10. 颜色 ………………………… 192

总裁增权力四法 ……………………… 193
天医位招贵人 ………………………… 193

第四章 财务室的风水

财务管理的基本任务 ………………… 195
财务室的风水宜忌 …………………… 196

1. 财务室不可太接近电梯间 …… 196
2. 财务室的装饰 ………………… 196
3. 财务室门位置要隐密 ………… 196
4. 财务室最好设在财位 ………… 196
5. 财务室的保险柜 ……………… 196
6. 保险柜勿设于梁下 …………… 196
7. 财务座位不可犯冲 …………… 196
8. 财务室可放盆景 ……………… 196
9. 财务室不可放鱼缸 …………… 197
10. 财务室的其他禁忌 …………… 197

第五章 秘书室的风水

秘书的十二项日常工作 ……………… 199
秘书旺主命 …………………………… 199

电话催财法 …………………………… 200
传真机也应放财位 …………………… 200
秘书位的风水布置 …………………… 201

1. 秘书可为领导挡煞 …………… 201
2. 秘书办公台面可摆水种植物 …… 201
3. 秘书与领导不可背对背 ……… 201
4. 秘书座位后靠领导有助力 …… 201

第六章 经理室的风水

办公环境的伦理秩序 ………………… 203
办公室内部布局 ……………………… 204

1. 经理室布局九不宜 …………… 204
2. 办公桌背门多是非 …………… 204
3. 办公桌向门主当权 …………… 205
4. 经理室内不可有厕所 ………… 205
5. 太师椅格局 …………………… 205
6. 辅弼从主局 …………………… 205
7. 君臣互相配合局 ……………… 205

8. 写字桌要立旺向 …………………… 206

1. 生肖为鼠 ……………………… 206
2. 生肖为牛 ……………………… 206
3. 生肖为虎 ……………………… 207
4. 生肖为兔 ……………………… 207
5. 生肖为龙 ……………………… 208

6. 生肖为蛇 ················ 208
7. 生肖为马 ················ 209
8. 生肖为马 ················ 209
9. 生肖为猴 ················ 210
10. 生肖为鸡 ··············· 210
11. 生肖为狗 ··············· 211
12. 生肖为猪 ··············· 211

第七章 职员的办公风水

办公好风水22原则 ········ 213

1. 座位四周的环境要整洁 ····· 213
2. 座位上方无压梁或吊灯 ····· 214
3. 座位四周无大电器 ········ 214
4. 座位不背门而坐 ·········· 214
5. 背后要有靠山 ············ 215
6. 座位前方要开阔 ·········· 215
7. 座位无镜子照射 ·········· 215
8. 座位正面不对柱 ·········· 215
9. 座位不距门太近 ·········· 215
10. 座位不冲门、路 ········· 215
11. 办公桌后不靠窗 ········· 216
12. 不坐靠走道的窗边 ······· 216
13. 窗外不能冲大楼的墙角 ··· 216
14. 座位不逢切角 ··········· 216
15. 座位不正对着主管 ······· 216
16. 座位前方最好无人 ······· 216
17. 出入的动线没有阻碍物 ··· 217
18. 座位旁不设水龙头 ······· 217
19. 座位上方光线充足 ······· 217
20. 座位前方不能紧贴墙壁 ··· 217
21. 座位不能正对厕所门 ····· 217
22. 座位正前方不能作为动线 ··· 217

办公桌上三类不当的摆设 ······ 218

提拔加薪的九大风水秘诀 ······ 218

1. 座位在后 ················ 218
2. 水晶启运 ················ 219
3. 风扇运气 ················ 219
4. 加强龙方 ················ 219
5. 催旺桃花 ················ 219
6. 玉带缠腰 ················ 219
7. 主命文昌 ················ 220
8. 吉祥挂图 ················ 220
9. 灯光上照 ················ 220

开放式办公室的布局之道 ······ 221

1. 建立保护墙 ·············· 221
2. 合理摆放电脑 ············ 221
3. 细节布置 ················ 222

家居化布局 ················ 223

1. 金属用品尽量少 …………… 223

2. 办公桌椅的形态 …………… 223

第八章 会议室的风水

会议室的筹划 …………… 225

会议目的和目标 …………… 225

会议的七大性质 …………… 226

如何规划会议室 …………… 227

会议室布置的八大类型 …… 228

1. 教室型 …………… 228

2. 主席台U型 …………… 228

3. 方框形 …………… 228

4. 讨论会型 …………… 229

5. 圆桌型 …………… 229

6. 马蹄型 …………… 229

7. 交叉型 …………… 229

8. 剧场型 …………… 229

会议室基本设施的布置 …… 230

1. 音响 …………… 230

2. 讲台 …………… 230

3. 幻灯机 …………… 231

4. 录像机 …………… 231

5. 多媒体投影仪 …………… 231

6. VCD／LCD／DVD机 …… 231

第九章 办公植物的风水

植物的功用 …………… 233

植物可净化空气 …………… 235

办公室三大类型吉祥植物 …… 235

1. 吉祥聚财型 …………… 235

2. 宁静温和型 …………… 235

3. 壮旺文昌型 …………… 235

办公室首选植物 …………… 236

1. 百合 …………… 236

2. 吊兰 …………… 236

3. 芦荟 …………… 236

4. 肉桂 …………… 236

植物间也存在相生相克 …… 237

九类办公室内不宜植物 …… 237

办公植物布置五要素 …… 238

1. 协调空间 …………… 238

2. 布置方便 …………… 238

3. 位置正确 …………… 238

4. 明辨真假 …………… 238

5. 及时打理 …………… 239

第十章 办公照明的风水

采光应接近自然 …………… 241

防止反光煞 …………… 242

眼睛健康依赖光源 …………… 242
头顶上方不可有大吊灯 ………… 243
采光和通风的关系 …………… 243
写字楼照明设计 ……………… 244
灯具的配置 …………………… 245
台灯的造型 …………………… 245

第十一章 办公楼层的风水

楼层谨防脚下虚空 …………… 247
上下楼不可是污秽场所 ………… 247
河图洛书与楼层五行的关系 …… 248
六十甲子与五子运 …………… 249
五子运与五行的关系 ………… 251

第十二章 写字楼外局的风水

影响外环境的四大因素 ………… 253
  1.近邻因素 ………………… 253
  2.污染因素 ………………… 253
  3.辐射因素 ………………… 254
  4.建筑因素 ………………… 254
理想办公大楼的五大条件 ……… 255
  1.来路纳气 ………………… 255
  2.背后有靠 ………………… 255
  3.坐实向虚 ………………… 256

  4.龙强虎弱 ………………… 256
  5.朱雀争鸣 ………………… 256
环抱水格 ……………………… 257
之字路格 ……………………… 257
楼前三要 ……………………… 258
  1.办公大楼前不可有复杂的车道… 258
  2.大楼不要在死巷内 ………… 258
  3.远离高架路 ……………… 258
办公大楼的外形三大忌讳 ……… 259
  1.L形的办公大楼 …………… 259
  2.U形的办公大楼 …………… 259
  3.回字形的办公大楼 ………… 259
办公大楼外墙颜色与朝向的关系… 260
办公大楼的二十一种典型外煞 …… 260
  1.穿心煞 …………………… 260
  2.对窗煞 …………………… 261
  3.尖射煞 …………………… 261
  4.天斩煞 …………………… 261
  5.镰刀煞 …………………… 261
  6.冲天煞 …………………… 261
  7.刺面煞 …………………… 261
  8.天刀煞 …………………… 262
  9.独阴煞 …………………… 262
  10.直枪煞 …………………… 262

11. 冲背煞 …………………… 262	9. 关公 ………………………… 268
12. 斜枪煞 …………………… 262	10. 文财神 …………………… 268
13. 尖冲煞 …………………… 263	11. 水晶 ……………………… 268
14. 剪刀煞 …………………… 263	12. 龙 ………………………… 269
15. 割脚煞 …………………… 263	13. 五帝钱 …………………… 269
16. 刀斩煞 …………………… 263	**室内动水三大催财法** ……… **270**
17. 井字煞 …………………… 263	1. 风水轮催财法 …………… 270
18. 擎拳煞 …………………… 263	2. 雾化盆景催财法 ………… 270
19. 火煞 ……………………… 263	3. 养鱼催财法 ……………… 270
20. 探头煞 …………………… 263	**吉祥物品的布局方位** ……… **273**
21. 光煞 ……………………… 263	**驱邪化煞吉祥物** …………… **273**

第十三章 办公吉祥物的风水

吉祥物的主要作用 ………… **265**	1. 泰山石敢当 ……………… 273
八大吉祥图画 ……………… **265**	2. 朱雀 ……………………… 274
吉祥物可旺财 ……………… **266**	3. 玄武 ……………………… 274
1. 貔貅 ……………………… 266	4. 风水葫芦 ………………… 274
2. 麒麟 ……………………… 266	5. 虎 ………………………… 275
3. 龙龟 ……………………… 266	6. 巴西水晶簇 ……………… 275
4. 金蟾 ……………………… 267	7. 天然葫芦 ………………… 275
5. 元宝 ……………………… 267	8. 东海水晶簇 ……………… 275
6. 狮子 ……………………… 267	
7. 铜羊 ……………………… 268	
8. 铜风铃 …………………… 268	

第三部分 现代商业风水

引言：健康生活的完美指引 …… 278

第一章 现代商铺择地的风水

现代商业择地理论要点 …… 281
1. 占据人群汇集场所 …… 281
2. 靠近人流必经之地 …… 282
3. 利用人群集中之时机 …… 282

现代商业选址标准 …… 283
1. 取繁华避偏僻 …… 283
2. 取开阔避狭窄 …… 283
3. 取南向避东北向 …… 285

发挥地区有利条件促成优势 …… 286
1. 交通优势 …… 286
2. 领域优势 …… 286
3. 传统优势 …… 286
4. 建立营销特色 …… 286

不同地域的商业风水 …… 287
1. 接近天桥口的商业风水 …… 287
2. 接近隧道口的商业风水 …… 287
3. 接近天井的商业风水 …… 287

按商品类型择地 …… 288
1. 日常用品 …… 288
2. 选购品 …… 288
3. 特殊品 …… 288
4. 高贵品 …… 289

各行各业中小型店铺选址和经营要点 290
1. 中式小餐厅 …… 290
2. 西式餐厅 …… 290
3. 小吃店 …… 291
4. 水果店 …… 291
5. 中小型副食蔬菜自选商场 …… 291
6. 食品店 …… 291
7. 小型超市 …… 292
8. 便利店 …… 292
9. 咖啡店 …… 292
10. 金银珠宝首饰店 …… 292
11. 服装店 …… 293
12. 鞋店 …… 293
13. 箱包店 …… 294
14. 洗衣店 …… 294
15. 小奶茶吧 …… 294
16. 婴儿用品店 …… 295
17. 药店 …… 295
18. 装潢公司 …… 295
19. 电器店 …… 295

20. 文具店 …………………………… 296
21. 书店 ……………………………… 296
22. CD与DVD商店 ………………… 297
23. 建筑材料行 ……………………… 297
24. 照相馆 …………………………… 298
25. 乐器店 …………………………… 298
26. 玩具店 …………………………… 298
27. 家具店 …………………………… 299
28. 洗车店 …………………………… 299
29. 健身中心 ………………………… 300
30. 律师事务所 ……………………… 300
31. 眼镜店 …………………………… 301
32. 美容理发店 ……………………… 301

第二章 利用风水取店名、选吉时的风水

按五行相生相克原理取店名 …… 303
按字笔画的阴阳取店名 ………… 304
吉数、吉时 ……………………… 305

第三章 店铺朝向与店门的风水

影响店铺朝向风水的因素 ……… 307
各行业的吉方位 ………………… 309
经营者属相与店铺朝向 ………… 310

商铺大门风水 …………………… 311
1. 店门的风水禁忌 ……………… 311
2. 店门宜宽敞 …………………… 312
3. 店门的其他注意事项 ………… 313

第四章 店铺外观装饰设计的风水

店铺设计的风水原则 …………… 315
1. 对称协调的原则 ……………… 315
2. 因地制宜的原则 ……………… 316
3. 因势利导的原则 ……………… 316
4. 适中居中的原则 ……………… 316
5. 顺乘生气的原则 ……………… 316
店铺外观设计的重要性 ………… 317
外观造型与区域景致 …………… 318
店铺外观的颜色搭配 …………… 319
店铺招牌设计风水 ……………… 320
店铺橱窗设计风水 ……………… 321

第五章 商铺内局的风水

室内装修风水 …………………… 323
1. 天花板设计 …………………… 323
2. 墙壁设计 ……………………… 324
3. 地面设计 ……………………… 325
柜台货架设计风水 ……………… 326

    1. 收银台 …………………………… 326

    2. 货柜 ……………………………… 327

    3. 货架 ……………………………… 328

室内装饰风水 ……………………… 329

    1. 风水宜忌 ………………………… 329

    2. 其他注意事项 …………………… 332

    3. 商业旺财之法 …………………… 332

    4. 神桌摆放窍门 …………………… 334

    5. 店铺中的电梯和楼梯 …………… 335

    6. 声煞 ……………………………… 335

店铺的照明风水 …………………… 336

    1. 商业照明的形式 ………………… 336

    2. 不同商业空间的照明设计 ……… 338

第六章　商铺养鱼的风水

商铺风水鱼缸的位置 ……………… 341

    1. 酒店 ……………………………… 342

    2. 饭店 ……………………………… 342

    3. 百货店 …………………………… 343

    4. 车行 ……………………………… 343

    5. 服饰店 …………………………… 343

适合商铺的风水鱼品种 …………… 344

第七章　常见商业店铺的风水运用

咖啡室风水 ………………………… 357

    1. 咖啡室的装饰 …………………… 358

    2. 咖啡室的空间设计 ……………… 359

休闲生活馆与风水 ………………… 361

    1. 休闲生活馆的风水要求 ………… 361

    2. 休闲生活馆的分类 ……………… 361

    3. 休闲生活馆的环境设计 ………… 361

    4. 休闲生活馆的外观设计 ………… 362

    5. 休闲生活馆的室内设计 ………… 362

    6. 休闲生活馆的卫生间 …………… 363

    7. 休闲生活馆的大厅色彩 ………… 364

KTV、夜总会与风水 ……………… 365

    1. 内部设计 ………………………… 365

    2. 附属区域 ………………………… 366

酒吧的风水 ………………………… 367

    1. 酒吧的空间划分 ………………… 367

    2. 酒吧的装饰 ……………………… 368

    3. 吧台区设计 ……………………… 369

酒楼的风水 ………………………… 372

    1. 环境与餐饮业风水的关系 ……… 372

    2. 酒楼外观风水 …………………… 373

    3. 酒楼内部装修风水 ……………… 377

    4. 酒楼的装修要点 ………………… 381

5.酒楼的装修风格 ……………… 383

茶馆与风水 …………………… 385

1.茶馆的外观风水 ……………… 385

2.茶馆内部装修风水 …………… 388

第八章　商铺的风水宜忌

商铺风水之宜 ………………… 397

1.商铺橱窗宜有广告 …………… 397

2.商铺设计宜有特色 …………… 397

3.商铺收银台宜设在白虎位 …… 398

4.商铺的财位宜明亮 …………… 398

5.商铺的颜色宜明亮 …………… 398

6.商铺宜选用吉祥字号 ………… 399

7.商业场所的楼梯口宜宽敞 …… 399

8.商铺宜有圆形水池 …………… 399

9.商铺内宜通风透气 …………… 399

10.商铺内宜设镜子 ……………… 400

11.武财神宜面向商铺大门摆放 … 400

12.商铺地面宜平整防滑 ………… 400

13.商铺的保险柜宜摆放在财位 … 400

14.天花板高度宜与商铺面积相协调 400

15.商铺宜近三流 ………………… 401

16.商铺的财位宜置植物 ………… 401

商铺风水之忌 ………………… 402

1.商铺忌临高速公路 …………… 402

2.商铺忌临隧道出入口 ………… 402

3.商铺忌开在坡路上 …………… 403

4.商铺忌临反弓路 ……………… 403

5.商铺忌前后门相对 …………… 403

6.商铺大门忌有光煞 …………… 403

7.商铺忌临"孤煞地" …………… 403

8.商铺忌临垃圾站 ……………… 404

9.商铺大门忌对窄巷 …………… 404

10.商铺忌临立交桥 ……………… 404

11.商铺忌临公交车总站 ………… 405

12.商铺门前忌多条道路交汇 …… 405

13.商铺大门忌对屋角 …………… 405

14.商铺的门忌四面相通 ………… 405

15.商铺地势忌四周高过中间 …… 405

16.商铺忌招牌冲大门 …………… 406

17.商铺的财位忌无靠 …………… 406

18.商铺忌与直路、"Y"字路相冲 406

19.商铺地势忌倾斜 ……………… 407

20.商铺的财位忌水 ……………… 407

21.商铺的财位忌振动 …………… 408

22.商铺的财位忌尖角冲射 ……… 408

23.商铺的财位忌脏污 …………… 408

24.商铺忌摆放干燥花 …………… 408

第一部分 住宅现代风水

大门风水
玄关风水
客厅风水
卧室与洞房风水
儿童房与婴儿房的风水
书房风水
厨房与餐厅的风水
卫生间的风水
庭院的风水
阳台的风水
窗户的风水
住宅的风水潜能
家庭办公格局

【管氏地理指蒙】

布于天为五星，分于地为五方。行于四时为五德，布于律昌为五声。发于文章为五色，总共精气为五行。人灵于万物，禀秀气而生。

引 言

住宅格局与精神气质

作为一种特殊的私人生活工具，住宅的首要的功能在于阻隔外界包容自我、静默养气、安身立命，使自己的私密生活与精神气质有所依托。住宅风水为此而讲究，住宅格局因此而兴盛。

住宅格局的精神

我们居住在房子里面，消磨着生命的时光。

我们通过选择住宅，选择了自己的生活方式，而住宅本身也改变着我们的生活方式。

林语堂先生说过："中国建筑的基本精神是和平与知足，其最好的体现是私人的住宅和庭院建筑。这种精神不像哥特式建筑的尖顶那样直指苍天，而是环抱大地，自得其乐。哥特式教堂暗示着精神的崇高，而中国庙宇宫殿则暗示着精神的安祥和宁静。"

这种精神上的安祥和宁静指导着中国传统的住宅风水学。住宅的本意是静默养气，安身立命，意思是指生活和精神有所依托。

《天隐子》里说：所谓的安处，并不是华堂深宅，重褥宽床，而是指能在南面静坐，东首安寝，阴阳适中，光线明暗相伴。屋不要太高，高则阳盛而明多；屋也不要太低，低则阴盛而暗多。因为明多就会伤魄，暗多就会伤魂。人的魂属阳，魄属阴，假如明暗不调，那么就会产生疾病。

居室四边都开设有窗户，起风就关窗，风停便开窗。静坐的地方，前面挂着帘子，后面设有屏风，光线太强，便放下帘子来调和；光线太暗，便卷起帘子以通外光。这样，便能达到内以安心，外以安目，心目两安，进而自身安定的目的。住宅作为一种生活的工具，对人的影响至大，因此，如何运用风水学的原理，经营好其中的格局，意义甚重。

例如深圳，地处亚热带，四季模糊，二十四节气不均，冬短夏长，所以选择住宅方面有许多的讲究及避讳。普遍说来，就是要因地制宜，做到防潮、防热、防风、防燥，格局要与气候相宜，日照时间、风力风向要均匀，调和四时的阴阳。

我在观察国内外不少优秀的住宅时，经常在里面的窗前伫立半个时辰，观风看云，或让阳光晒着背部，倾听四周的声音，对内部的明暗、曲折之处进行着比较，领略着养怡之福、可得永年的奥秘，预测着住宅本身将给人带来的改变。

再用林语堂先生的话说："最好的建筑是这样的，我们居住其中，却感觉不到自然在哪里终了，艺术在哪里开始。"

安身立命的动与静

住宅的根本用意就在于静默、养气，安身立命。《易经·系辞下传》说："上古穴居而野处，后世圣人，易之以宫室，上栋下宇，以待风雨，盖取诸大壮。"人类从群居的野外生活进化到以家庭为单位的私密生活，终于有了自己特立独行的思想，这就是文明的发端。现代人选择住宅何尝不是想要一个能够静默养气、安身立命的所在呢?

从哲学意义上来说,静是动的另一种表现形式。而人本身就是矛盾的结合体。在俗世的生活中,作为一个社会人首先必须与尘嚣共存,被动地接受喧哗,主动地制造喧哗,而在内心深处,动极而生静,渴望着在时光的流逝中静默,才能产生思想的升华,生命得到延续,人生达到极致。住宅就提供了一个阻隔外界、包容自我的空间。

什么是静默?唐朝常建的《题破山寺后禅院》诗中说:

清晨入古寺,初日照高林。

曲径通幽处,禅房花木深。

山光悦鸟性,潭影空人心。

万籁此俱寂,惟闻钟磬音。

静默的效果就是天地和自我澄明通达,俗世的烦恼杂念被涤荡一空。在动态中生活,在静态中思考,才能构成完美的人生。而其中的"曲径通幽"与风水学讲究的"喜回旋、忌直冲"原理相符,因为弯曲之妙在于藏风聚气,进而营造私密的空间,也符合中国人传统温婉中庸的文化思想。

几年前我去嵩山,曾经过达摩洞,四周云淡风轻,令人心身舒畅,极有静默的效果,难怪达摩祖师能够在此安然入定,面壁数十年,延年益寿,而后悟无上之道。所以辨证住宅的优劣,必须从分辨其空间是否让人感觉安定祥和、神清气爽,达到静默养气的效果入手,看位置能否避开喧嚣,格局是否舒展,利于身心的生长,这是住宅的根本问题。

住宅的气色

传统中医诊察疾病的四大方法是望、闻、问、切,把"望"放在首位,即从人的神色、形态即气色上就可以观察其健康与否。而判断一套住宅的优劣亦要由辨别住宅的气色开始,凡是生旺之宅,必定喜气腾腾;而衰败之宅,则必定死气沉沉,这是颠扑不破的真理。

清代的学者魏青江把如何辨别住宅气色讲得极为生动传神,他在《辨宅气色》中说:"祯祥妖孽,先见乎气色。屋宇虽旧,气色光明,精彩润泽,其家必定兴发。屋宇虽新,气色暗淡,灰颓寂寞,其家必当退落。一进厅内,无人,觉闹烘气象似有多人在内喧哄一般,其家必大发旺。一进厅内,人有似无,觉得冷阴阴寒气逼人,其家必渐退败。一进门,觉红光闪烁,霭气腾腾,其家必有非常之喜,登科甲,报升迁,生贵子,发横财。若红紫火焰带烟气,又主火灾。眼中觉得黑气漫漫,如雾如烟,其家必有非灾横祸。见白气纷纷,淡烟相似,其家必有死亡孝服。喜气中又带黑气,其家旺运将衰,祸事将到。带白气者,旺盛之中有丧亡孝服之事。若黑气中微露彩色,其家祸将退散而喜气将至。白气中微露彩色,丧孝中又有喜事至也。"

现代住宅的气色好坏是如何形成的呢?住宅的装修格局、颜色搭配、家具摆放、字画照片、植物饰品等等,均对气色有巨大影响。因此,现代住宅风水学也把如何经营好住宅的气色,作为一个重要的研究课题和方向。

一门定吉昌

前门、后门、天门、地门、虎门、龙门

师门、掌门、豪门、国门、家门……

一套住宅的风水好坏

受大门的影响至大

因为大门是住宅的气口

是连接私人空间与大千世界的咽喉

也是房主因势利导、趋害避凶的首要屏障

若大门的朝向正确,常年会有紫气东来

如若这大门开得不好

轻则诸事不顺,重则犯煞遭殃

朱雀门、玄武门、青龙门、白虎门

各有讲究,各有门道

此即"门中正,家道成"

"一门定吉昌"是也!

第一章 PART ONE

大门的风水

住宅大门是内外空间分隔的最外部标志,即是气口所在。阳宅之门接纳外界的气息,犹如人体之口接纳食物一样重要。好的大门能提高主人对外的运势,阳宅中的三要:"门、主房、灶"及六事"门、路、灶、井、坑、厕"均把门当作第一要素。它是生气的枢纽、住宅的面子,又是划分社会与私人空间的一道屏障,陈眉公有一句话归纳得很精辟:"闭门即是深山。"

门与内、外气的流动关系非常紧密,因为内、外气不能通过住宅坚实的墙壁,但是通过门口则容易得多。外部大门影响外气进出住宅;而内部的门则对家里的内气影响甚巨。每个人每天出入自家大门的瞬间,都会受到大门风水的影响。因此,一套住宅的大门究竟如何设计,便大有讲究。

开门四主向

中国传统的南北东西四大方位以四种灵性动物来象征表示,分别是:孔雀、蛇龟、青龙、白虎。其方位口诀为:"前朱雀、后玄武、左青龙、右白虎。"一般的房屋开门有四个主要选择,即:开南门(朱雀门)、开左门(青龙门)、开右门(白虎门)、开北门(玄武门)。

风水学上,以门的前方有明堂为吉,如果前方有绿茵、平地、水池、停车场等,以开中门为首选。如前方无明堂,则以开左方门较佳,因为左方为青龙位,青龙为吉。而右方属白虎,一般以白虎为劣位,在右方开门就不佳。而开北门为玄武门,更是不吉,国外称之为鬼门,亦有"败北"之意,所以家居一定要慎开北门。

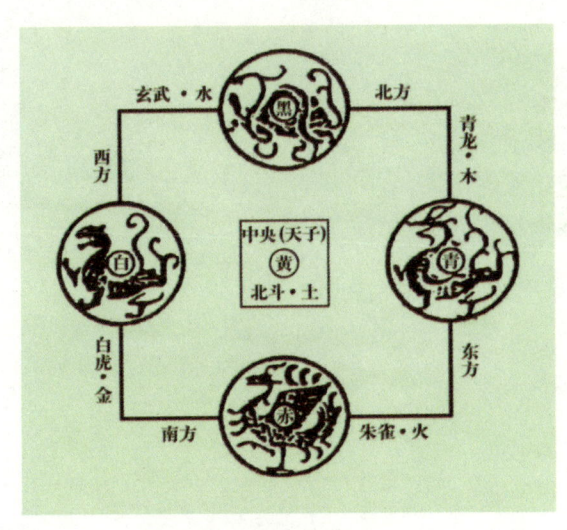

传统四向四灵五行图

开门需配合路形

开朱雀门：前方有一宽敞绿茵、平地、水池、停车场，即是有明堂。这样，外气聚于前就用中门接收，门便适宜开在前方中间。

开青龙门：风水学里以路为水，讲究来龙去脉。地气从高而多的地方向低而少的地方流去，如果大门前方有街或走廊，右方路长为来水，左方路短为去水，则宜开左门来牵引收截地气。此法称为"青龙门收气"。

开白虎门：如果大门前方有街或走廊，左方路长为来水，右方路短为去水，则住宅宜开右门来牵引收截地气。此法称为"白虎门收气"。

东四宅和西四宅

根据周易的后天八卦原理，可将住宅根据坐向不同分成东西四宅，其中震宅、巽宅、离宅、坎宅是东四宅；坤宅、兑宅、乾宅、艮宅是西四宅。同时，也根据人的生肖与性别的不同将人分成八种命卦，分别是震命、巽命、离命、坎命、坤命、兑命、乾命、艮命。（生肖、性别与命卦的对应关系见本书附录）

命卦属震、属巽、属离、属坎的人，最适合他们的居所是东四宅；而命卦属坤、属兑、属乾、属艮的，最适合他们的居所是西四宅。

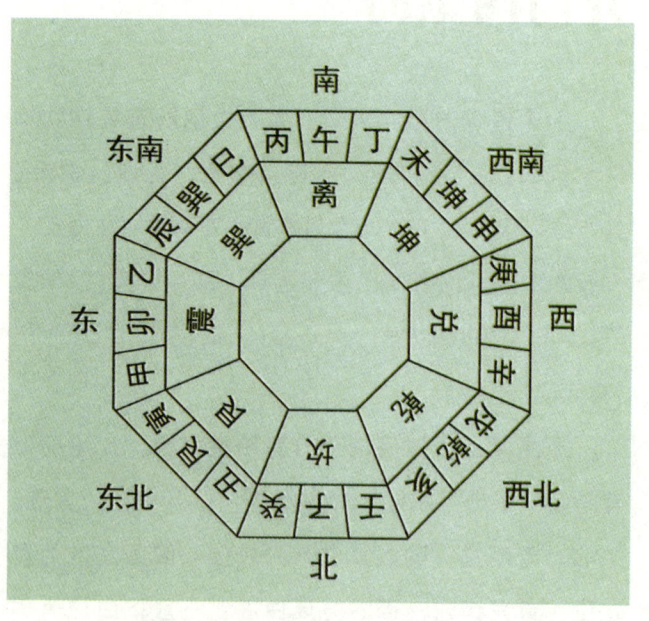

后天八卦指示的八方

大门的坐向

大门的坐向是按大门所向的方位而定。我们站在屋内，面向着大门，则所面向的方位便是"向"，而与"向"相对的方位便是"坐"。

①震宅坐东方，大门向西。
②巽宅坐东南方，大门向西北。
③离宅坐南方，大门向北。
④坤宅坐西南方，大门向东北。
⑤兑宅坐西方，大门向东。
⑥乾宅坐西北方，大门向东南。
⑦坎宅坐北方，大门向南。
⑧艮宅坐东北，大门向西南。

如果命卦与宅卦不合，比如东四命的宅主居于西四宅中，则可通过改门来避免。改变门位的方法是：在门内加置屏风。屏风在家居中的重要性甚大，而在古代，更是使用极广，凡厅堂居室必设屏风。屏风有三大作用：改变门位、分隔空间、保护隐私。而根据制作材料的不同，又分成玻璃屏风、雕镂屏风、书画屏风等。屏风的特点是占地面积小又容易灵活移动，在以下的情形里，作为化解外煞的工具，屏风可以发挥重要的作用。

穿心剑：大门如果正对走廊或通道，其形如利剑穿心欲入，这样的格局叫穿心剑。如果住宅内部的进深小于走廊的长度，则为祸最大。化解的主要办法在于内部装上屏风，以收改门之效，才能避其锋芒。如果住宅在底层，大门正对大路，则可种上

环形树丛花丛，以圆润来化解直冲而来的外力。

楼梯退财：如果大门正对楼梯，会形成两种不同的格局。一是正对的楼梯是向下的，则家中的财气极有可能向下流逝，因此要在门后设置屏风来阻止内财外流；另一种情形是正对向上的楼梯，则毋虑财水外流，若在门内放置大叶植物如发财树、金钱树等更可引财入室。

电梯吸气：大门正对电梯，正好犯冲，本来住宅是聚气、养气之所，如今与电梯直对，宅内之气则在其开闭之间，被其尽数吸去散往他处，可谓大忌，因此要在门后设置屏风以拒内气外泄。

入门宜有三见

开门见红,也叫开门见喜:即——开门就见到红色的墙壁或装饰品,入屋放眼则有喜气腾腾之感,予人的精神感觉温暖振奋,心情舒畅。

开门见绿:即一开门就见到绿色植物,生趣盎然,又可收养眼明目之功效。

开门见画:若开门就能见到一幅雅致的小品或图画,一能体现居者的涵养,二则可缓和进门后的仓促感。

入门宜有三不见

开门见灶:《阳宅集成》云:"开门见灶,钱财多耗"。即入门见到灶,火气冲人,令财气无法进入。

开门见厕:一进大门就见到厕所,则犹如秽气迎人,这里有个"晏子使楚"的典故:春秋时,齐国大夫晏平仲奉命出使楚国,楚王欺他个子矮小,存心要戏弄他,下令不让他从高大的城门通行,而在城门旁挖了个狗洞让他进入。结果极具智慧的晏子见状就说:"如果我是到人国访问,就请让我走人洞;如果我是到狗国访问,那我就走狗洞喽。"搞得楚王十分难堪。进门见厕就同此理。

开门见镜:镜子会将财气反射出去,如果不是大门直对冲煞或污秽之物等,则不宜正对大门。

大门两大忌讳

横梁压门:如一进门即受压制,则主家中人丁无法出人头地,世仰人鼻息、郁郁不得志,压抑终生,此乃大忌也。

大门做成拱形门：则状若墓碑，类似阴宅，很不吉利，这种情况在家居装饰中时有所见，特别需要避忌。

大门的颜色与尺寸

大门的颜色最好与房主的五行之色匹配（房主的五行与生肖的关系见附录），这样，住宅的大门才更完美。

金命大门吉祥色：白、金、银、青、绿、黄、褐

木命大门吉祥色：青、绿、黄、啡、褐、灰、蓝

水命大门吉祥色：灰、蓝、红、橙、白、金、银

火命大门吉祥色：红、橙、白、金、银、青、绿

土命大门吉祥色：黄、褐、灰、蓝、红、橙、紫

大门的尺寸与房子应成比例，不可门大宅小，亦不可宅大门小。同时，大门是一家的面子，宜新不宜旧，大门如有破损，应立即更换。

门旁摆水可催财

利用好门的功能，可以为家中催财及招财。大门的方位可以说是掌握财运的命脉，而最简单的催财方法就是在门旁摆水，所谓"山主人丁水主财"，有水的地方便能发挥财气的作用。除了水之外，所有水种植物及插花都有催财的作用，只要放在大门口附近便能生效。

门槛的讲究

门槛原指门下的横木，中国传统住宅的大门入口处必有门槛，人们进出大门均要跨过门槛，起到缓冲步伐，阻挡外力的作用。古时的门槛高与膝齐，如今的门槛已没有这么高，大约只有一寸左右，除了用木材制作外，也有用窄长形石条的，固定在铁闸与大门之间的地上。

门槛还明确地将住宅与外界分隔开来，同时，门槛既可挡风防尘，又可把各类爬虫拒之门外，因而实用价值很大，对阻挡外部不利因素及防止财气外泄均有一定作用，对住宅风水颇具重要性。

安放门槛需要注意的是：门槛的颜色要与大门的颜色配合并且应谨防断裂，门槛如断裂，便如同屋中大梁断裂一样，主凶。门槛完整则宅气畅顺，断裂则运滞，因此门槛如断裂，必须及早更换。

聚气生财在玄关

玄关本是佛教中的"入道之门"

流入俗世

则成了进入住宅后的第一道关隘

在西方

玄关更蕴涵着家庭的金钱运势

玄关之于住宅

既对风水有决定性作用

也对美化厅屋有实用性功能

精当设置玄关

可以化解屋外直冲大门的煞气

还会防止阳宅旺气的外泄

更能让运动的进入者静气敛神、调整气息

直接提升阳宅的吉祥运势

聚气生财

第二章 PART TWO

玄关的风水

玄关在佛教中被称为入道之门。佛经云："玄关大启，正眼流通。"

而在住宅结构中，玄关则特指居所的外门，是进出房屋的必经之地，是亚洲传统建筑的重要组成部分。

玄关是住宅内核最重要的组成部分之一，可说是住宅的咽喉地带，它给予进入者的感觉相当于人与人之间的第一印象。据心理学分析，第一印象通常产生于前七秒，而这与进入住宅内部审视玄关、调整气息的时间基本相同。在西方，玄关就代表家庭的金钱运，对宅运吉凶具有决定性的影响。

玄关是从大门进入客厅的缓冲区域，让运动的进入者静气敛神，也是引气入屋的必经之道，因此它的布置好坏可直接影响住宅的风水。

中国的传统大宅院入门之处均设有大型玄关，而现代都市的住宅普遍面积狭窄，若再设置传统的大型玄关，则明显会感觉空间局促，难以腾挪。所以折衷的办法是用玻璃屏风来作间隔，这样既可防止外气从大门直冲入客厅，同时也可令狭窄的玄关不显得太逼仄。

玄关化煞防泄作用

玄关最大的风水作用，是可用来化解屋外直冲大门的煞气。

风水学所说的"煞"，分"形煞"及"气煞"两种。并非是所谓怪力乱神的东西，其实就是恶型，与围棋里的恶型是同理的。住者无不希望居所双目企及是山清水秀、养眼舒适的一派美好景象。如果出现恶型，令人感觉压抑别扭，那就需要运用风水上的办法加以弥补，玄关就是住宅化解外煞的重要部位。

设立玄关可以缓冲形煞，风水学上，形煞是指有形的凶相，主要有如下几种情形：

刀煞：也叫尖角冲射：即门口正对附近建筑物的转角或尖角，如同一个楔子，打进住宅中心，令住户犹如为利刃直指，觉得百般难以忍受，心情极为压抑。

暗箭伤胸：住宅正对的大路或街巷呈一条直线，向房中冲来，则住宅向外发展的气势为其所阻断，形成路冲，也叫街巷直冲。

斜路直冲：住宅在低位，要承受大路从高位直扑而来的巨大压力，犹如滔滔洪水拾级而下，势大力沉，直冲入屋，令居者无法阻挡。

设立玄关还可以化解气煞，气煞是指煞星飞临的方位，因为它无形无象，不似形煞那样可用肉眼观察得到，只能根据风水数理推算。如果户主是东四命，而大门却开在正西、西北、西南或东北这西四方，大门与户主相冲，那么，对这家人来说，这便是宅带气煞。

反过来说，倘若户主是西四命，而大门却开在正东、正南、正北及东南这东四方，大门与户主相冲；对这家人来说，这也是带有气煞的住宅。如果住宅遇到这样的情况，那么设置玄关就是当务之急。玄关主要有以下两种挡煞方法：

玄关可以促使从大门进入的外气转向。外气本来从凶方直入的，改为从吉方转折而入，这便符合风水的趋吉避凶之道。

例如对西四命的人来说，大门如果开在北方凶位，是大门带煞；但若加一玄关，屋外之气本从北向南流入，现改为从西至东进入，西乃本命吉方，就可逢凶化吉。

玄关除可化解形煞及气煞外，并可防止旺气外泄。从风水的角度来看，从大门入宅的旺气与财气应尽可能在屋内回旋，为住宅充分利用后，才慢慢

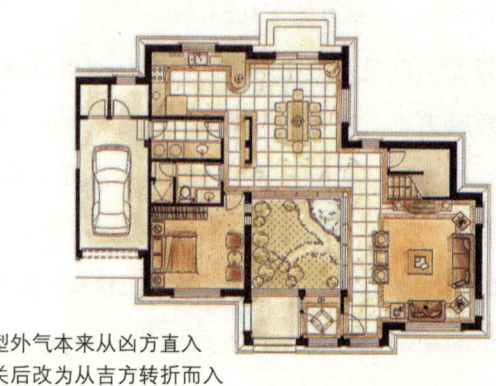

此户型外气从吉方进入，则设玄关只起缓冲作用

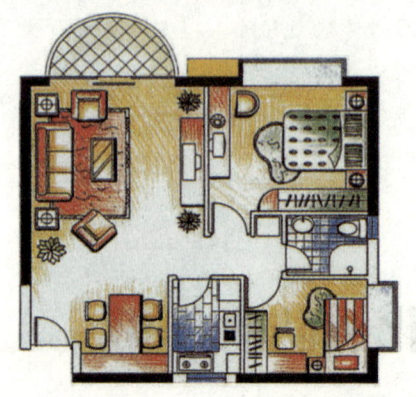

"前通后通，人财两空"的户型

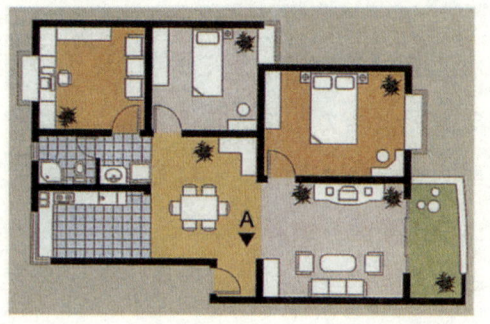

此户型外气本来从凶方直入设玄关后改为从吉方转折而入

流出屋外。倘若大门与阳台或窗户形成一直线，则从大门流入之旺气及财气便会迅速从阳台或窗口流走，旺气直入直出，是"泄水"之局，令家中的人丁及钱财均难以积聚。而补救之法，是在其间设一玄关，设法令大门之气转向流入屋内，而不直接从阳台或窗户流走。

比如上右图A处做了一面实墙，其用意何在？就在于挡住了进门处的视野，另外形成了一个回转的空间，风水学上讲究"喜回旋忌直冲"，道理正在于此。如果没有实墙，则在进门处即可将阳台客厅一眼望穿，即形成俗称"前通后通，人财两空"的格局，对家居不利。

倘若大门直冲房门，则房中的人丁易受干扰，这种情况，亦可用玄关来化解。

玄关的遮掩作用

客厅是一家大小日常安坐聚首的所在，是家庭的活动中心，所以不能太暴露。如果客厅无遮掩，缺乏私密性，家中各人的一举一动均为外人在大门外一览无余，那便缺乏安全感，从风水角度来说亦非吉兆。

而玄关即是大门与客厅的缓冲地带，基本上起到了遮掩的作用，令外人不能随便在大门外观察到屋内的活动，就可解决以上的问题。有玄关在旁护持，在客厅里会感受到安全性大增，同时也不怕私隐外露。

在美加地区，许多住宅的客厅、餐厅以及起居室均不对正大门，对门而立的不是楼梯便是墙壁，因此可免除风沙入屋的烦恼。而东方式的住宅设计，则是入门见厅，不设一玄关，则大门若被风沙吹袭，坐在客厅便会深受其扰。如果大门正好向着西北或是正北，冬天常受凛冽的寒风侵袭，那便更需要玄关来作遮挡了。

那些贴近地面的房屋，往往易被外边的强风和沙尘渗透，设玄关后就既可防风，亦可防尘，从而保持了室内的温暖和洁净。

美化玄关的四项基本原则

玄关除了有化煞、防泄、遮掩的风水作用之外，并且还有家居装饰上的美化作用。

设计精美的玄关，会令人一进门便感觉眼前一亮，精神为之一振，使住宅顿时焕发光彩，因此在室内设计时均应尽量设法美化玄关。美化玄关有以下四项基本原则：

通透：玄关的间格应以通透为主，因此通透的磨砂玻璃较厚重的木板为佳，即使必须采用木板，也应该采用色调较明亮而非花哨的木板，色调太深便易有笨拙之感。

适中：玄关的间格不宜太高或太低，而要适中。一般以两米的高度最为适宜；若是玄关的间格太高，处身其中便会有压迫感，而太低，则没有效果，无论在风水方面以及设计方面均不妥当。

明亮：玄关宜明不宜暗，所以在采光方面必须多动脑筋，除了间格宜采用较通透的磨砂玻璃或玻璃砖之外，木地板、地砖或地毯的颜色都不可太深。玄关处如果没有室外的自然光，便要用室内灯光来补救，例如安装长明灯。

整洁：玄关宜保持整洁清爽，若是堆放太多杂物，不但会令玄关显得杂乱无章，而且也会对住宅风水大有影响。玄关凌乱昏暗而甚为压抑的住宅，距离家道中落就不远矣。

影响玄关功能的八大重点

要最有效地发挥玄关的作用，必须重视玄关的组成部分在风水上的各种宜忌。这主要有以下八大重点：

1.天花板的安置

天花板宜高不宜低：玄关顶上的天花板若是太低，具有压迫感，这在风水上属于不吉之兆，象征这家人备受压迫掣肘，难有出头。天花板高，则玄关空气流通较为舒畅，对住宅的气运也大有裨益。

天花色调宜轻不宜重：玄关顶上天花板的颜色不宜太深，如果天花板的颜色比地板深，这便形成上重下轻，天翻地覆的格局，象征这家人长幼失序，上下不睦。而天花板的颜色较地板的颜色浅，上轻下重，这才是正常之象。

天花灯宜方圆而忌三角：玄关顶上的灯饰排列，宜圆宜方却不宜三角形。有人喜欢把数盏筒灯或射灯安装在玄关顶上来照明，这是不错的布置，但如把三盏灯布成三角形，那便会弄巧成拙，形成"三枝倒插香"的局面，对家居很不利。倘若排列成方形或圆形，则不成问题，因圆形象征团圆，而方形则象征方正平稳。

2.墙壁的间隔

墙壁间格应下实上虚：面对大门的玄关，下半部宜以砖墙或木板作为根基，扎实稳重，而上半部则可用玻璃来装饰，以通透而不漏最理想。

玄关若不以墙来作间格，用低柜来代替也行，

其上选择玻璃或通透的木架来装饰。低柜可用作鞋柜或杂物柜，上面则可镶磨砂玻璃，这样既美观实用，同时也符合下实上虚之道。必须注意的是，玻璃不同于镜子，会反射的镜子通常不可面向大门，因为会将家中财气反射出去，但磨砂玻璃则无此顾虑。

墙壁颜色须深浅适中：玄关的墙壁间格无论是木板、墙砖或是石材，选用的颜色均不宜太深，以免令玄关看起来暮气沉沉，没有活力。而最理想的颜色组合是，位于顶部的天花板颜色最浅，位于底部的地板颜色最深，而位于中间的墙壁颜色则介于这两者之间，作为上下的调和与过渡。

墙壁间格宜平滑：玄关是住宅进出的主要通道，墙壁及地板平滑则气流畅通无阻。如果以凸出的石块作为玄关装饰，凹凸不平，则宅运便会有诸多阻滞，必须尽量避免。

3.地板的布置

玄关的地板宜平整：地板平整可令宅运畅顺，而且也可避免失足摔跤。同时，玄关的地板宜尽量保持水平，不应有高低上下之分。

玄关的地板颜色宜较深沉：深色象征厚重，地板色深象征根基深厚，符合风水之道。如要求明亮一些，则可用深色石料四围包边，而中间部分采用较浅色的石材。

倘若选择在玄关铺地毯，其理亦同，宜选用四

边颜色较深而中间颜色较浅的地毯。

玄关地板的图案忌有尖角冲门：玄关地板的图案花样繁多，但均应以选择寓意吉祥的内容。必须避免选用那些多尖角的图案，而尖角冲门则更绝对不宜，以免家口不宁，惹无妄之灾。

玄关地板的木纹不宜直冲大门：玄关的木地板，不论何种木料，其排列均应令木纹斜向屋内，如流水斜流入屋，但是木纹切勿直冲大门，如直冲则不吉。

玄关的地板忌太光滑：有些人家为了美化玄关，往往会把玄关的地板打磨得十分光滑，这极易弄巧成拙，单从家居安全角度来说已并不理想，因为家人或宾客均容易滑倒受伤。

地下排水管也不宜通过大门和玄关之间，以免财水内外交流时，在玄关受污，导致家人健康不佳，财路不顺。

4. 鞋柜的摆放

在玄关放置鞋柜，是顺理成章的事，因为无论是主客在此处更换鞋子均十分方便。而且"鞋"与"谐"同音，有和谐、好合之意，并且鞋必是成双成对，这是很有意义的，家庭最需要和谐好合，因此入门见鞋很吉利。但虽然如此，在玄关放置鞋柜仍有一些方面需要注意。

鞋柜不宜太高大：鞋柜的高度不宜超过户主身高，若是超过这尺度便不妥。鞋柜的面积宜小不宜大，宜矮不宜高。

鞋子宜藏不宜露：鞋柜宜有门，倘若鞋子乱七八糟地堆放而又无门遮掩，便十分有碍观瞻。有些在玄关布置巧妙的鞋柜很典雅自然，因为有门遮掩，所以从外边看，一点也看不出它是鞋柜，这才符合归藏于密之道。

风水重视气流，因此鞋柜必须设法减少异味，否则异味若向四周扩散，则根本无好风水可言。

鞋头宜向上而不宜向下：鞋柜内的层架大多倾斜，在摆放鞋子入内时，鞋头必须向上，这有步步高升的意味；若是鞋头向下，就意味着会走下坡路。

鞋柜宜侧不宜中：鞋柜虽然实用，但却难登大雅之堂，因此除了以上所提及的几点之外，还要注意宜侧不宜中，即指鞋柜不宜摆放在正中，最好把它向两旁移开一些，离开中心的焦点位置。

5. 地主财神的摆法

现代有很多人在家中供奉神祇，以期祖宗庇佑，健康长寿，招财进宝。但在现代布局的房子中摆放传统的神台，会显得格格不入，若要消除这种矛盾，便要采用因地制宜的布局方法。

地主是家居最经常供奉的神祇之一，其他的神祇尚可移入屋内其他较隐蔽的角落，但地主却必须当门而立，因为地主的正名是"五方五土龙神，前后地主财神"，应该面向大门，向门外四方纳财，这样才可增强住宅的财运。地主并且还是住宅的守护神，当门而立，便可把牛鬼蛇神拒之门外。

地主最佳的摆放方法，是把神位单独供奉在面向大门的玄关地柜中，那便既不太显眼，而又不失地主应当向门而立的原则。因为地主自古以来，长

期供奉在地面，就算摆在鞋柜旁边，每日人来人往，也没有任何问题。

地柜可用作鞋柜或杂物柜，为了要与附近的环境配合，外部的颜色可以随意，但地主神柜的内部则必须采用漆上金点的红色。

至于文财神则不宜摆放在玄关向门之处。财神分文武两种，武财神如武圣关公及伏虎元帅赵公明，均宜当门而立，但福禄寿三星及财帛星君等文财神若是面向大门，便会把家中钱财向宅外布施，那就会弄巧成拙。因此文财神即使摆放在玄关，也必须面向宅内，切勿面向大门，以免钱财外泄。文财神面向宅内，是因为这样可引财入室，但必须小心切勿面向厕所或鱼缸，以免虽然引财入屋，但却往往见财化水。

6. 植物的布局

由于玄关是家庭访客进到室内后产生第一印象的地区，因此摆放的室内植物占有重要的作用。大型植物加照明、有型有款的树木及盛开的兰花盆栽组合等设计，都适用于玄关。如遇到玄关光线不佳、遭受穿堂风的吹袭、夜晚温度降低、走道狭窄或少有方形或长方形的空间，则普通的开花植物会比形态特殊的植物来得合适。另外，玄关与客厅之间可以考虑摆设同种类的植物，以便于连结这两个空间。

玄关摆放植物，绿化室内环境，增加生气，令吉者更吉，凶者反凶为吉。但是必须注意的是，摆在玄关的植物，宜以赏叶的常绿植物为主，例如铁树、发财树、黄金葛及赏叶榕等等。而有刺的植物如仙人掌类及玫瑰、杜鹃等切勿放在玄关处，以免破坏那里的风水，而且玄关植物必须保持常青，若有枯黄，就要尽快更换。

7. 饰物的选择

由于玄关位居冲要，对宅运大有影响，因此，摆放在此处的饰物要小心，以免无意中破坏了住宅风水。古人多摆放狮子、麒麟这些威猛而具有灵性的猛兽在门口镇守，作为住宅的守护神。

现代住宅如果摆放狮子或麒麟在屋外，往往会受到诸多限制，退而求其次，则可摆入在玄关内面向大门之处，同样也可收护宅之效。

而不少人家喜欢在玄关摆放各种动物造型的工艺品，作为饰物摆设，但应谨记不可与户主的生肖相冲，以免有入门犯冲之虞。

十二生肖相冲的情况如下：

生肖属鼠　忌马　　生肖属马　忌鼠

生肖属牛　忌羊　　生肖属羊　忌牛

生肖属虎　忌猴　　生肖属猴　忌虎

生肖属兔　忌鸡　　生肖属鸡　忌兔

生肖属龙　忌狗　　生肖属狗　忌龙

生肖属蛇　忌猪　　生肖属猪　忌蛇

举例来说，户主的生肖属鼠，便不宜在玄关摆放马的饰物。若户主属牛，便不宜在玄关摆放羊的饰物，如此类推。

8. 玄关镜片的安装

通常住宅在玄关安镜可作为进出时整理仪表之用，而且也可令玄关看来显得更加宽阔明亮一些。但若是镜子无端对正大门，则绝对不妥当，因为镜片有反射作用，会把从大门流入的旺气及财气反射出去，将财神拒之门外。

玄关顶上也不宜张贴镜片，玄关顶上的天花若以镜片砌成，一进门举头就可见自己的倒影，便有头下脚上，乾坤颠倒之感，这是风水上的大忌，必须尽量避免。

统揽全局的战略要地

一套住宅的客厅

既是主人迎宾待客的交际场所

也是一家大小的活动中心

既是家居格局中的战略要地

又充分展现出主人的涵养与气度

无论是色彩搭配

还是沙发、茶几的朝向与位置

无论是字画张挂

还是鱼缸、盆景的装潢摆设

无论是灯饰安装,还是地毡铺垫

无论是组合柜的排列

还是天花的装饰

无论是窗台、通道与房门的开启

还是采光、纳气

不仅每每大有讲究

而且一荣俱荣

一损俱损

第三章
PART THREE

客厅的风水

客厅法文为salon，被译为沙龙，是介于私密与公开之间的空间。在西方是指17世纪起，西欧贵族、资产阶级社会中谈论文学、艺术或政治问题的社交集会。

在中国，由于南北的文化、地理差异，所以对客厅的大小要求很不同，但是不管大厅小卧或者小厅大卧，客厅都既是家中迎宾待客之所，又是一家大小的日常活动中心。客厅在家居布局中属于战略重地，从客厅的格局就可以看出主人的涵养与气度，即所谓"室雅何须大，花香不在多"，而由于客厅的范围广阔，与其他功能空间互相联系，摆设在其中的家具又很多，所以它对整个宅运的影响不可小视，不论是为了美化家居，或是为了趋吉避凶，客厅地位均非常重要，其布置装修都必须仔细考量，才能做到胸有成竹，聚气生财。

客厅的内部格局

客厅是居家风水的灵魂之地，其内部的格局对于客厅风水来说起着决定性的影响。客厅最好设在住宅的哪里？客厅最好是什么颜色？关系到全家的财运、事业、声誉等的兴衰的财位又应该怎么布局和摆设？客厅安门有什么讲究？天花的装饰与布置又应该注意哪些事项？……

1. 位置

客厅是公用的场所，是住宅中所有功能区域的衔接点，所以动线宜开阔，最好设在住宅的中央位置。客厅应在房前，而不宜在房后。相对于房间，客厅采光一定要好，光线要充足，讲究"光厅暗房"。若因客厅宽敞，而隔一部分做卧房则不理想。客厅的入口处不宜看到厨房灶台和房门及后门，走道也应该避免直向或横向地贯穿全室。

2. 客厅的颜色

客厅的颜色不但影响观感，也能影响情绪。客厅的颜色搭配，虽然不一定要衬户主的五行，但必须要考虑客厅的方向，而客厅的方向，主要是以客厅窗户的面向而定。窗户若向南，便是属于向南的客厅；窗户若向北，便是属于向北的客厅。正东、正南、正西及正北在方位学上被称为"四正"，而东南、西南、西北、东北则被称为"四隅"。认准方向，便可为客厅选择合适的颜色。

四正位的客厅颜色配置。

东向客厅——宜以黄色来作主色。

东方五行属木，乃木气当旺之地，按照五行生克理论，木克土为财，这即是说土乃木之财，而黄色是"土"的代表色；故此客厅若是向东，在选择客厅用的油漆、墙纸、沙发时，宜选用黄色的颜色系列，深浅均可，只要采用这种颜色，可收旺财之效。

南向客厅——宜以白色来作主色。

南方五行属火，乃火气当旺之地，按照五行生克理论，火克金为财，故此若要生旺向南客厅的财气，选用的油漆、墙纸及沙发均宜以白色为首选，因为白色是"金"的代表色。南窗虽有南风吹拂而较清凉，但因南方始终乃火旺之地，若是采用白色这类冷色来布置，则可有效消减燥热的火气。

西向客厅——宜以绿色来作主色。

西方五行属金，乃金气当旺之地，金克木为财，这即是说木乃金之财，而绿色乃是木的代表色；故此向西的客厅若是用这种颜色作布置，可收旺财之效。

并且向西的客厅下午西照的阳光甚为强烈，不但酷热，而且刺眼，所以用较清淡而又可护目养眼的绿色，十分适宜。

北向客厅——宜以红色来作为主色。

北方五行属水，乃水气当旺之地，而水克火为财；因此若要生旺向北客厅的财气，便应选用似火的红色、紫色及粉红色；无论客厅内的墙纸、沙发椅以及地毯均以这三种颜色为首选。并且从生理角度方面来考虑，冬天北风凛冽，向北的客厅较为寒冷，故此不宜用蓝色、灰色及白色这些冷色。若是采用似火的红紫色，则可增添温暖的感觉。

四隅位的客厅颜色配置如下：

东南向客厅主色　　宜用黄色

西南向客厅主色　　宜用蓝色

西北向客厅主色　　宜用绿色

东北向客厅主色　　宜用蓝色

东向客厅

南向客厅

西向客厅

北向客厅

3. 财位的布局

客厅的最重要方位在风水中被称为财位，关系到全家的财运、事业、声誉等的兴衰，所以财位的布局及摆设是不容忽视的。财位的最佳位置是客厅进门的对角线方位，这包含以下三种情形：如果住宅门开左边时，财位就在右边对角线顶端上；如果住宅门开右边时，财位就在左边对角线顶端上；如果住宅门开中央时，财位就在左右对角线顶端上。

财位的布置有诸多讲究，具体而言有以下十大注意事项：

财位忌无靠：财位背后最好是坚固的两面墙，因为象征有靠山可倚，保证无后顾之忧，这样才可藏风聚气。反过来说，倘若财位背后是透明的玻璃窗，这不但难以积聚财富，而且还因为容易泄气，会有破财之虞。

财位应平整：财位处不宜是走道或开门，并且财位上不宜有开放式窗户，开窗会导致室内财气外散。若有窗户可用窗帘遮盖或者封窗，财位才不致外漏。财位要尽量避免柱子和凹处，若此处恰是通道则可放置屏风，这样既能避免穿透的尴尬，亦可形成一个良好的财位。

财位忌凌乱振动：如果财位长期凌乱及受振动，则很难固守正财。所以财位上放置的物品要整齐，也不可放置经常振动的各类电视、音响等。

财位忌受污受冲：财位应该保持清洁，倘若厕所浴室在财位或杂物放在财位，这就会玷污财位，令财运大打折扣，不但使财位不能招财进宝，

用植物护财

反会令家财损耗，财位也不宜被尖角冲射，以免影响财运。

财位不可受压：财位受压会导致家财无法增长，倘若将沉重的衣柜、书柜或组合柜等等放在财位，令财位压力重重，那便会对家宅的财运有百弊无一利。

财位宜亮不宜暗：财位明亮则家宅生气勃勃，因此财位如有阳光或灯光照射，对生旺财气大有帮助；如果财位昏暗，则有滞财运，需在此处安装长明灯来化解。

财位宜坐宜卧：财位是一家财气所聚的方位，因此应该善加利用，除了放置生机茂盛的植物外，也可把睡床或者沙发放在财位上，在财位坐卧，日积月累，自会壮旺自身的财运。此外，如果把餐桌摆在财位也很适宜，因为餐桌是进食之所，在吸收食物能量的同时，又吸收财气，可谓一举两得。

财位宜放吉祥物：财位是旺气凝聚的所在地，

若在那里摆放一些寓意吉祥的招财物件,例如福、禄、寿三星或是文武财神的塑像,这会吉上加吉,有锦上添花的作用。

财位忌水:财位好稳忌水,因此不宜在此处摆放水种植物,也不可以把鱼缸摆放在财位,以免见财化水。

财位植物要讲究:财位宜摆放生机茂盛的植物,不断生长,可令家中财气持续旺盛,运势更佳。因此在财位摆放常绿植物,尤其是以叶大或叶厚叶圆的黄金葛、橡胶树、金钱树及巴西铁树等最为适宜,但要留意,这些植物应该用泥土来种植,不能以水培养。财位不宜种植有刺的仙人掌类植物,因为此类植物是用来化煞的,如不明就里,则弄巧成拙,反而会对财位造成伤害。而藤类植物由于形状过于曲折,最好也不放在财位上。

4.客厅安门的讲究

有些客厅与卧室之间存在一条通道,从风水角度来看,如果有以下这两种情况出现,便必须在通道安门:

通道尽头是厕所:有些房屋的通道尽头是厕所,不但有碍观瞻,而且在风水上也不是吉兆。而在通道安门后,坐在客厅中既不会看见他人出入厕所的尴尬情况,亦可避免厕所的秽气流入客厅。

大门直冲房间:有些住宅的户型设计不当,会出现大门与房门成一直线的情况,而有些往往房中的窗也在同一直线上,这是与前文分析过的"前通后通,人财两空"性质一样的泄气漏财的格局,而改善的办法是安门,令这些旺气及财气不会直接流失。

通道安门还有以下几点好处:

保护私隐:客厅与卧室的开放与私密明显分区,有门阻隔,便会令客人不会干涉卧室的私人生活领域。

保持安宁:在通道安门以后,客厅中众人的谈话声和喧闹声便不会传入睡房,令房中的人受扰。

节省能源:在通道安门,当家人在客厅活动时,只要把门关上,冷气便不易进入睡房,这样便可减省不必要的能源消耗。

美化家居:大多人家的客厅布置得整齐华丽,但通道及睡房则容易凌乱,若是通道有门遮掩,则不会自暴其丑。

节省空间:现代都市寸土寸金,在通道顶上装置杂物柜，可以节省不少空间，而通道门刚好把杂物柜掩饰得天衣无缝。

在通道安门，宜下实上虚，下半是实木而上半是玻璃的门最理想，因为它既有坚固的根基，而又不失通透。若用全木门，密不透风，令客厅减少通透感，便会流于古板。倘用全玻璃门，则令客厅太通透，而又失去私隐，因此并不理想，特别是有小孩的家庭，因玻璃门易碎，所以不宜选用。另外，通道的门框不可选择造型似墓碑的椭圆形，对家居十分不吉利。

如果有以下两种情况，则通道不宜安门：

厅小不宜安门：面积小的客厅若不在通道安门，便可看到通道；因为加上通道的深度，所以客厅看起来便会显得深远一些。如果装门，便会有狭窄的逼仄感。

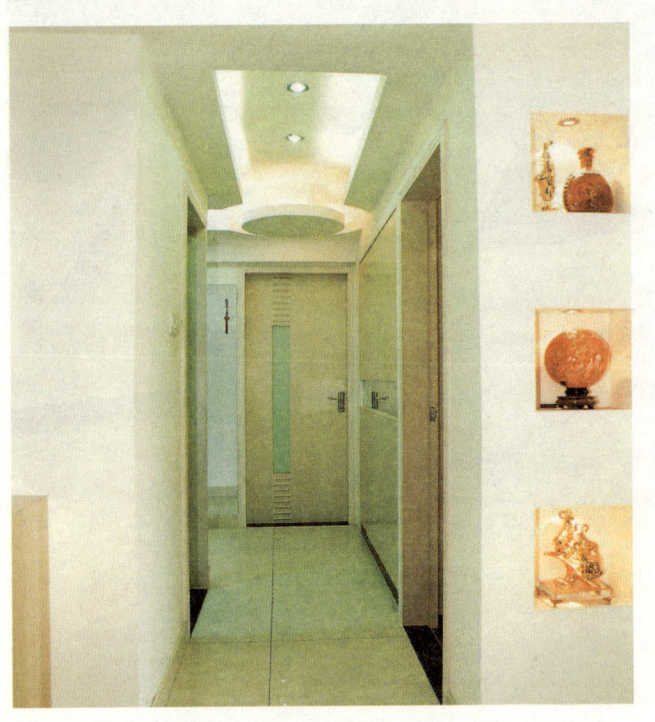

窗少的厅不宜安门：通道装门便会令客厅的空气变得呆滞，客厅的窗户若是不多，屋外新鲜空气已很难进入；若再在通道装门，便会令客厅的空气无法与睡房交流，这当然不理想。

另外，近年来由于欧陆风格的流行，也有些人家把欧式的立柱用到家居的装饰中，喜欢在通道入口的两旁安装一对美观的木柱，这本来无可厚非，但若有以下的两种情况出现，便要慎重其事。

厅小门窄不可用木柱：倘若客厅面积小而通道口又狭窄，再在通道口加设突出的木柱，便会令客厅显得更加细小，而通道口便会显得更挤迫。

烛形的木柱绝对不能用：有些人家喜欢选用光身的圆柱，形似蜡烛；倘若采用其他颜色尚可，但采用白色便犯了大忌。因为这便如同一双白蜡烛插在睡房进口的两端，在中国的传统习俗中，白蜡烛只用于丧事当中，所以若在客厅出现一对白蜡烛形的木柱，肯定是凶相，必须尽量避免。

5. 客厅天花

客厅屋顶的天花板，高高在上，对于住宅风水来说，它是"天"的象征，因而相当重要。天花的装饰与布置有以下几个注意事项：

天花顶宜有天池：现代住宅普遍层高都在2.8米左右，相对于国人日益增加的身高，这个标准已经略有压力，如果客厅屋顶再采用假天花来装饰，设计稍有不当，便会显得相当累赘，有天塌下来的强烈压迫感，居者会压力过大。

假天花为了迁就屋顶的横梁而压得太低，无论

在风水方面或设计方面均不宜。在这种情况下，可采用四边低而中间高的假天花布置，这样一来，不但视觉较为舒服，而且天花板中间的凹位便会形成聚水的"天池"，对住宅风水也会大有裨益。

若在这聚水的"天池"中央悬挂一盏金碧辉煌的水晶灯，则会有画龙点睛之妙，但切勿在天花板上装镜，此乃风水大忌。

天花板颜色宜轻不宜重：上古天地初开只是浑沌一片，其后分化为二气，气之轻清者上扬而为天，而气之重浊者下沉而为地，于是才有天地之分。客厅的天花板既象征"天"，颜色当然是以浅淡为主；例如浅蓝色，象征朗朗蓝天；而白色则象征白云悠悠。天花板的颜色宜浅，而地板的颜色则宜深，以符合天轻地重之义。

昏暗的客厅宜在天花板上藏日光灯：有些缺乏阳光照射的客厅，日夜皆昏暗不明，暮气沉沉，久处其中便容易情绪低落，如有这样的情况，则最好在天花板的四边木槽中暗藏日光灯来加以弥补。光线从天花板折射出来，既不刺眼，而日光灯所发出的光线最接近太阳光，对于缺乏天然光的客厅最为适宜。并且日光灯与水晶灯可并行不悖，白昼用日光灯来照明，晚间则点亮金碧辉煌的水晶灯。

6.客厅尖角的化解

由于建筑设计方面的原因，许多现代住宅的客厅存在着尖角与梁柱，不但观感不佳，而且对居者构成压力，这对住宅风水影响甚大。并且从住宅美学的角度来看，亦要多费心思，否则便会令客厅失去和谐统一，因此必须设法加以化解。化解尖角有以下几种办法：

①用木柜来把尖角填平，高柜或低柜均可。

②把一盆高大而浓密的常绿植物摆放在尖角位，这也可有助消减尖角对客厅风水的影响。

③在客厅的尖角位摆放鱼缸亦是甚好的化煞之道，因为鱼缸的水可消减尖角的压迫，令这角位的气大有回旋余地，不但符合风水之道，而且可以美化家居景观。

④采用以木板反尖角填平的方法，例如以木墙把尖角完全遮掩起来，然后在这堵新建的木板墙上悬挂一幅山水国画，最好是"华山日出"图，以高

山来镇压这尖角位。这样一来，既美观而又可收化煞之效。

⑤把尖角中间的一截掏空，设置一个弧形的多层木制花台，放几盆鲜润的植物、小品并用射灯照明，这样，既避免了以尖锐示人，也使家中顿添盎然生趣，化弊为利，成为家中一个观景的亮点。

7. 客厅梁柱的化解

客厅中若有梁柱出现，无论在家居设计方面或者风水方面均是需要解决的难题。

直者为柱，横者为梁，梁柱均是用来承托房屋的重量，因此均不可或缺，差别只在是否出现于显眼的位置而已。倘若出现在显眼的地方，会对客厅的风水造成妨碍，便需要设法遮掩。

客厅的柱主要分为两种，一种是与墙相连的柱，称为墙柱，而另一种是孤立的柱，称为独立柱。均与建筑设计有关，在目前的建筑设计中，柱网已成为一个很受关注的问题，所以独立柱已经较少见到。

因为墙柱较易处理，但独立柱稍为处理失当，便会令客厅黯然失色，而风水亦大打折扣。一般来说，柱愈大便愈难处理，所以在选择居所时，便要

看清楚屋内是否独立柱大而多，倘若有这种情况出现，便应割爱而另择佳处置业为宜。

柱之上大多会有梁，因此坐近柱边，往往会受横梁压顶，所以应尽量避免坐近柱边。有些人喜欢在两柱之间摆放沙发，以为这是善于利用空间，其实这是错误的，原因就是柱上大多有横梁，若是贴柱而坐，则很可能有横梁压顶，横梁压顶实际上犹如受人胯下之辱，发展及活力受压制，在风水上是大忌。而如果是以柜来摆放在两柱之间，虽有横梁压顶，但压的是柜而并不是人，因此并无大碍。

连墙的墙柱通常用书柜、酒柜、陈列柜等便可将它遮掩得天衣无缝，与客厅的其他部分浑然一体。与墙柱相比起来，独立柱当然是难以处理得多，因为有独立柱存在，令人视野受阻，而活动空间又遇到障碍，必须巧妙布局，才可化腐朽为神奇。

如果独立柱距离墙壁不远，可采用以木板或矮柜把它与墙壁连成一体。柱壁板可以挂画或花草来作装饰，而矮柜则可令视野通透，增加景深，没有沉闷闭塞之感。

倘若不用矮柜，选用高柜亦可，但视野当然会打折扣；此外，若用高身木板来间墙，则墙上宜加装饰照明，以免太过单调。

独立柱如距离墙壁太远，不能以柜或板把它与墙壁相连，则必须以其作为中心来布置，以下是两个既美观而又符合风水之道的解决方案：

柱位作分隔线：因为客厅中的独立柱很显眼，因此可以把它当成分界线，一边铺地毯，而一边则铺石材。此外亦可做成台阶，一边高一边低。这样看起来，仿佛原先的设计便是以独立柱作为高低级的分界线，观感便会自然得多。

槽绕柱：阔大的客厅中，可在独立柱的四边围上薄薄的木槽，槽里可放些易于生长的室内植物。为了节省空间，独立柱的下半部不宜设花槽，花槽应在柱的中部开始，则既美观而又不累赘，并且达到了客厅立体绿化的效果。

因为柱位遮挡了部分阳光，故此在柱壁上应该装置灯光来作辅助照明，既可解决客厅中光线不匀的弊病，又可增加美观。

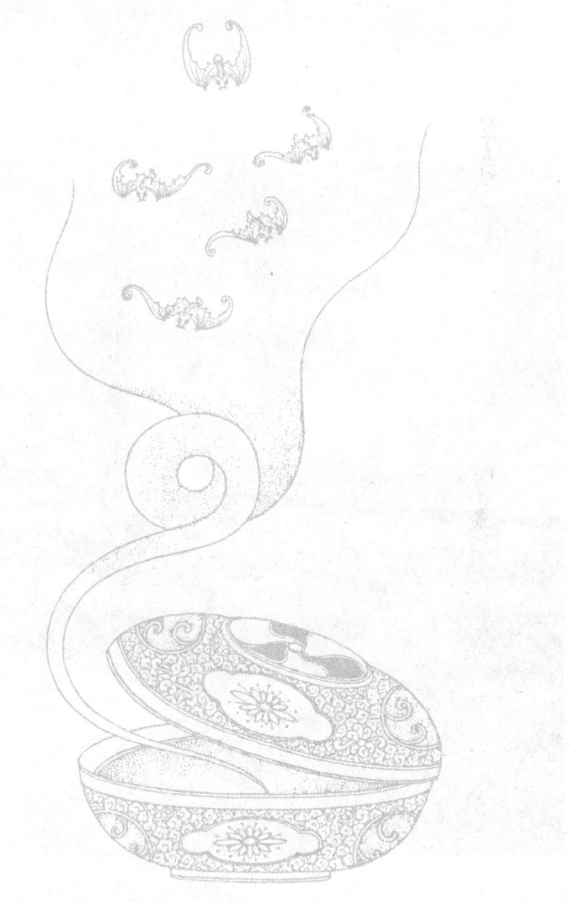

8.客厅楼梯风水

在传统的建筑型制里,譬如干阑式建筑、吊脚楼等,楼梯是比较重要的组成部分,有承上启下的作用。现代的住宅由于多是平面的结构,楼梯经常只是作为一种公共的设施,所以不少人对它的作用并不重视,但是随着复式、跃式、别墅、Townhouse等结构住宅的流行,家居多个层面的空间分隔就要靠楼梯来衔接。这时候,楼梯就被纳入住宅的内部空间,它的方位、形状从此就对住宅的内部布局产生了强烈的影响。

楼梯的位置

有人认为楼梯和房间不同,只是发挥通道的功能。其实,楼梯既是家中接气与送气的所在,也是很容易发生事故的地方,倘若弄错设置方位,就会给家中带来损害。

楼梯的理想位置是靠墙而立。当楼梯迎大门而立时,为了避免楼上的人气与财气在开门时会冲门而出,可在梯级于大门对面之处,放一面凸镜,以把气能反射回屋内。设置楼梯时绝对要避免的主位是房屋的中心,在住宅的中央穿过的楼梯等于把家一分为二,这会导致家中多口角,夫妻不和甚至离

散，在风水中是很不利的。家居楼梯一般有三种类型，一种是螺旋梯，一种是斜梯，一种是半途有转弯平台的楼梯。相对于斜梯和半途有转弯平台的楼梯来说，楼梯的第一个台阶位置在房屋中心还无碍，如果到达楼梯尽头的平台是房屋中心，就是大凶的格局。

楼梯底下可以摆放植物，或者做储物柜，但不宜作餐厅、厨房、卧室等。

楼梯的形状

楼梯是快速移气的管道，从让气从自家里的一层往另一层移动，当人们在梯级上上下下，便会搅动气能，促使其沿楼梯快速地移动。为了在家居中达到藏风聚气的目的，气流必须回旋而忌直冲，因此，楼梯的坡度越陡，风水上的负面效果越强，所以楼梯的坡度应以缓和较好，在形状上，以螺旋梯和半途有转弯平台的楼梯为首选，另外要注意的是最好用接气与送气较缓的木制的梯级，少用石材与金属制成的梯级。

客厅家具的摆放

在客厅的大格局确定之后，其内部的家具应该怎样摆放呢？沙发的置放有哪些要求和忌讳？它的摆设宜弯还是宜直？茶几应该怎样与沙发配合，才符合风水之道？组合柜的配置又应该注意什么？

1. 沙发

沙发是客厅中用来日常休息、闲谈及会客的家具，因此在住宅风水中，它占据了一个很重要的地位。沙发的置放有以下几个要求：

套数有讲究：沙发形状上分单人沙发、双人沙发、长形沙发以及曲尺形、圆形沙发等，在材料方面，亦分皮制沙发、布制沙发、藤制沙发以及传统的酸枝椅等，在颜色及造型方面，则更是花样繁多。

客厅沙发的套数有讲究，最忌一套半，或是方圆两组沙发并用。

沙发须摆放在住宅的吉方：沙发因为是一家大小的日常坐卧所在，可说是家庭的焦点，若是摆放在吉利方位，则一家老少皆可沾染这方位的旺气，阖府安康。但若是错摆在不吉方位，则一家老少均会蒙受其害，家口不宁。

对东四宅而言，沙发应该摆放在客厅的正东、东南、正南及正北这四个吉利方位。对西四宅而言，沙发应该摆放在客厅的西南、正西、西北及东北这四个吉利方位。若再仔细划分，虽然同是东四宅，但因有坐东、坐东南、坐南及坐北之分；而同是西四宅，但因有坐西南、坐西、坐西北以及坐东北之分。根据易经的后天八卦卦象推断，摆放沙发的选择便会有所不同。

坐正东的"震"宅：首选正南，次选正北。
坐东南的"巽"宅：首选正北，次选正南。
坐正南的"离"宅：首选正东，次选东南。
坐正北的"坎"宅：首选正南，次选正东。
坐西南的"坤"宅：首选东北，次选正西。
坐正西的"兑"宅：首选西北，次选西南。
坐西北的"乾"宅：首选正西，次选东北。
坐东北的"艮"宅：首选西南，次选西北。

沙发背后宜有靠：所谓有靠，亦即靠山，是指沙发后有实墙可靠，无后顾之忧，这样才符合风水之道。前朝在宫廷中的用椅，均选用天然大理石为后背，而其上的花纹以隐隐有山景为佳，就是这个道理。

第三章 客厅的风水

如果沙发背后是窗、门或通道，无实墙可靠，那便等于是背后无靠山，空荡荡一片，是散泄之局，难以旺丁旺财。

而且从心理方面来说，沙发背后空荡荡，已缺少了安全感，前人所说"眼观六路，耳听八方"就因为后两路观察不到，若沙发背后是大门或通道，更要担心背后受袭，倒不如背靠实墙而坐来得心安理得。

退一步来说，倘若沙发背后确实没有实墙可靠，较为有效的变通方法，可把矮柜或屏风摆放在沙发背后，这可称为"人造靠山"，亦会起到补救作用。

但有一点必须注意，沙发背后不宜有水，因此把鱼缸摆放在沙发背后是风水大忌。同理，在沙发背后的矮柜上摆放鱼缸、风水轮等等有水的装饰摆设亦不适宜。当然，背后无靠的沙发，若用常绿植物来填补背后的空间则有益无害。

沙发顶须忌横梁压顶：睡床有横梁压顶，受害的只是睡在床上的一两个人，但若是沙发上有横梁压顶，则受影响的却是一家大小，影响甚大，故必须尽量避免。如果确实避无可避，则可在沙发两旁的茶几上摆放两盆开运竹，以不断生长向上、步步高升的开运竹来承担横梁压顶。

沙发勿与大门对冲：沙发若是与大门成一直线，风水上称之为"对冲"，弊处颇大，会导致家人流失，财散四方。遇到这种情况，最好是把沙发移开，以免与大门相冲，倘若无处可移，那便只好在两者之间摆放屏风，这样一来，从大门流进屋内的气便不会直冲沙发，家人不会被冲散而得以聚首一堂，亦可保财气不外泄。而沙发若向房门则并无大碍，不必左闪右避，亦无须摆放屏风化解。

沙发的摆设宜弯不宜直：沙发在客厅中的重要地位，犹如国家的主要港口，必须能尽量多纳水，才可兴旺起来。优良的港口必定两旁有伸出的弯位，形如英文字母的u字，伸出的弯位犹如两臂左右护持兜抱，而中心凹陷之处正是风水的纳气位，能藏风聚气，以达丁财两旺。

沙发的摆设亦应如优良的港湾一样，两旁各有一臂伸出为宜。倘若沙发是一排直过，那便犹如壮士断臂，难有作为。

有些港口虽然缺了一臂，不能左右护持，但只要在去水之处有弯位兜抱逆水，即风水学上所称的"下关砂"，亦可添丁发财，这正如《堪舆漫兴》所云："堪舆吃紧下关砂，发财旺家总是他。"

如果因环境所限，沙发不能左右有臂护持，那么可以退而求其次，在去水位摆设另一沙发，自制下关砂来迎纳从大门流进的来水，形成聚水之局，这也符合风水之道。有些住宅的大门与阳台的门成一对角线，除了设置玄关外，更有需要在去水处摆设下关砂以迎纳来水，以免从大门流进的水泄漏无遗。

沙发顶上不宜有灯直射：有时沙发范围的光线较弱，不少人会在沙发顶上安放灯饰，例如藏在天花板上的筒灯、或显露在外的射灯等等；因太接近沙发，往往从头顶直射下来，这有违风水之道，故应尽量避免。并且从环境设计而言，沙发头顶有光直射，往往会令情绪紧张，头昏目眩，坐卧不宁。如果将灯改射向墙壁，则可略为缓解。

沙发背后不宜有镜照后脑：有人为了令客厅看来显得更通透宽敞，便会在壁上挂镜。其实，在风水学来说，镜子因为有反射作用，故此不可随便乱挂。

沙发背后不宜有大镜，人坐在沙发上，旁人从镜子中可清楚看到坐者的后脑，那便大为不妙，这会导致失魂落魄，精神不宁。而若是镜子在旁而不在后，后脑不会从镜子中反照出来，那便无妨。

2.茶几

在客厅中的沙发旁边或面前，必定会有茶几的摆设来互相呼应。

茶几是用来摆放水杯及茶壶的家具，客来敬茶敬酒，倘若没有茶几来摆放，确是极不方便，所以在沙发附近摆放茶几，实在是很有必要的。

沙发是主，茶几是宾；沙发较高是山，而茶几较矮是砂水，二者必须配合，山水有情，才符合风

水之道。沙发是主宜高大，茶几是宾宜矮小，如果茶几的面积太大，就是喧宾夺主，并非吉兆，所以沙发前的茶几不宜太大。若摆在沙发前的茶几面积太大，这便是喧宾夺主的格局，可免则免，以免家口不宁。化解之法，最简单莫如更换一张面积较小的茶几，宾主配合有情，则既不会碍眼，同时又可符合风水之道。

选取茶几，宜以既低且平为原则。如果人坐在沙发中，茶几高不过膝，则合乎理想。此外，摆放在沙发前面的茶几必须有足够的空间，若是沙发与茶几的距离太近，则有诸多不便。

茶几的形状，以长方形及椭圆形最理想，圆形亦可，带尖角的棱形茶几则绝对不宜选用。倘若沙发前的空间不充裕，则可把茶几改放在沙发旁边。

在长形的客厅中，宜在沙发两旁摆放茶几，这两旁的茶几便有如青龙、白虎左右护持，令座上之人有左右手辅佐，非但善用空间，而且亦符合风水之道。

茶几上除了可摆设饰物及花卉来美化环境之外，也可摆设电话及台灯等，既方便而又实用，所以茶几现已变成客厅不可缺少的器具。

3. 组合柜

组合柜也是客厅的重要家具之一，一般的客厅布置，主要是以沙发来休息，以组合柜来摆放电视音响及各种饰物。从风水学的角度来看，组合柜的重要性虽然不及沙发，但仍有相当多的风水宜忌需要注意，以免破坏了客厅风水。

组合柜有高有矮，有长有短，很难一概而论，一般来说，大厅宜用较高较长的柜，而小厅宜用较矮较短的柜，务求大小适中。因为大厅用小柜则有虚疏空洞之感，而小厅用大柜则会有压迫挤塞之感，单从视觉而论，都会觉得不大舒服。

高的组合柜，一般都在电视音响之上摆设一些饰物；而低的组合柜，大多会在墙上挂些字画以作装饰。这些饰物及字画，在选择时必须谨慎，宜以寓意吉祥为首选。

风水学上以高者为山，而低者是水，客厅中有高有低，有山有水才可产生风水效应。

以客厅而论，低的沙发是水，而高的组合柜是山，这是理想的搭配。

但倘若采用低组合柜，则沙发与组合柜均矮，这便成有水无山的格局必须设法改善。化解之法是在低组合柜上摆放一张横放的画，令组合柜变相加高，比沙发高出一些，这样既简单易行也有效，而挂在低组合柜上的画，宜以山水作品为主。

原则上，中式布置的家庭宜选择国画，国画内容宜选择以意境深远的高山流水为题材；而西式布置的家庭则宜选择油画、水粉画等，内容则宜选择以意境闲适的森林湖泊为题材。

如果不想在低组合柜上挂画，也可以在装修时把数块层板分开钉挂在墙壁上，然后把饰物摆放在层板上，这样也可符合柜高沙发矮的风水原则。

这些摆放饰物的层板疏落有致地随意排列，无论是木板、石板或玻璃板均可，但形状则宜圆不宜尖。这是指层板宜以半圆形、椭圆形为首选，退而求其次则选长方形的层板，而那些带有尖角的层板则绝对不宜选用。

有些人喜欢把鱼缸摆在低组合柜上，若是如此，

便应把鱼缸摆放在柜头靠近窗口的那一边。举例来说，倘若窗口是在组合柜的左方，则应把鱼缸相应地摆放在柜顶的左角，但倘若窗口是在组合柜的右方，便应把鱼缸相应地摆放在柜顶的右角。

摆放在低组合柜上的鱼缸，面积不宜太大，而开头则以长方为宜。

倘若厅阔而柜短，形成组合柜的两旁有太多空位，太过空疏，旺气流到那里便会易泄难聚，并非佳兆。遇到这种情况，可用两盆高壮而叶大的常绿植物如铁树、发财树等等来填补空间。摆在短柜两旁的大叶植物，便等于是把两条短臂加长，而在风水学来看，它们成了这短柜的青龙白虎，对纳财纳气均有帮助。

客厅中的高组合柜与沙发，一高一矮，一实一虚，是理想的风水配合，很多家庭的客厅均摆放高身组合柜。高组合柜除了可摆放电视及音响器材之外，并且还可在上层摆放各式各样的饰物，既整齐美观而又实用。如果客厅面积较小，却摆放一个高身的组合柜在其中，便会有压迫挤塞之感。若要改善这种情况，可以改用半高身柜，让柜顶与屋顶保持两尺左右的距离，这样一来，客厅的格局便大为改观。这两尺空间在风水学来说相当重要，有了这两尺的空间作缓冲，客厅的"气"便有足够的回旋余地，可以来去自如，而不会有阻滞。在设计方面来说，有了这两尺类似国画中的"露白"，整个结构就会变得灵活起来。

倘若在小厅中必须采用到顶的高身柜，灵活变通的方法是可以改用中空的高身柜。这种柜的特点是下重上轻而中空。所谓"下重"是指组合柜的下半部较大，而"上轻"是指柜的上半部较小，"中空"则是指柜的中部留空。换句话说，这是把"露白"从柜顶向下移，移至中间部分而已。中空的高身组合柜，虽然高及屋顶，但因中间有相当大的一片空白，故此不觉挤塞，亦减少了压迫感。柜的下半部可储放书籍杂物，宜有木门遮掩；上半部的空格则可摆放古玩及各式各类的收藏品。至于中空的部分，则可摆放电视机以及音响器材。

客厅饰物

哪些字画最适合在客厅中悬挂？为什么客厅应该以悬挂好意头的图画为宜？为什么说沙发的重要性就像宅前用以纳气的明堂，不可或缺？鱼缸和植物的配置又有哪些应该注意的？

1. 字画

客厅的吉利字画，对提振家居气色，营造富贵气息，有极为重要的作用。将吉利字画作为家里的中堂，悬挂于客厅，以求锦上添花，旺上加旺，是良好家居的布局方法之一。

家居的吉利字画，是指寓意吉祥与美好祝愿的书法及象征荣华富贵的牡丹花画、象征年年有余的莲花锦鲤图、象征健康长寿的松鹤延年图、象征福分永存的流云百蝠图等等。家中挂画，应以光明正大的内容为宜，避免孤兀之物。如有山水画挂在厅堂上，要观其水势向屋内流，不可向外流，因山主人丁水管财，水流入乃进财，水流出为丧财；船画要使船头向屋内，忌向屋外，因为向外者损财丁，而向内者招财宝。

适逢马年，许多人家中喜挂奔马图，也要注意马头须向内。另外在一梯四户或以上的户型结构中，极易形成暗墙，正因其在暗处，有些缺乏阳光照射的客厅，日夜皆昏暗不明，久处其中便容易情绪低落，必须设法加以补救。在家中的暗墙上悬挂葵花

百鸟朝凤

松鹤延年

花开富贵

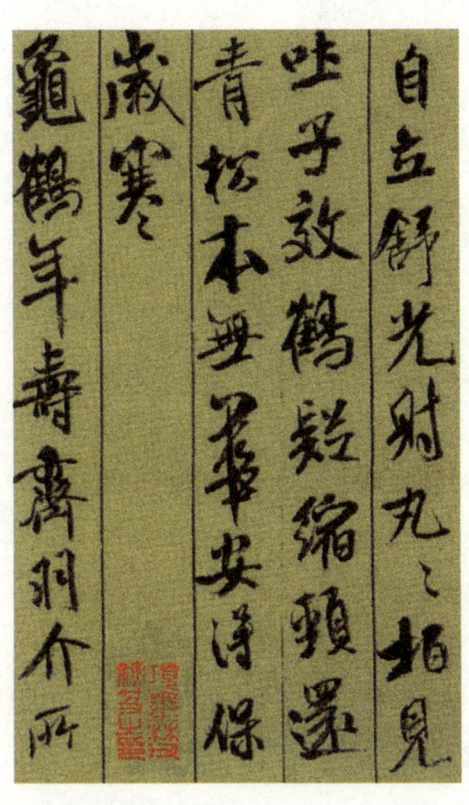
向阳花木易为春

米芾墨宝

图,则取其"向阳花木易为春"之意,可弥补采光上的缺陷,这也属于风水学的范畴。

沙发顶上的字画宜横不宜直,若沙发与字画形成两条平衡的横线,那便可收相辅相成之效。

有些人由于种种原因,把一些意境萧条的图画悬挂在客厅上,这从风水角度来说不适宜。所谓意境萧条的图画,大致包括惊涛骇浪、落叶萧瑟、夕阳残照、孤身上路、隆冬荒野、恶兽相搏、孤藤老树等几类题材,中国人最讲究意头,倘若把以上几类题材的图画挂在客厅上,触目所及皆是不良景象,暮气沉沉、孤高怪僻,以此为客厅中心,艺术效果可能不错,但整屋显得无精打采,暮气沉沉,居住其中,心情自然会大受影响,因此客厅还是应以悬挂好意头的图画为宜。

2. 地毯

很多人喜欢在沙发范围内摆放一块华丽缤纷的大地毯,既可增添美感,同时又可突出沙发在客厅中的主导地位。

从风水角度来说,沙发前的一块地毯,其重要性便有如屋前的一块青草地,亦有如宅前用以纳气的明堂,不可或缺。

地毯颜色宜缤纷忌单调:因为不同的人有不同的审美意识,所以有些人喜欢色彩缤纷的地毯,但也有些人却喜欢较素雅的地毯。但若从风水角度来看,还是选用色彩缤纷的地毯为宜。因为色彩太单

调的地毯，非但会令客厅黯然失色，而且亦难以发挥生旺的效应。因此，客厅沙发前的地毯宜以红色或金黄色作为主色。

地毯图案寓意宜吉祥：地毯上的图案千变万化，题材包罗万象，有些是以动物为主，有些是以人物为主，有些是以风景为主，有些则纯粹以图案构成。花多眼乱，到底如何作出抉择呢？其实万变不离其宗，只要记着务必选取寓意吉祥的图案便可以。那些构图和谐，色彩鲜艳明快的地毯，令人喜气洋洋，赏心悦目，使用这类地毯便是佳选。

3. 鱼缸

《易经》指出："润万物者莫润乎水"，客厅中的鱼缸，离不了水，所以鱼缸在风水学里是"水"的同义词，除了有观赏价值之外，在风水方面亦有其接气化煞的功效，鱼与水共生，使室内更富生机，并对家居的风水产生积极的作用，因此，鱼缸的宜忌即是水的宜忌，两者大同小异。

那些生辰八字缺水的人，摆放鱼缸在客厅中便会对运程大有帮助。

但那些忌水的人，若养鱼在客厅中，便绝不适宜。

如果不知自己的生辰八字是否适宜养鱼，最简单的方法便是以自己过往的经历来作验证。

若是以往在家中养鱼而家运兴隆的，便应该继续养鱼，即使搬了新屋，亦不能中断。但若以往家中养鱼而住宅不宁的，则须尽快停止养鱼，甚至连风水轮等与水有关的物件也不宜摆在客厅中。

在客厅中摆放鱼缸有以下几点需要注意：

鱼缸不宜过大：太大的鱼缸会储存太多的水，水太多便会有决堤泛滥之险。从风水学的角度来说，水固然重要，但太多太深则不宜，而鱼缸高于成人站起时的眼睛位置便是过高，因此客厅中的鱼缸不宜过大过高，尤其是对面积较小的客厅更为不宜。

鱼缸不宜放在吉方：任何住宅都不可能十全十美，总有些外煞之类的存在，用鱼缸来化解外煞是其中的一个巧妙办法。风水学中有"拨水入零堂"的说法，所谓"零堂"，是指失运的衰位，其意是指把水引入失运的方位，可以转祸为祥，逢凶化吉。因此鱼缸宜摆在凶方，而不宜摆在吉方。

而我们所说的吉方及凶方，是根据住宅的坐向而推定的，东四宅及西四宅各有不同的吉凶方。具体来说，坐东、坐南、坐北及坐东南的东四宅，鱼缸不宜摆在客厅的东、东南、北及南这四个吉方。而坐西南、西北、东北及西的西四宅，鱼缸不宜摆放在客厅的西、西南、西北及东北这四个吉方。如果住房是东四宅，鱼缸应该摆放在客厅的西南、西北、东北及西方这四个凶方；而如果是西四宅，鱼缸则应该摆放在客厅的东、东南、南及北方这四个凶方，把鱼缸摆放在凶方，可收化煞之效，又可增加灵气，令家中倍添生机。

鱼缸切勿摆在沙发背后：从风水角度来看，以水来作背后的靠山是不妥当的，因为水性无常，倚之作为靠山，便难求稳定。因此把鱼缸摆在沙发背后，一家大小日常坐在那里，便会无山可靠，影响宅运的安定。

而若是把鱼缸放在沙发旁边，则对住宅风水并无妨碍。

鱼缸切勿与炉灶相冲：鱼缸多水，而厨房的炉灶属火，因为"水"与"火"相冲，故此客厅的鱼缸倘若与厨房的炉灶形成一条直线，这便犯了水火

相冲之忌。鱼缸与炉灶对冲，会有损家人的健康；原因是水火相冲，水能克火，受害的是属火的炉灶，而靠这炉灶煮食的家人，也会因而连带受害。此外，因为神台也是火重的家具，所以鱼缸摆放应尽量避免与神台成一直线相冲。

鱼缸切勿摆在财神之下：正如俗语所谓"财归财位"，所以福禄寿三星这类财神便应摆放在当旺的财位，这才可锦上添花。若把财神摆放在鱼缸之上，就大错特错。因为鱼缸本应放在住宅凶方，倘若把

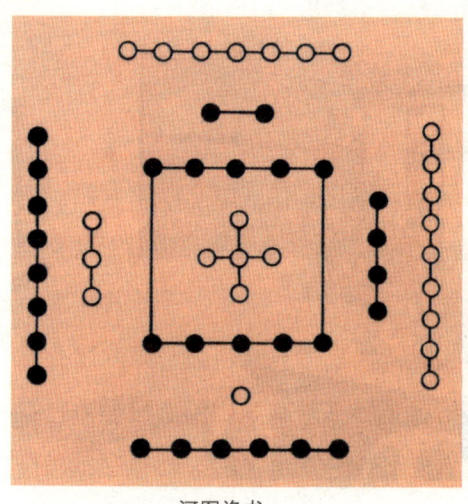
河图洛书

财神摆放在鱼缸附近,这便与"财归财位"的原则矛盾,而且把财神摆放在鱼缸之上,那便犯了风水学的"正神下水"之忌,会有破财之虞。

养鱼数目宜与户主的五行配合:到底在鱼缸中养多少条鱼才符合风水之道,主要应根据户主的命卦五行而定。

"河图洛书"的天地生成数口诀云:"天一生水,地六成之;地二生火,天七成之;天三生木,地八成之;地四生金,天九成之;天五生土,地十成之。"根据以上推定,只要找出户主的命卦五行,便可查知应该养多少条鱼来配合。

举例来说,如果户主的五行属"水",那便应养一条浅色的鱼以及六条深色的鱼,其余依此类推。而附属鱼类如"清道夫"(即垃圾鱼)等则可忽略不计。

家庭养鱼数理图

五行	属相	颜色及数量 浅色(白色)	深色(红色或黑色)
水	子、亥	一	六
火	巳、午	七	二
木	寅、卯	三	八
金	申、酉	九	四
土	丑、辰、未、戌	五	十

4. 植物

客厅是家庭中最常放置室内植物的空间，最有视觉效果、最昂贵的植物都应该放置于客厅。客厅植物主要用来装饰家具，以高低错落的植物自然状态来协调家具单调的直线状态。而配置植物，首先应着眼于装饰美，数量不宜多，太多不仅杂乱，而且生长不好。植物的选择须注意中、小搭配。此外应靠角放置，不妨碍人们的走动。

从客厅的植物置放也可以体现出主人的性格特征：蕨类植物的羽状叶给人亲切感；鹅绒质地则使人温柔；铁海棠展现出刚硬多刺的茎干，使人敬而远之；竹造型体现坚韧不拔的性格；兰花有居静芳香、风雅脱俗的性格。植物的气质与主人的性格和室内气氛应相协调。

客厅布局时应避免将杂乱的绿色植物或普通的观赏花卉零散地摆设在客厅的窗台、壁炉及电视机上等位置。谨慎选择植物类型就可使室内改观；如利用吊篮与蔓垂性植物，可以使过高的房间显得低些；较低矮的房间则可利用形态整齐、笔直的植物，使室内看起来高些；叶小、枝条呈拱形伸展的植物，可使窄小的房间显得比实际面积更宽。

植物比例的平衡极为重要，而对比的应用也不容忽视。客厅富丽堂皇的装潢可以用叶形大而简单的植物增强，而形态复杂、色彩多变的观叶植物可以使单调的房间变得丰富，给客厅赋予宽阔、舒畅的感觉。

不少家庭在客厅里设置壁炉，冬天在壁炉里燃烧炭火令人温暖，但在其他季节里，利用植物布置空洞的壁炉是很好的装饰，但壁炉光线通常不足，故宜选择喜阴凉的观叶植物或季节性观赏花卉。

赏心乐事房与床

一个人的三分之一时光是在床上度过的

一个人的绝大部分性事与肌肤之亲

也是在床上进行的

如何让自己的三分之一的人生美梦甜甜

如何让自己的性事与肌肤之亲飘飘欲仙

卧室和床的位置、朝向、色彩、光线

与之息息相关

卧室、床位布局精当,计究得法

则气能生动,"性趣"盎然,龙马神勇

所谓"卧房向吉方,享乐又健康"

布局失当,则犯冲犯忌

轻者精神不振如病猫,性生活单调乏味

重者殃及后代

或因性生活不谐而夫妻反目

第四章 PART FOUR
卧室与洞房的风水

卧室的大小有没有规范？其座落的位置格局、通风、采光、颜色的选择、装饰、照明以及床位的摆放有哪些讲究？洞房的布置是很有讲究的，中国民间的传统尤其重视洞房的布置，现代人的生活与以往相比，虽然有了很大的改变，但在新婚志喜上，依然不离传统。洞房的位置和布局、婚床的布置、床上用品以及床上饰物有哪些需要注意的？

卧室

卧室是我们度过一生三分之一时光的场所，摄气养神，均在于此。

除了不能大于客厅外，卧室大小并无规范，是谓"室雅何须大，花香不在多"。但卧室的格局一定要考究，用心经营而达至一种安定静谧、温馨祥和的环境，是居住者的理想。位，在右方开门就不佳。而开北门为玄武门，更是不吉，国外称之为鬼门，亦有"败北"之意，所以家居一定要慎开北门。

对于注重居家生活品质的现代人而言，卧室的布局特别应注重其安定与隐密性，所以卧房应仔细考虑其坐落的位置、通风和采光、床位的摆放。卧室对成人关系有着意味深长的影响，因为性生活与肌肤之亲就是在这里进行的。如果身处大家庭里，卧室也往往是唯一的独享之所，因此要充分考虑卧室的私密性，最好不要让卧室作其他用途。

1. 位置与格局

在一般情况下，最有利于成人的卧室位置是在住宅的西南方与西北方，这两个方位能够提升人的成熟度与责任感，在工作与生活中更易得到他人的尊重。而位于住宅北方卧室性质比较平静，这对失眠者特别有用；位于住宅西部的卧室特别有利于夫妇分享，能够提高性生活的质量；而住宅的东或东南部对刚步入社会的年轻人有益。当然，如果根据东西四宅的细分，卧室的方位与户主的出生年也有一定的对应关系，具体可参照本章的第三节《卧室的吉方》。

在复式或别墅的上下层结构中，应该注意卧室不可设在厕所的下方和车库的上方，并且不可把改建后的阳台当卧室。卧室的形状最好方正，不宜狭长，这样才有利于通风，卧室门不可直对厨房门，防止其湿热之气与卧房门相对流；房门不可正对厕所，因为厕所的秽气与水气极易扩散至卧房中，而卧房中多为吸湿的棉布制品，将令环境更为潮湿；卧室门也不宜两两相对，此谓"相骂门"，易于导致家中口角。卧室里的入墙柜或横跨整幅墙壁的大柜应能够储存所有的衣物，有助室内的整齐有序，符合归藏于密的原理。

卧室最好不要含有卫生间作为套房，因为里面的潮湿及污秽之气易进入睡房，并且进出卫生间会影响人在床上的休息，在长久的家居生活中会感觉不便。遇到这种情况，则必须保持通往浴室之门的关闭，并且装上门帘作为进口的屏障。

2. 床位

床是卧室内最重要的器具，是人们休息睡眠的场所，而且又与子孙繁衍生育息息相关。李笠翁在《闲情偶寄》里说过一段很精辟的话："人生百年所历之时，日居其半，夜居其半。日间所处之地，或堂或庑，或舟或车，总无一定所在，而夜间所处，则止有一床。是床也者，乃我半生相共之物，较之结发糟糠犹分先后者也，人之待物其最厚者莫过此。"

现代床的种类很多，有沙发床、弹簧床、绷子床、竹床、木板床，近年来还出现了水床、消声床、气垫床、音乐床、按摩保健床、风调环境床等。床作为传统的单一型休息工具，现在已向着集休息、享受与理疗保健于一体的多功能卧具方向发展。

由于床在人的一生中占有重要的地位，因此床位的摆放极其重要。具体来说，卧室安床有以下十大讲究：

①对于床本身，要考虑的是其长度、宽度是否足够、床体是否平整，并且是否具有良好的支撑性

和舒适性。至于床的高低，一般以略高于就寝者的膝盖为宜。太高则上下吃力；太低则总是弯腰不方便。切记床不可贴地，床底宜空，勿堆放杂物，否则不通风，易藏湿气。会导致腰酸背痛。

②安床不管位于何处，关键在于应该让卧者可以自床上看见卧室的门与窗，并且在黎明时分，能有阳光照射到床上，有助于吸收大自然的能量。

③床头不能靠门，如果迁就卧室有限的空间，而把床位放在大门口侧，就犯了卧室的大忌。

④床位最好选择南北朝向，顺合地磁引力。头朝南或北睡眠，有益于健康，因为人体的血液循环系统中，主动脉和大静脉最为重要，其走向与人体的头脚方向一致。人体处于南北睡向时，主动脉和大静脉朝向、人体睡向和地球南北的磁力线方向三者一致，这时人就最容易入睡，睡眠质量也最高，因此南北睡向具有一定的防病和保健功能。床头不可朝西，因为地球由东向西自转，头若朝西，血液经常向头顶直冲、睡眠较不安稳；如果头朝东睡，就会有一种安宁的感觉。

⑤床头宜实不宜虚，床头应该靠墙，不可靠窗，床如果不靠墙的话，床头必须有床头板，令头部不致于悬空，并且，床头后面不可是厕所或厨房。

⑥床不可对门,以免被外人一览无遗,毫无私密性和安全感,也影响休息。如果遇房门相冲,则可以用屏风来挡门,则不仅阻隔了床门相冲,同时也维护了卧室的私密性。

⑦不可有横梁压床,以免造成压抑感,也有损人的身心健康。此类情况还包括不可有横梁压卧室门,分体空调室内机不可悬挂于枕头位上方,卧床正上方不可悬挂吊灯,这些都属于横梁压床的范畴。

⑧床不可对镜,因为人在半梦半醒之间,夜半起床容易被镜中影像所惊吓,精神不安宁,导致头晕目眩;其次人在入睡时,气能最弱,而镜子是反射力极强的物体,易将人体的能量反射出去,特别是年轻夫妇,如果卧室镜对床,长此以往,易患不育症。如果睡房中有镜子对床,可在晚上盖住它或把它转向墙壁,当然最好的办法是将镜子镶嵌在卧室衣柜内部,照镜时打开,平时不用时将门合上。

⑨床头柜应高过床,有利于提升睡眠者之智慧,并提高睡眠质量。

⑩枕头位两侧,不可被柜角或橱角、书桌、化妆台冲射,易使人患偏头痛。叶子尖长的植物、方形或长方形的家具不能太靠近睡床。

3.卧室的颜色选择

卧室的墙面尽可能不用玻璃、金属与大理石等材料，而使用油漆，既避免睡卧时气能被反射，又利于墙体呼吸，并且颜色应柔和，能够令人感觉平静，有助于休息。根据五行的原理，卧室方位与选择颜色有以下的对应：

东与东南——绿、蓝色

南——淡紫色、黄色、黑色，

西——粉红、白与米色、灰

北——灰白、米色、粉红与红色

西北——灰、白、粉红、黄、棕、黑

东北——淡黄、铁锈色

西南——黄、棕色

4.卧室的家具

卧室的家具类型：

卧室的家具种类众多，从大的分类看，一般有单件家具、折叠式家具、组合式家具、多功能家具等。单件家具虽有很大的灵活性，但不利于室内空间的利用，放在一起也很难协调，因此近年来，更趋向于采用折叠式、组合式、多功能式家具。

家具的色彩：

家具的色彩在整个房间色调中所占的地位很重要，对卧室内的装饰效果起着决定性作用，因此不能忽视。家具色彩一般既要符合个人爱好、也要注意与房间的大小、室内光线的明暗相结合，并且要与墙、地面的色彩相协调，但又不能太相近，不然没有相互衬托，也不能产生良好的效果。对于较小的、光线差的房间，不宜选择太冷的色调；大房间、朝阳的，可以有比较多的选择。另外，应考虑到不同面积不同功能的房间色彩可有不同，从而产生不同的效果。

如浅色家具（包括浅灰、浅米黄、浅褐色等）可使房间产生宁静、典雅、清幽的气氛，且能扩大空间感，使房间明亮爽洁；而中等深色家具（包括中黄色、橙色等）色彩较鲜艳，可使房间显得活泼明快。

5. 卧室的装饰与照明

卧室的装饰要避免悬挂能反射的东西，室内悬挂的装饰品如是挂毯、没装玻璃或装上不反光玻璃的画都较佳，卧室不宜摆刀剑凶器、神像、神位等。

卧室光线不宜太强，因为床是静息之所，强光会使人心境不宁，所以室内最好用柔和的白炽灯来照明，而尽量少用日光灯。

6. 卧室的植物

卧室追求雅洁、宁静舒适的气氛，内部放置植物，有助于提升休息与睡眠的质量。由于卧室除了放床，余下的面积往往有限，所以应以中小盆或吊盆植物为主。在宽敞的卧室里，可选用站立式的大型盆栽；小一点的卧室，则可选择吊挂式的盆栽；或将植物套上精美的套盆后摆放在窗台或化妆台上。

茉莉花、风信子或夜来香等能散发香甜气味的植物，可令人在自然的芬芳气息中酣然入睡。而摆放君子兰、黄金葛、文竹等植物，具有柔软感，能松弛神经。卧室的植物植株的培养基可用水苔取代土壤，以保持室内清洁。

洞房

结婚,是人生中的一件大喜事,新房自然要能够充分体现这种喜庆,中国民间传统是很讲究洞房的布置的。现代人的生活与以往相比,虽然有了很大的改变,但在新婚志喜上,依然不离传统。

作为别具内涵的卧室——洞房的布置,除了要注意卧室的相关事项外,还要特别注意以下的讲究:首先在选择家具时,以中性色或浅色为宜,避免深色调家具进入新房,这样可增加室内亮度,给人以明快、欢乐、温暖感。

剪一个大红的"喜"字贴在窗户或墙上,表示喜庆、象征幸福美满。

这种美好而纯朴的古老形式并无损于新居淡雅高洁的格调,反而在反差中可以取得突出的效果,给人造成强烈印象。

在新房拉起五颜六色的纸制花环,有条件的还可充分利用现代灯具的装饰效果,挂上五彩缤纷的彩灯,烘托室内的热烈气氛和喜庆之情。

床上用品及其他室内装饰物特别选用暖色调的、艳丽的,比如可以放置大红玫瑰等,也能衬托出新婚美景。还可以预备两座烛台和大红蜡烛,于夜深人静时点燃于卧室中,体味一下"银镜台前人似玉,金莺枕侧语如花"的美妙感受,特别能渲染新婚之气氛。

1. 洞房位置与布局

洞房的位置最好在阳光充足的地方,并且空气畅通。洞房墙壁及家具、窗帘尽可能不要用粉红色,会使人神经衰弱、心绪不佳,而吵架之事必然常常发生。洞房色调如果太阴暗,如深蓝、深绿、深红、深灰色等,容易使夫妻心情不佳。洞房地板颜色不要太暗,或大红、特红、粉红色、易使人脾气暴躁,口角多。

2. 婚床的布置

洞房床位的左方即青龙方如果紧靠墙壁或近墙,则易生男孩。而床位右方即白虎方不可过于逼仄,易致夫妻失和,并且床位右方不可放置音响,以免多口舌之争。洞房的床前不可被电视机正冲,谨防

脑神经衰弱。洞房的床头上方，最好不要悬挂新婚大照片，避免压迫感过重。

洞房的床位脚部侧面，不可对厕所门。

由于新婚，夫妇均会尽情享受鱼水之欢，那么在床位上的讲究可以参考《玄子》的意见：交接所向，时日吉利，益损顺时，效此大吉：春首向东，夏首向南，秋首向西，冬首向北。

3. 床上用品

床单床罩应结合床的款式。席梦思床可选大尺寸的西式床单；如果两边有床头的，还是应选中式床单。床单的质地以纯棉为最好，柔软舒适，吸湿性强。不宜用太粗厚的布料，睡时既有粗糙感，洗涤也比较困难；太疏松的布料也不宜选用，尘土会通过织眼沉积在褥垫上。

床罩的款式和品种如今相当多，花色也越来越美丽，同样是罩在床面上的，选购时主要应考虑它的装饰效果，并和居室的整体布置、色调一致，尽可能与家具、帐幔、窗帘、桌布等的色彩和风格相协调，在和谐中体现美。但需注意，洞房地毯、床巾、窗帘如果都是红色，则生女孩的机会较多。

被子，民间称"喜被"，一般是购买好被面、被套和被里自行缝制，但现代人大多喜欢购买现成的羽绒被和踏花被。既是新婚用的，被面自然以绸缎为好，显得富贵华丽，也更喜庆。绸缎被面品种很多，主要有提花、印花、绣花三大类，花色图案也很丰富，像"二龙戏珠"、"喜鹊登梅"、"龙凤朝阳"以及一些大花和带有"喜"字的，喜庆气氛都很浓郁。而被里应以吸湿性好的棉织品为首选。

枕头一般由枕芯和枕套组成，过去用的枕芯多是谷壳、荞麦皮、芦花芯，现在多为泡沫塑料、木棉、羽绒等。枕套的种类很多，质料上可分为的确良枕套、尼龙纱枕套、绸缎枕套、棉布枕套等，式样和花色也很多，可根据自己的喜好结合其他物品选择。不过枕套以及枕巾均以棉制品为好，这样使用起来枕巾不至于老是滑落。枕头有一对的，也有"连枕"，新婚者选购一套"连枕"较好，有永结同心的好意头。

4. 床上饰物

现代人生活比较讲究系列配套，例如在床头柜上可放置夫妻双方的生肖水晶或音乐盒，有助于夫妻感情融洽，但切记，生肖不可相克。在洞房中放置成双成对的图画、蜡烛与柜灯，象征亲密；帐内悬挂葫芦、连心结等饰品，象征夫妻同心，早得贵子。在婚床上如能适当地增置小饰物，既可增加舒适感，更多了几许情趣，比如可在床上放置两个温馨典雅的靠垫、或放上一只玩具毛绒狗，都会使房间生动活泼起来，并且产生浓郁的新婚生活气氛。

5. 主卧室的吉方

根据九宫飞星及紫微斗数原理，结合阴阳五行及八宅流年法，现将主卧室的八种主要方向与户主的农历出生年对照关系，及吉凶祸福的影响列出下表，读者可以按照以下表格，适当调配吉利的卧室方向，以期做到"卧室向吉方，发财又健康"。

甲子年	
东：	子孙昌盛
南：	先泰后否
西：	长女运滞
北：	家业平平
东南：	诸事吉祥
西南：	心胃有疾
西北：	肺部不妥
东北：	注意眼目

丁卯年	
东：	子息旺盛
南：	不利中女
西：	人口平安
北：	家业凋零
东南：	财运兴隆
西南：	子孙外散
西北：	子孙忠孝
东北：	注意保健

乙丑年	
东：	子贵孙荣
南：	贵人助力
西：	不利长男
北：	宅运无常
东南：	四季如意
西南：	阴盛阳衰
西北：	不利咽喉
东北：	是非缠身

戊辰年	
东：	事业兴盛
南：	次女欠安
西：	妇女血疾
北：	次男不利
东南：	人丁迁徙
西南：	子孙兴旺
西北：	家道中落
东北：	人口平安

丙寅年	
东：	身心欠佳
南：	宅运平平
西：	女掌男权
北：	驿马星动
东南：	皮肤有疾
西南：	不利母亲
西北：	业务停滞
东北：	胃口欠佳

己巳年	
东：	身体欠佳
南：	家业不振
西：	大旺女性
北：	腹胃小疾
东南：	财源广进
西南：	不利父母
西北：	生意退败
东北：	操劳过度

庚午年	
东：	妇人当家
南：	子运不济
西：	人口平安
北：	事业坎坷
东南：	肝火过旺
西南：	财运亨通
西北：	事业有成
东北：	子荣孙贵

癸酉年	
东：	子孙兴旺
南：	易惹是非
西：	宅运平安
北：	家宅无主
东南：	百事大吉
西南：	事业稳健
西北：	心肺衰弱
东北：	人丁单薄

辛未年	
东：	运气反复
南：	不利宅主
西：	贵人有力
北：	人口迁徙
东南：	破财免灾
西南：	生活平淡
西北：	男弱女强
东北：	一帆风顺

甲戌年	
东：	人丁兴旺
南：	祸从口出
西：	长子不利
北：	事业吉祥
东南：	诸事顺利
西南：	守成之宅
西北：	养身有道
东北：	安闲度日

壬申年	
东：	身体欠佳
南：	家业凋零
西：	贵人有力
北：	不利女性
东南：	易感风寒
西南：	母亲多病
西北：	事业平稳
东北：	疾病丛生

乙亥年	
东：	血光之灾
南：	起落不定
西：	平安进步
北：	不利女性
东南：	体弱多病
西南：	水肿之疾
西北：	功败垂成
东北：	主人不利

丙子年	
东：	子女吉祥
南：	亲戚拖累
西：	人口平安
北：	家业渐衰
东南：	财源广进
西南：	人丁不旺
西北：	万事如意
东北：	身体欠安

己卯年	
东：	女掌男权
南：	小女不利
西：	万事如意
北：	事业坎坷
东南：	留意心脏
西南：	诸事吉祥
西北：	人丁兴旺
东北：	岁岁平安

丁丑年	
东：	事业大盛
南：	不利远行
西：	女性多疾
北：	次男不利
东南：	人丁不旺
西南：	子孙兴旺
西北：	家业渐衰
东北：	人口平安

庚辰年	
东：	宅运无常
南：	不利主人
西：	常有是非
北：	事务多变
东南：	兴旺持久
西南：	守成之业
西北：	女掌男权
东北：	警惕小人

戊寅年	
东：	守成之宅
南：	宅运无常
西：	家业兴旺
北：	女主有恙
东南：	胃部之疾
西南：	不利女性
西北：	多子多福
东北：	注意腹病

辛巳年	
东：	注意饮食
南：	小有损伤
西：	岁岁平安
北：	不利女性
东南：	小病不断
西南：	不利长子
西北：	常守孤寂
东北：	血光之灾

壬午年	
东：	子孙兴旺
南：	不利置业
西：	长女欠佳
北：	事业吉祥
东南：	宅兴人和
西南：	留意心胃
西北：	眼目有疾
东北：	事业平平

乙酉年	
东：	不利子孙
南：	次女运佳
西：	人口平安
北：	事业渐衰
东南：	宅兴人和
西南：	家业大吉
西北：	事事平淡
东北：	心胃有疾

癸未年	
东：	诸事顺利
南：	祸从口出
西：	不利次女
北：	事事如意
东南：	身体健康
西南：	守成之宅
西北：	肺目有疾
东北：	发展欠佳

丙戌年	
东：	家业大吉
南：	不利女性
西：	守成之业
北：	不利次男
东南：	人丁外散
西南：	万事胜意
西北：	女性血疾
东北：	人丁兴旺

甲申年	
东：	身体欠佳
南：	居安思危
西：	守成之宅
北：	难成大业
东南：	事业大吉
西南：	不利女性
西北：	志在四方
东北：	家业兴旺

丁亥年	
东：	事业守成
南：	横财就手
西：	家业兴旺
北：	破财消灾
东南：	女人当权
西南：	财运亨通
西北：	事业平平
东北：	人口平安

戊子年	
东：	女掌男权
南：	略有是非
西：	宅运平安
北：	不利女性
东南：	谨防心病
西南：	财源大旺
西北：	事业守成
东北：	人口平安

辛卯年	
东：	人口平安
南：	置业坎坷
西：	家业可守
北：	宅运无常
东南：	诸事吉祥
西南：	事业守成
西北：	注意胸肺
东北：	心胃有疾

己丑年	
东：	宅运无常
南：	不利主人
西：	女人当权
北：	财源广进
东南：	吉祥如意
西南：	事业平安
西北：	吉中有逆
东北：	提防小人

壬辰年	
东：	子媳吉祥
南：	时有是非
西：	不利长子
北：	事业如意
东南：	家业兴旺
西南：	业务平稳
西北：	筋骨之疾
东北：	人口外散

庚寅年	
东：	事业可守
南：	多路求财
西：	事业平安
北：	时时迁徙
东南：	注意保健
西南：	不利女性
西北：	平安度日
东北：	事业平安

癸巳年	
东：	业务可守
南：	身心康健
西：	守成之宅
北：	不利女性
东南：	注意身体
西南：	事业大吉
西北：	子孙平安
东北：	不利母亲

甲午年	
东：	儿孙满堂
南：	不利次女
西：	人口平安
北：	事业渐退
东南：	财源茂盛
西南：	宅运守成
西北：	产业可守
东北：	注意健康

丁酉年	
东：	女人当权
南：	人口平安
西：	合家欢乐
北：	多路求财
东南：	注意心脏
西南：	财源兴旺
西北：	事业发达
东北：	吉祥如意

乙未年	
东：	事业顺利
南：	女人当权
西：	事业有成
北：	家业兴旺
东南：	人丁不旺
西南：	宅运吉祥
西北：	女性血疾
东北：	诸事大吉

戊戌年	
东：	宅运无常
南：	宅主不利
西：	警惕小人
北：	人丁不旺
东南：	宅兴人和
西南：	守成之宅
西北：	女人当权
东北：	警惕小人

丙申年	
东：	守成之业
南：	大器晚成
西：	家宅兴旺
北：	人口迁徙
东南：	胃脾之疾
西南：	宅兴人和
西北：	子孙不和
东北：	幼儿不利

己亥年	
东：	宅兴人和
南：	宅运无常
西：	事业守成
北：	不利女性
东南：	留意保健
西南：	平安如意
西北：	平平淡淡
东北：	人口平安

庚子年	
东：	人丁兴旺
南：	宅运无常
西：	不利宅主
北：	事业平平
东南：	诸事吉祥
西南：	事业平安
西北：	留意肺部
东北：	近视眼疾

癸卯年	
东：	子孙有成
南：	不利次女
西：	平安人旺
北：	宅运无常
东南：	事业亨通
西南：	宅业尚佳
西北：	事业有成
东北：	家境不安

辛丑年	
东：	产业吉祥
南：	平安之宅
西：	子运不济
北：	男弱女强
东南：	安居乐业
西南：	人财两空
西北：	事业平稳
东北：	守成之业

甲辰年	
东：	财运亨通
南：	守成之宅
西：	家业难守
北：	红鸾星动
东南：	人丁单薄
西南：	守成之宅
西北：	妇人血疾
东北：	可守旧业

壬寅年	
东：	宅内平安
南：	志在四方
西：	不利经商
北：	多有迁徙
东南：	略带小疾
西南：	如意平安
西北：	艺文俱佳
东北：	人口吉祥

乙巳年	
东：	家宅兴旺
南：	宅运无常
西：	鹏程万里
北：	不利女性
东南：	注意健康
西南：	平安如意
西北：	人丁亦佳
东北：	守成之宅

丙午年	
东：	事业吉祥
南：	守成之宅
西：	宅兴人和
北：	女性多病
东南：	阴盛阳衰
西南：	鹏程万里
西北：	人口安康
东北：	家宅平安

己酉年	
东：	人丁兴旺
南：	不利次女
西：	不利长女
北：	日渐消退
东南：	兴旺之宅
西南：	事业如意
西北：	留意眼疾
东北：	人丁不利

丁未年	
东：	先吉后凶
南：	不利宅主
西：	多有烦事
北：	人口有疾
东南：	家运破败
西南：	守成之宅
西北：	持家有道
东北：	慎防小人

庚戌年	
东：	家业大兴
南：	守成之宅
西：	事业守成
北：	财运吉祥
东南：	兴旺之宅
西南：	事业平淡
西北：	留意肺部
东北：	事业吉祥

戊申年	
东：	安祥如意
南：	时好时坏
西：	守成之宅
北：	不利女性
东南：	留意保健
西南：	人财俱吉
西北：	岁月安康
东北：	诸事吉祥

辛亥年	
东：	宅可守成
南：	福禄不全
西：	不利经商
北：	出外求财
东南：	留心保健
西南：	人财两空
西北：	艺文俱成
东北：	安身立命

壬子年	
东：	循序渐进
南：	次女不利
西：	家境平稳
北：	事业有成
东南：	吉庆有余
西南：	先人余荫
西北：	事业如意
东北：	勤勉度日

乙卯年	
东：	妇女主事
南：	守业之宅
西：	万事如意
北：	是非不断
东南：	小病常患
西南：	横财就手
西北：	人丁欠佳
东北：	生活平安

癸丑年	
东：	如日中天
南：	家有贤妻
西：	家业亨通
北：	不利次男
东南：	人丁渐稀
西南：	满门吉庆
西北：	命带桃花
东北：	事业兴旺

丙辰年	
东：	先福后祸
南：	不利宅主
西：	女人当权
北：	略有是非
东南：	出国之运
西南：	守成之宅
西北：	勤勉度日
东北：	筋骨有病

甲庚年	
东：	守业有成
南：	次女体弱
西：	家业兴旺
北：	事业勉强
东南：	脾胃有疾
西南：	事业吉祥
西北：	双妻之格
东北：	人丁欠佳

丁巳年	
东：	事业不前
南：	宅运反复
西：	守成之宅
北：	家门不幸
东南：	身体欠安
西南：	事事如意
西北：	金榜题名
东北：	贵人相助

戊午年	
东：	福星高照
南：	先苦后甜
西：	长子不利
北：	盛极必衰
东南：	多元发展
西南：	守成之宅
西北：	留意眼疾
东北：	心胃之病

辛酉年	
东：	五子登科
南：	次女不利
西：	事业平常
北：	众叛亲离
东南：	财源茂盛
西南：	守成之宅
西北：	添丁旺财
东北：	家庭平安

己未年	
东：	诸事吉祥
南：	先吉后凶
西：	守业有成
北：	妇人当权
东南：	岁月安康
西南：	碌碌无为
西北：	勤勉度日
东北：	身心疲惫

壬戌年	
东：	事业大兴
南：	阴盛阳衰
西：	家业守成
北：	次男不利
东南：	家境没落
西南：	富贵之居
西北：	红颜薄命
东北：	事事如意

庚申年	
东：	事业平凡
南：	时好时坏
西：	安度岁月
北：	劳碌奔波
东南：	双喜临门
西南：	吉祥如意
西北：	德才兼备
东北：	大吉大利

癸亥年	
东：	人丁稀少
南：	家运不稳
西：	家业兴旺
北：	奔波劳碌
东南：	事业有成
西南：	心想事成
西北：	四方大利
东北：	财运亨通

传承你的美好未来

望子成龙

望女成凤

这是天下父母的心愿

下一代是上一代的延续

也是上一代的希望

下一代的成长是否健康

很大程度上取决于

上一代的照料是否有方

儿童房和婴儿房的重要性

就是上一代照料有方的实质体现

为人父母者一定要细细研究

第五章 PART FIVE

儿童房与婴儿房的风水

儿童房在选择和装修的时候，在风水布局上必须充分考虑儿童房的这些独特功能的要求。可以通过色彩、采光、家具、窗户窗帘和饰物饰品，寻求各种能量的支援，使孩子们学习时能借力上进，玩乐时能天真活泼，睡眠时能舒适安祥。婴儿房的位置和布局，会对婴儿的健康成长产生很大的影响。其床位应该是独立地放置在房间的中央，房间的颜色以浅淡柔和为宜。

儿童房

每一位父母都希望子女拥有一个舒适的空间，有利于他们的健康成长，这就是儿童房无不讲求尽善尽美的原因。

儿童房的最重要功能，是使孩子有一个自由安全的小天地。孩子们在自己的小天地里学习、玩乐、睡眠，家长在为孩子选择和装修房间时，在风水布局上必须充分考虑儿童房的这些独特功能的要求。尤其是借助于装修的技巧，通过色彩、采光、家具、窗户窗帘和饰物饰品，寻求各种能量的支援，使孩子们学习时能借力上进，玩乐时能想象力丰富，天真活泼，睡眠时能宁静安祥，舒适柔和。

孩子成长到一定年龄，就需要相对独立，不喜欢被打扰，也就是说，儿童房需要有相对的私密性。同时，家长又不可以完全放任孩子，在尊重孩子的私密性的基础上，要尽可能不动声色地对儿童房给予关照。

1. 儿童房的位置

在中国，孩子被称作是早晨七八点钟的太阳，在黎明时能最早接受阳光能量的房间是最理想的儿童房。所以儿童房首选设在住宅的东部或东南部，选择这两个方向能刺激孩子的健康发展，能预示着儿童天天向上、活泼可爱、稳步成长；而住宅的西部五行属金，下午会接收阳光，也可以用作儿童房，但是此方位更适合于儿童睡眠，不利于儿童房的游戏功能。

2. 儿童房的内部布局

儿童房因为其特殊的功能，所以在布局方面除了要避免成人卧室所遇到的问题，如床不可摆放横梁之下、不可床头靠窗等，另外儿童房亦要远厨厕，以免受油烟、污秽之气的干扰，更不应有穿堂风使孩子易于着凉感冒。儿童房需要空间，不可装潢太复杂，家具也不宜太庞大，以使房间无阻塞与局促之感。

儿童房是儿童私有的空间，要令儿童健康成长且能够独立，减少依赖性，则在房间里可设有一张小桌子或小储藏柜等，让他们自由组织内部的物品，培养他们的动手能力，作家长的不要去干预，但要切记家具尽量多用圆形，忌用玻璃制品，避免尖角以降低磕碰的危险。并且教导他们玩耍后能够立即将玩具等物品收拾好，培养有始有终的习惯。

3. 儿童房的地面

儿童房的地面以铺天然的木地板最佳，因为既安全又易清洁。避免用石材铺地，要考虑没有通过认证的石材所含有的放射性材料所带来的影响；也

不宜放置地毯，虽然地毯的安全性较高，不怕小孩跌倒，但是由于容易附着太多粉尘，长期使用会致儿童患支气管炎和呼吸道疾病。

4. 儿童房的颜色

儿童房内部的颜色对小孩的心态也有很重要的影响，首先色泽要淡雅，不可用太刺眼的大红大紫色，避免刺激小孩，也忌用黑色及纯白色，而用淡蓝色为底点缀一些草绿、明黄、粉红的色泽则较好，能取得和谐的效果。

儿童房里一般都会有挂画，图画对孩子成长的影响很大，首先墙壁上的图画应以自然正面的内容为主，不宜挂铁甲战士、浓妆艳抹的明星图画，也不要挂神像等。因为这样容易使孩子幼小之时耳濡目染，性格易变得过于早熟，不利其自然成长。

5. 儿童房的床位

儿童床的摆放位置很重要，儿童床的位置除了要参考成人房的相关忌讳外，还有其他的注意事项：孩子如果是家中的独生子女，儿童床的床位应与父母的床位放于同一方向，这会有助于父母与孩子感情的融洽。如果家中有两个或以上的小孩合用一个房间，将他们的床放于同一方向，也有助于减少他们之间的摩擦和矛盾。

儿童床的床头朝向以东及东南位较好。因为东及东南位五行属木，利于成长，对小孩身高和健康很有益处。但如果小孩夜间难以入眠，则可选较为平静的西部及北部。而床头朝向南部会导

致儿童脾气急躁、东北会导致儿童粗心大意、西南会导致儿童胆小拘束、西北会导致儿童过于早熟，最好要谨慎选择，因为这几个位置对儿童的成长都不利。

6. 儿童房的照明

儿童房的照明最好使用柔和的壁灯以代替柜灯或地灯，既温馨体贴，又能避免儿童玩耍时拖出电线及接触插头，造成危险。

倘若孩子怕黑无法入眠，或天黑就显得拘束，在儿童房里的高处放上一盏小烛灯，会有利于改善怕黑的问题。

7.儿童房还要注意的其他事项

①不能让成人床代替儿童床,这里既有风水上的长幼有序的讲究,亦可防止小孩睡觉时会倒卧而发生危险。

②儿童房的门在晚上要保持关闭,而窗户要安上窗帘,白天卷起,使窗户外的新鲜空气和阳光无遮无挡;晚上则拉上帘子,这会有利于阻隔外界声光电的影响,使孩子易于入睡。

③为了降低电子辐射及用电危险,在儿童睡房最好不要放电视机、录影机与电脑等电器。

④儿童房不要放置镜子和悬挂太多风铃,避免小孩因容易分心而导致神经衰弱。

⑤儿童玩具应以钢琴、汽车或积木等有利于启迪智力的玩具为主,而洋娃娃、动物玩具等在任何情况下均不要关、锁起来,免得孩子从小身心有不良倾向。玩具的材料以木制最理想,因为是取材天然而且坚固耐用。

婴儿房

婴儿一出世,其实就已经与风水结下了不解之缘,因为婴儿房的位置和布局,会对婴儿的健康成长产生很大的影响。除了普通卧室的相关忌讳外,婴儿房还有诸多讲究,因此,婴儿房的选择必须慎之又慎。

1.位置

由于婴儿一出生后几乎都在睡觉,并且婴儿的身体机能均很稚嫩,因此绝对不能让婴儿住在刚刚装修好的房子里。婴儿房应尽量避免外人来往,更不要在屋里吸烟,以减少空气污染。还要避免噪音和油烟,绝不能与厨房相对,以免受冲。

婴儿的居室及周围应避免接触噪音。因为婴儿的耳膜十分脆弱,持续的噪音会破坏婴儿的听力,严重的还会影响婴儿的智力发育。

婴儿房内必须保持良好的光线与通风,而房间的方位在东方为好,因为光的能量能够充分进入室内,白昼与黑夜的体现较为完善。婴儿的房间向阳,阳光中的紫外线可以促进维生素D的形成,防止婴儿患小儿佝偻病,但应注意避免阳光直接照射婴儿脸面。

如果在室内,则不要直接隔着玻璃晒太阳,因为玻璃能够阻挡紫外线,起不到促进钙质吸收的作用。此外,婴儿和母亲的被褥要经常在阳光下翻晒,这样可以杀菌,以防止婴儿皮肤和呼吸道发炎。

2.床位

婴儿床应该是独立的,放置在房间的中央,体现以其为尊的思想,也利于大人在周围呵护,这样有利于婴儿的成长与自我意识,而且头北脚南的位置特别适合初生婴儿。

婴儿居住的不要求一定是高级住宅,只要用心布置,因陋就简,同样会使小宝宝有一个良好的环境。房间要保持恒定的温度和湿度,夏季室温应在24℃－28℃为宜,冬季在18℃－22℃为宜,湿度在40%—50%左右。冬天可用暖气、红外线炉取暖,但一定要经常通风,保持室内空气新鲜。通风时注意风不要直接吹着婴儿,外面风太大时应暂不开窗。为了保持居室空气新鲜,应用湿布擦桌面,用拖把拖地,不要干扫,以免尘土飞扬。

3.颜色

婴儿的房间颜色以浅淡、柔和为宜。特别是淡蓝色,对婴儿的中枢神经系统有良好的镇定作用。

让文曲星下凡到你家

"一命二运三风水，四积阴德五读书"

读书对人生的重大影响

在人为要素中是最被推崇的

而作为在家中读书的主要场所

书房也就理所当然地引起人们的高度重视

中国自古就有"文昌星"、"文曲星"之说

相传是天上的神仙世界中

专门掌管天下读书人的科举考试和功名利禄的星宿

住宅风水中的"文昌方"

就是指文昌星飞临阳宅的方位

若是家里的书桌和书房位于文昌方

无论是求学应考

还是著书立说

抑或其他事业

都会因有神助而事半功倍

第六章 PART SIX
书房的风水

现代的家庭一般都会开辟一个独立的房间用作书房，书房在住宅的总体格局中归属于工作区域，相当于家居中的办公室，但与普通的办公室相形之下，更具私密性，是学习思考、运筹帷幄的场所。作为开启智慧、凝神静气的重要所在，必须能够占据良好的位置。许多人都深有感触，那就是某些位置读书写作，别样耳聪目明，有的位置却感觉如坐针毡，家中如有读书的小孩则特别明显，这就是家居中文昌位的作用。

文昌位的选择

"文昌"是天上二十八星宿之一，又称文曲星，与人间关系密切，专司天下读书人的功名利禄。

文昌位即是文昌星飞临入宅的方位。这个方位在每一套住宅里都存在，只要是书房或书桌设于文昌位，则对于读书考试、写作、筹划均会有所裨益。每套房子的文昌位该如何界定？这要由住宅的坐向，亦由八宅的方向来确定。依照风水的理论，文昌位依房子坐向决定，文昌位亦会依流年而变化，但大体格局如下：

宅卦	坐向	文昌位方向
震宅	坐东朝西	西北位
巽宅	坐东南朝西北	正南位
离宅	坐南朝北	东南位
坤宅	坐西南朝东北	正西位
兑宅	坐西朝东	西南位
乾宅	坐西北朝东南	正东位
坎宅	坐北朝南	东北位
艮宅	坐东北朝西南	正北位

如果由于房子的先天结构问题，文昌位不能做书房，则只能退而求其次，将书桌的位置放于书房的文昌位，亦可收效。如果正好文昌位在先天格局中是厨厕位，则须在此处多放置水种植物，以化解文昌受冲。

仁智之局

除了文昌位须注意确定之外，每个书房都必须布下"仁智之局"，即书房应成仁智之居。何谓仁智？即"仁者乐山，智者乐水。"书房的使用者必须后有靠山前有水，其中乐山是指书桌的座位应背后有靠，背后靠墙，既有安全感，又不易背后受扰，因为人耳能听八方，但眼只观六路，背后有靠，即谓有靠山，但凡能够成功出人头地的人士，除了自我的努力、智慧、机遇外，万万不可没有靠山。背后有靠，则读书考试、与人交往均能得贵人相助、宠爱，打工一族则更可得上级赏识提携。古代从事文书类办公工作的人员除了讲究靠山之外，为了避免终日案牍劳形而一无所获，还将座椅后背镶上天然呈群山状的大理石为靠山，以加强倚靠的效果，美其名曰：乐山。所以书桌的座位后背应以不靠窗、不靠门等虚空为要，除了风水上的讲究之外，也缘于办公桌背后有人来去走动，则坐不安稳，难以集中注意力。

而在书房的案头前方摆上富贵竹之类的水种植物，以单支如三、五、七枝为佳，生机盎然、赏心悦目，利于启迪智慧，能起智者乐水之效。

除了以上几点，书房还有诸多的讲究，才能够壮旺文昌，并且配合文昌的力量，达到读书考试胜人一筹的效果。

首先，书桌前面应尽量有空间，面对的明堂要宽广。有人认为一般书房的位置本来就不太宽敞，如何能够有明堂？其实以门口为向，则外部就可成明堂，这样则前途宽敞，易于纳气入局，用者则头脑思路敏捷，宽阔无碍，能成大器；另外也可选面窗而坐，以窗外宽阔空间为明堂，能够观赏外部景观以养眼，也可收较好的功效。但窗外不可正对旗杆或电线杆、烟囱等，如果正好面对旗杆或电杆、烟囱等不利之物无法避免，则可在书桌上放置一块稳稳当当的镇纸来对外部的冲煞进行化解。

其次，书桌不能摆在房间正中位，因为这是四方孤立无援格，前后左右均无依无靠，主学业、事业都孤独，很难得到发展；

最后，书桌不能被门冲，因为如被门冲，读书、学习等就易受到干扰，不易集中精神，效率降低，容易犯错。

书房的门向也要注意，首先不能正对厕所、厨房，否则会令文昌位受水火冲击，并引入秽气，导致精神不佳。除此之外，坐椅切记不要被横梁压顶，及类似横梁的物件如空调器、吊灯等压在头上，如有这样的情形，则易于处处受制，难以舒展。

第六章 书房的风水

办公用品的摆放

书桌两头的用品不能都摆放得高过于头,使用者不能够伸展出头,这是大忌。必须有高有低进行配制,具体来说,男性,左手青龙位宜高宜动,右手白虎位宜低宜静,而重要的有能量通过的物品如电话、传真机、电灯等均应放置左方,才较为有利。如是女性,则应加强右方白虎位,重要的物品可放置于右方。

书桌宜保持整齐、清洁,每一次工作后或读书完毕即要不嫌麻烦,收拾干净整齐,尽量把垃圾清除掉。这样才有利于下次读书、学习,使其效应保持得以周而复始,每一次均由整齐开始,由整齐结束,有始有终,有益于迅速开动大脑机器及思维灵活清晰。

书房中的家具宜用深色,如栗色、深褐色、铁红色等端庄、凝练、厚重、质朴,有利于思考而不流于世俗花哨。

书房中的书桌摆放还要注意书桌不可面对主人房的卫生间或公共卫生间的墙壁,也不能背靠卫生间的墙壁。

灯光照明

书房的灯光照明以日光灯和白炽灯交织布局为佳,可收动静自如之效,但不能用过于花哨的彩灯装置,令人眼花缭乱,顿生疲惫,并且要避免用落地大灯直照后脑勺。

口福之乐的期待与寄托

进食

是人的本性

是人类赖以生存的最基本需求

也是唯一能随时与"性"

相提并论的赏心乐事

要想一家人常享口福之乐

安康永在

不仅与食品本身的色、香、味及营养有关

更取决于烹饪食品的地方——

厨房和进食的场所——

餐厅的风水格局

尤其是厨房的炉灶、锅台、烤箱、电饭煲

消毒碗柜、水槽、冰箱、抽油烟机、排气扇

以及餐厅的餐桌、酒柜、凳椅等与金、木、水、火、土五行之气一一对应

也就直接关系到一家人的健康、财运、官运,堪称兹事体大

第七章 PART SEVEN

厨房和餐厅的风水

厨房代表一家人的财帛、食禄及健康状况，并且把许多本不相容的器具集合在一起，所以其方位一定要仔细考量。现代家庭厨房因受居住空间的限制普遍偏小，所以厨房环境产生的视觉心理很重要。厨房的色彩，可根据个人的兴趣爱好而定。餐厅是补充体能的所在，与户主的色相关系密切。

厨房

现代的厨房系统，一般由烹调、洗涤、配餐、贮藏四个基本部分组成。近年来，也有将餐桌、餐椅等组织到厨房系统中的，以构成完整的流程。

1.厨房位置的选择

因为厨房代表一家人的财帛、食禄及健康状况，并且把许多本不相容的器具集合在一起，所以其方位一定要仔细考量，才有益于家庭的健康与发展。

厨房不宜向南方，因为南面属火，厨房也属火，火上加火，则对居家不利，并且向南食物易腐化，所以厨房最好不要设在南向。厨房也不宜在家的中央，因为住宅的中心最忌受污，而最适合的位置为住宅的东部与东南部，东与东南的五行均属木，与水、火都能和平共处，特别适合于作厨房与吃早餐。

2.厨房风水的十大忌讳

①**厨房门不可正对大门。**《阳宅三要》指出："开门见灶，钱财多耗。"此格将使女主人健康有损并且家中难聚财，运气反复。如果遇到这样的格局，唯一的避免方法是改门。

②**厨房门不可正对卧室门**：油烟熏冲，易致居者头昏脑涨，脾气暴躁。

③厨房门不可正对厕所门：炉灶作为一家大小口腹之源，须纳吉气，厕所为不洁之地，且厨房代表火，厕所代表水，水火不容，会导致夫妻失和、家口不宁。

④厨厕不可同门：有些家庭为了节省空间，令厨厕共用一门进出，令家居水火无度，很不吉利；更有甚者，先进厕所，再进厨房，则口腹之欲，绝对荡然无存！

⑤厨房的地面不可高过厅、房等地面，这一方面是可以防止污水倒流；其次是由于主次有别，厨房不可凌驾于厅、房之上；再次，从厨房入厅奉食，应步步高升，反之则有退财之虞。

⑥阳台走道不可正对火炉：长廊压火，主不聚财，易患高血压之类的病症。

⑦厨房的火炉不可正对冰箱、水槽：冰箱亦代表贮藏、聚财之所，其性属水，最怕火攻，易致家人身体不顺。

⑧灶台不可在横梁之下：凡经常进出及操作之地均不宜受压，灶台作为食物制作的平台，更是如此。

⑨抽油烟机和炉具之间不可开窗，漏财不吉。

⑩灶台不可背后无靠：灶主家庭健康、婚姻和功名，宜有所依靠，背后不可虚空，一定要靠实墙，如是玻璃墙都不妥。

3. 厨房环境空间感的营造

现代家庭厨房因受居住空间的限制普遍偏小，所以厨房环境产生的视觉心理很重要。狭长的空间应该寻求节奏起伏的韵律感；既方又小的空间应该谋求比例尺寸的适称感；不规则的空间应该追求形态、整齐的秩序感。通过家具、地瓷砖的横线造成室内的宽度感；竖线增加室内的高度感；通过淡色调的选用扩张室内空间；通过多光源的调配增添室内的空间层次。总之，可以通过造型、材料、色彩等不同的组合方式在视觉上所呈现的多姿多彩，来弥补厨房条件的不足。

4. 厨房的色彩

厨房色彩，可根据个人的兴趣爱好而定。一般来说，浅淡而明亮的色彩，使狭小的厨房显得宽敞；纯度低的色彩，使厨房温馨、亲切、和谐；色相偏暖的色彩，使厨房空间气氛显得活泼、热情，可增强食欲。

天花板、上下壁、护墙板的上部，可使用明亮色彩，而护墙板的下部、地面使用暗色，使人感到室内重心稳定。

朝北的厨房可以采用暖色来提高室温感；朝东

第七章 厨房和餐厅的风水

南的房间阳光足,宜采用冷色达到降温凉爽的效果。

巧妙地利用色彩的特征,就能创造出空间的高、宽、深,作视觉上的调整。厨房空间过高,可以用凝重的深色处理,使之看起来不那么高;太小的房间,用明亮的颜色,运用淡色调,使之产生宽敞舒适感。采光充分的厨房可以用冷色调来装饰,以免在夏日阳光强烈时变得更炎热。

5.创造诱导食欲的环境

如果厨房兼有餐厅功能,就应该创造一个整洁、优雅、能诱发食欲的环境。例如,在照明上选用造型雅致灯光柔和的升降式餐灯;色调上选用橘黄色、乳黄色或柠檬色;织物台布之类选用条纹或活泼的富有乡土气息的图案;装饰上挂一至三幅食品、花卉静物摄影,配上吊兰、秋海棠之类绿化以协调水火;家具选用简洁、明快、舒适的造型,如再配上音乐的烘托,更能令人食欲大增。

6.厨房应避免死角

厨房中往往有不少死角,例如:吊橱的顶部,墙的转角处,水池的下面等。由于这些是平时视力所难及的地方,也是风水上的重点,在厨房装修时,常常被忽视,不仅积灰,而且容易隐藏、滋生虫类。所以,在厨房的设计中,尽可能采用封闭式柜体设计。如吊橱封到顶,煤气柜、水池下部也最好落地封实。这样不但利用了空间,节省了材料,而且避免了死角,既不致藏污纳垢,同时也使厨房显得卫生又美观。

7.厨房空间要重视人体尺度

厨房案台的高度,柜橱或其他设备相互之间的通行间距,头顶上或案台下的贮存柜高低以及适当的光线都是要考虑的问题。这些距离尺寸必须与人体尺寸相联系,才能保证使用时操作方便。

在设计厨房时,有一个很重要的人体尺寸往往被忽视,那就是人的眼睛高度。关于这一点要注意的是,在确定炉灶面的排烟罩底边的高度时,要保证使用者能看到炉灶后部的火眼。

8.厨房照明

厨房应该保持明亮、清洁与干燥,如常年有天然光线最理想,有阳光入内照射,即使每天只有一段时间,也可清新空气并且有除菌的功效。如果厨房由于先天的格局问题而较为黑暗,则灶台须配备一个明火的炉具,来壮旺厨房的能量,而不能全用电炉、电磁炉之类。

一般家庭的厨房照明，除基本照明外，还应有局部照明。不论是工作台面，还是洗涤器、炉灶或储藏空间，都要有灯光照射，使每一工作程序都不受影响，特别是不能让操作者的身影遮住工作台面。最好是在吊柜的底部安装隐蔽灯具，且有玻璃罩住，以便照亮工作台面。墙面应安装些插座，以便工作时点亮壁灯。

由于厨房蒸汽多，较潮湿，厨房灯具的造型应该尽量简洁，以便于擦洗。另外，为了安全起见，灯具要用瓷灯头和安全插座，开关内部要防锈，灯具的皮线也不能过长，更不应有暴露的接头。

厨房里的贮物柜内也应安装小型荧光管灯或白炽灯，以便看清物品。当柜门开启时接通电源，关门时又将电源切断。

9.灶台与炉具的位置

灶台在家居风水中占有极其重要的地位，安法正确则可有利于健康、婚姻和功名。《解凶灶法》指出："灶乃养命之原，万病皆由饮食而得，灶宜安生气、天医、延年三吉之方，不宜凶方。"在坐北朝南的住宅中，生气即指东南方，称之为上吉；天医即指东方，称之为中吉；延年即指正南方，称之为上吉；这三个方位都是吉方，故利于安置厨灶。

虽然生气、天医、延年三个方位都是吉方，但如何安灶还应该按照住宅主人的不同情况去具体实施。如功名不利，则宜安生气灶；如健康不佳，则宜安延年灶；如婚姻不顺，则宜安天医灶。

而炉具是厨房的最重要的器具，因为它代表了创造和贡献的能力，所以最好选择使用自然明火的炉具如煤气炉，尽量避免使用会释出磁力的电炉和微波炉作为主炉。炉具以放在厨房中央的灶台上最佳，而炉具的表面材料是不锈钢的较好。

炉具的使用有三不宜：

①炉具须避水，这有两层含意，首先因为炉具与洗碗池各自代表了五行中的火和水，勿把它们紧贴而放，中间要隔切菜台等缓冲带，以避免不协调。如可能，也应令其他水性的用具，如冰箱、洗碗碟机与洗衣机等不紧临炉具。其次，炉具不要坐南向北，由于北面属水，应避免水火攻心。

②炉具也须避风，不宜正对门口和窗口，如在风口上，易引起火势逆流而导致家居危险。

③炉灶不可设在下水道上方，排水系统要由住宅的前方排向后方，厕所污水不可从厨房下方流过。

10. 厨房的家具与用品

厨房里的食物柜、层架与工作桌面尽量多安装圆角与圆边的，避免尖角，以策安全。

必须安排好储物空间并保持清洁与整齐，不要让各类用具、小装置、器皿等使厨房变得杂乱无章。水龙头要维修良好，并保持下水道不堵塞。厨房井井有条则主妇持家有道，自然是顺理成章的事。

11. 厨房的植物

不论空间大小，任何厨房总有空间并且应该至少摆上一盆植物。植物出现于厨房的比率仅次于客厅，这是因为家庭中有些成员每天花很多时间在厨房里，且环境湿度也非常适合大部分的植物生长。此外，一般家庭的厨房多采用白色或淡色装潢以及不锈钢水槽，色彩丰富的植物可以柔化硬朗的线条，为厨房注入一股生气。

通常位于窗户较少的朝北房间，用些盆栽装饰可消除寒冷感。由于阳光少，应选择喜阴的植物，如广东万年青和星点木之类。厨房是操作频繁、物品零碎的工作间，烟和温度都较大，因此不宜放大型盆栽，而吊挂盆栽则较为合适，其中以吊兰为佳，居室内摆上一盆吊兰，数小时内可将室内的一氧化碳、二氧化碳、二氧化硫、氮氧化物等有害气体吸收干净，起到空气过滤器的作用。此外，在疾病的防治上，吊兰具有活血接骨、养阴清热、润肺止咳、消肿解毒的功能。

虽然天然气不至于伤到植物，但较娇弱的植物最好还是不要摆在厨房。厨房的门开开关关，加上厨房里到处都是散发高热的炉子、烤箱、冰箱等家电用品，容易导致植物干枯。摆些普通而富有色彩变化的植物是最好的选择，这要比放娇柔又昂贵的植物来得实际。适合的植物有秋海棠、凤仙花、绿萝、吊竹草、天竺葵及球根花卉，这些植物虽然常见，若改用较特殊的套盆如茶盆、赤陶坛、黄铜壶等，看起来就会很不一样。

餐厅

"民以食为天"、"食色性也",均说明进食的重要性,而且从风水的角度看,餐厅因是补充体能的所在,与户主的色相关系密切。布局成功的餐厅能产生愉悦的气氛,使用餐的人精神松弛,欣赏、喜爱食物并有彻底消化的时间,还会有益于用餐者的交流与家庭成员的和谐相处。

1.餐厅的方位

餐厅和厨房的位置最好相邻,避免距离过远,当然一出厨房就是餐厅更佳,动线最短。习惯中餐者的餐厅不宜设在厨房中,因油烟及热气较大,在其中无法轻松地用餐。餐厅的位置有以下几个吉方:住宅的东、东南、南与北方,餐厅的方位必须根据具体的情况进行选择,才能创造良好的用餐环境。

①住宅的南部,日照光线充足,而且南面属火,可令家道如火般腾腾起,日益兴旺。

②冰箱通常是摆在厨房内,不过也有摆在餐厅的。若餐厅内设置冰箱,最好是朝北不宜朝南,因为可纳北方寒气,并且可以避免水火不容,导致家中多口角。

③东、东南方属木,太阳早晨自东方升起,具备浓厚的生机和活力,因此是早餐最好的位置。

④春秋季的餐厅朝向以东方为好,而夏季以北方为佳。在进食区里的首要重点是保持整洁以维持食物卫生,同时也要制造轻松的进食气氛,令消化良好,而且有愉悦的环境。

餐厅的布置要简洁精雅,千万不能摆放太多物品以至过于杂乱。居住者不仅要注意餐厅的格局及摆设布置,而且更应注意保持空气的流通及清洁卫生。

2.餐桌的十大注意事项

在餐厅之中,最重要的家具当然首推餐桌,而现代的餐桌与古代相比,有了实质性的变化。在古代,大多实行分桌而食,餐桌亦称为食案,就餐者人各一案。食案大都小巧轻便,所以才会出现汉代梁鸿之妻孟光与其相敬如宾,日日为他"举案齐眉"奉食的佳话。而在现代,"举案齐眉"几乎是不可能的,因为现代的餐桌普遍体积较大而且沉重,将就餐者聚集在一起,作共同进餐之用,因此餐桌的风水对家庭团圆、夫妻和睦的影响很大。关于餐桌的

风水有以下十大注意事项：

①餐桌宜选圆形或方形：中国的传统宇宙观是"天圆地方"，因此日常用具大多以圆形及方形为主，传统的餐桌便是典型的例子。传统的餐桌形如满月，象征一家老少团圆，亲密无间，而且聚拢人气，能够很好地烘托进食的气氛。

至于方形的餐桌，小的仅可坐四人，称为四仙桌；大的可坐八人，又称八仙桌，因它象征八仙聚会，也很吉利。方形桌，方正平稳，象征公平与稳重，虽然四边有角，但因不是尖角而无杀伤力，因此人们乐于采用。

由于餐桌的形状会影响进膳的气氛，所以木制的圆桌或正方桌在家庭人口较少时适用，而椭圆或长方桌在人口较多时适用。

②餐桌的质地要讲究：餐桌表面以易清理为本，大理石与玻璃等桌面较为坚硬、冰冷，艺术感较强，但因其易迅速吸收人体饮食后产生的能量，不利于就餐者的坐谈交流，因此不宜全部用于正餐桌，但可以通过形状和质地进行调和，比如：圆形的大理石餐台或方形木桌等，有这些组合会带来良好的效应。

③餐桌最忌有尖角：尖角角度愈小便愈尖锐，杀伤力亦愈大，风水学视为禁忌。三角形餐桌会导致家口不和，家人的健康受损，而棱形餐桌则会导致钱财外泄等。至于那些波浪形水状的餐桌，虽与传统不符，但因并无尖角，因此尚可勉强选用。总之，餐桌始终以圆形及方形为宜。

④餐桌之上宜平不宜斜：餐桌上之屋顶宜平整无缺，若有横梁压顶，或位于楼梯下，或屋顶倾斜，这均会对家人健康有损。横梁压顶是风水的大忌，宅内不管哪个地方有横梁压顶均不吉利，而尤以压在睡床、沙发、餐桌及炉灶之上的祸害最大，必须尽量设法避免。

若餐桌上面有横梁压顶，则可作吊顶进行掩盖，但最好的方法还是将餐桌移至他处。

如果餐桌不能移离斜顶之下，则也可用假天花板把斜顶填平；餐桌若是处于楼梯下，则可把两盆开运竹摆放在梯底处来化解，但要注意开运竹需不断向上生长，保持常青，否则便难收效。

⑤餐桌不宜被大门直冲：住宅风水学讲究"喜回旋忌直冲"，如有犯冲便会导致住宅的元气易泄，风水因而大受影响。若餐桌与大门成一直线，站在门外便可以看见一家大小在吃饭，那绝非所宜，化解之法，最好是把餐桌移开。但如果确无可移之处，那便应该放置屏风或板墙作为遮挡，这既可免除大门直冲餐桌，而且一家围桌共食也不会因被人干扰而倍感难受。

⑥餐桌切忌被厕所门直冲：厕所在风水上被视为"出秽"的不洁之处，故此愈隐蔽便愈好，如正对餐桌，往往导致家人健康不良。

如果餐桌与厕门直冲，最好便是尽快把餐桌移到别的位置。若是确实无法移开，便要采用在餐桌的正中摆放一个小水盘，当中用水浸养铁树头或开运竹，以此方法进行化解。

⑦餐桌之上不宜用烛形吊灯：有些吊灯由几枝蜡烛形的灯管组成，虽然设计新颖，颇有观赏价值，

但若把它悬挂在餐桌之上，那便似是把长短不一的白蜡烛堆放在餐桌之上，这绝非吉兆。因为白蜡烛是丧事的象征，把它放在一家大小共同进食之处，其后果可想而知，故此必须尽量设法避免，但其他颜色的蜡烛则无碍。

⑧餐桌不宜正对神台：神台是供奉神祇及祖先之处，严格来说，不宜与凡人进食之处太接近，毕竟始终阴阳异路，仙凡有别。倘若神台所供奉的是观音、佛祖诸神，由于他们均是戒杀生而茹素吃斋，而一般人家吃饭却有大鱼大肉，正面相对便会显得格格不入。如有可能，还是把餐桌尽量与神台保持一段距离，而最重要的是把餐桌移开，务求两者不形成一条直线。

⑨餐桌不宜过大：有些人喜欢豪华气派，专门选购特大餐桌，这本无可厚非，但必须注意餐桌与餐厅的大小比例。如果餐厅面积并不宽敞，却摆放大形餐桌，形成厅小台大，非但出入不便，而且会阻碍餐厅的风水。有这种情况出现，最好的办法当然是更换面积较小的餐桌，务求餐厅与餐桌的大小比例适中，这不单出入方便，而且对餐厅风水亦大有改善。

⑩餐桌不宜被门路直冲：餐桌是一家大小聚首吃饭的所在，必须宁静安稳，才可闲适地享用一日三餐，如有门路直冲，则不但有损风水，更令家人食不甘味，而如果餐厅多通道，则犹如置身在旋涡中，周身不畅，亦须尽量设法改善。

3.酒柜的布置要点

对不少家庭来说,酒柜也是餐厅的一道不可或缺的风景线,它陈列的不同美酒,可令餐厅平添华丽色彩。

酒柜大多高而长,在风水学来说,这是山的象征;矮而平的餐桌则是砂水的象征,在餐厅中有山有水,配合得宜,对宅运大有裨益。

在餐厅摆放酒柜有几点须注意,以免破坏住宅风水:

①酒柜多是既高而又晶莹通透,是一座山的象征,把它放在本命吉方,可符合吉方宜高宜大的风水要义。

户主属东四命的,则酒柜宜摆放在餐厅正东、东南、正南及正北这东四方。户主属西四命的,则酒柜宜摆放在餐厅的西南、正西、西北及东北这西四方。

②酒柜中的镜片不宜过大,一般的酒柜均用镜片来作背板,这令酒柜中的美酒及水晶酒杯显得更明亮通透;但倘若镜片太大,在风水方面便会引起诸多不便。

例如酒柜中的镜片若是太大,便不宜与神柜相对,因为这会把神台的香火从酒柜的镜片反照出来,而这正是风水学的大忌,应该尽量避免。万一有这种情况出现,便应把酒柜或神台移位,令两者不正面相对,便可确保无害。

③酒柜不宜摆放在鱼缸旁边:酒柜是水气重的家具,而鱼缸又多水,两者的本质相近,若是摆放在一起,便会形成水多而决堤泛滥之虞。

若是无处可移,则可在酒柜与鱼缸之间摆放一盆常绿植物,即是以一木隔在两水之间,可消除过多的水气。

在面积较大的餐厅,有些人家喜欢以吧台来代替酒柜,吧台与酒柜的本质一样,水气均重,所以两者在风水方面的讲究并无分别。

吧台宜摆放在餐厅的死角,这样才符合风水之道,因吧柜属水,而水性灵活多变,不怕受压,所以摆放在楼梯底也无妨。

有些不喜饮酒的家庭,在餐厅中不摆放装酒的酒柜,而以装载杯碟的杯柜代替。那么,杯柜就不宜太大,如以杯柜来填满整幅墙壁,全无空白的余地,这样就不理想。如果杯柜与墙壁等长,则可以改用矮柜,这样能够改善餐厅风水。

4.餐厅的装饰四要素

①**墙壁的颜色**：墙壁的颜色主要应以素雅为主，如灰色与白色，不能太刺眼，油漆尽量不反光，这一切都为了衬托食物的美感与增加进食消化的效果。

②**挂画**：最好选择可为轻松进食提供和谐背景的图画。赏心悦目的食品写生、欢宴场景或意境悠闲的风景画均可，而通常放在餐具柜上的真水果，鲜翠欲滴，也有着同样的效应。

③**装饰品**：镶嵌在墙上或餐具柜上反映餐桌的镜子，能够反射出食物及餐桌，还可扩大空间并增强食物的能量，是餐厅中非常好的立面装饰之一。

④**照明**：餐厅的灯光一定要较为柔和，才能增加用餐的温馨气氛，强化家庭成员之间的感情交流，餐厅的灯以白炽灯为主，并使用可调节灯光亮度的灯掣，让灯光保持弹性。吃饭时使用低亮度灯光会感觉浪漫而舒适，但是在其他时间，便可使用明亮的光线。

5.餐厅的植物

餐厅是家人团聚的地方,而且位置靠近厨房,浇水便利。配置一些开放着艳丽花朵的盆栽,如秋海棠和圣诞花之类,可以增添欢快的气氛,或将富色彩变化的吊盆植物置于木制的分隔柜上,把餐厅与其他功能区域划分开。现代人很注重用餐区的清洁,因此,餐厅植物最好用无菌的培养土来种植。

此外,餐厅植物摆放时还要注意的是:植物的生长状况应良好,形状必须低矮,才不会妨碍相对而坐的人进行交流、谈话。适宜摆设的植物有:番红花、仙客来、四季秋海棠、常春藤等,但在餐厅里,要避免摆设气味过于浓烈的植物,例如风信子。

厕所乾坤大

即便是皇帝老儿

也不仅要吃喝，而且拉撒

并且，那拉撒排泄的快感

也并不逊色于进食与房事

非一个"爽"字了得

作为发生享受这种快感的场所

过去却一直被视为不雅与不洁

殊不知

这个场所其实是一种文明程度的标志

是健康家居的重要指标

从住宅风水的角度看

卫生间是住宅给排水的集中地

无论是"观瀑"还是"听雨"

无论是"排污"还是"冲凉"

在深感"爽快"的同时

还蕴涵着一家人的财运与健康

切切疏忽不得

第八章 PART EIGHT
卫生间的风水

性交、进食、排泄，这是人类产生快感的三大活动，而与此对应，卧室、餐厅、卫生间则是人类产生快感的三大场所。对于一个勤于思索的人来说，马上、枕上、厕上也是产生灵感的三大地方。因此，对于卫生间这个既能产生灵感又能产生快感之地，其重要性是绝不能忽略的。

卫生间的位置

判断一套住宅的优劣，作为给排水集中地和代表主人健康的元素，卫生间是极为重要的指标，因此卫生间的位置非常讲究。

在八宅风水学中，根据先天八卦的组合，把八个方位排一个次序分别为：生气位，为贪狼星；延年位，为武曲星；天医位，为巨门星；伏位位，为左辅星；祸害位，为禄存星；六煞位，为文曲星；五鬼位，为廉贞星；绝命位，为破军星。卫生间本非洁净之地，所以不宜放在吉位，如生气位等，而必须放在绝命位或五鬼位、祸害位、六煞位对其压制，取以毒攻毒之效，则不凶反吉。

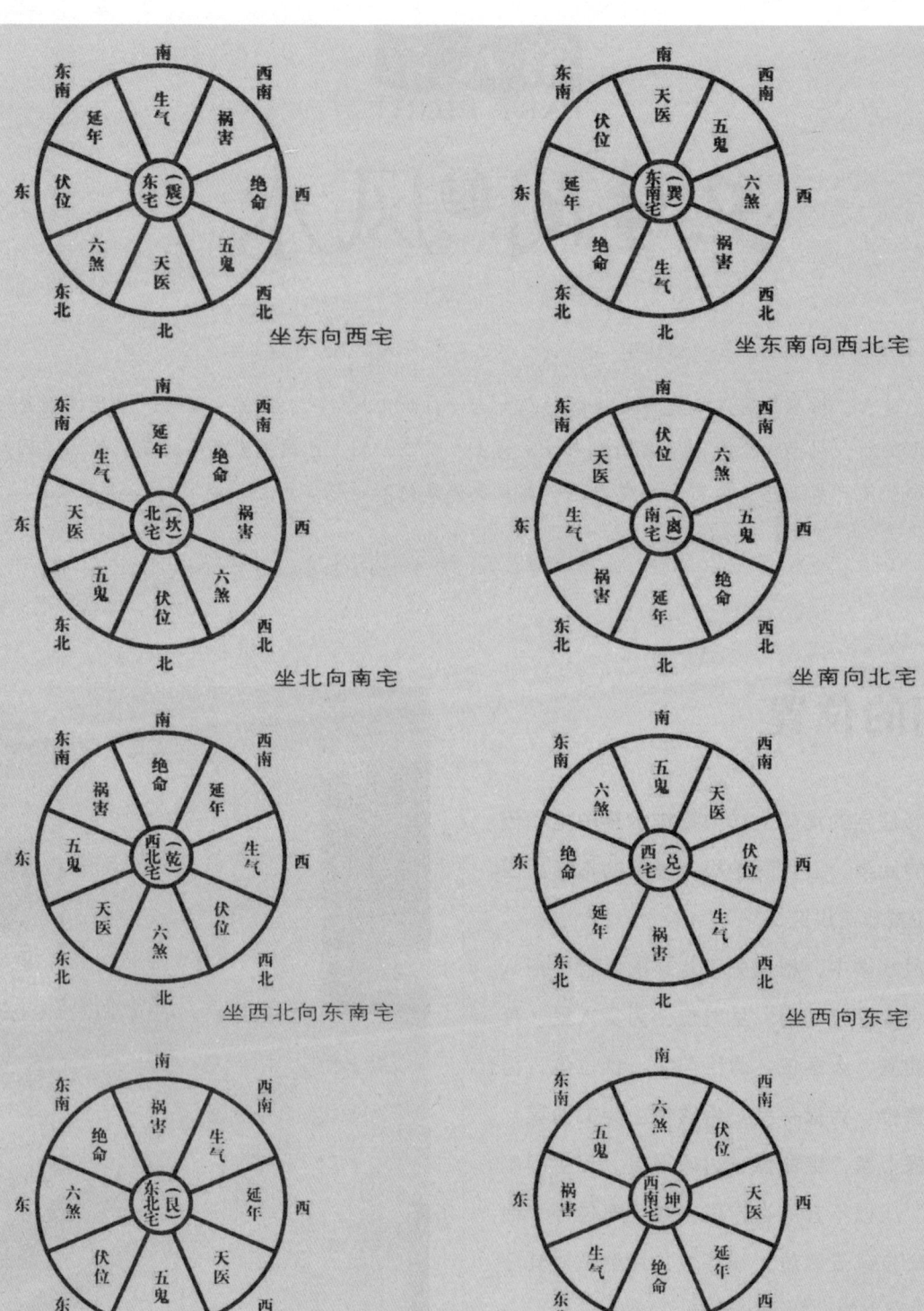

卫生间不宜在房屋的中心，风水口诀云："水火不留十字线"，意即厨、厕不可置于住宅的四正线和四隅线上，特别是住宅的中部，因为房屋的中部是住宅的重心，恰如人的心脏，极为重要，中心受污，有碍观瞻，并且秽气极易对流到其他房间，居住其中，天天吸入大量秽气，易得疾病；而且位于住宅中央的卫生间，必然采光不佳，加上卫生间原本就是水多之地，潮湿的空气闷在室内，易滋生细菌，对健康当然不利。

卫生间位置应尽可能隐蔽，不能直对大门，大门对着卫生间门，主财帛不聚。

卫生间不可设在室内走廊的尽头，这在风水上是大凶之兆，因为从卫生间溢出的湿气和秽气，会顺着走廊扩散到相邻的房间，自然不卫生，所以卫生间应设在走廊两旁，且卫生间内最好有窗。

卫生间门与厨房门不可正对。卫生间与厨房一水一火，两门相对，是水火不容的败局。

如果家中供有神位，则卫生间不可在神位后面，也不可以在神位的楼上房间，以免亵渎神灵。

卫生间不可在房子的文昌位，会污秽文昌，并且卫生间门不可对着书桌。家中如有保险柜，则不可被卫生间门冲。

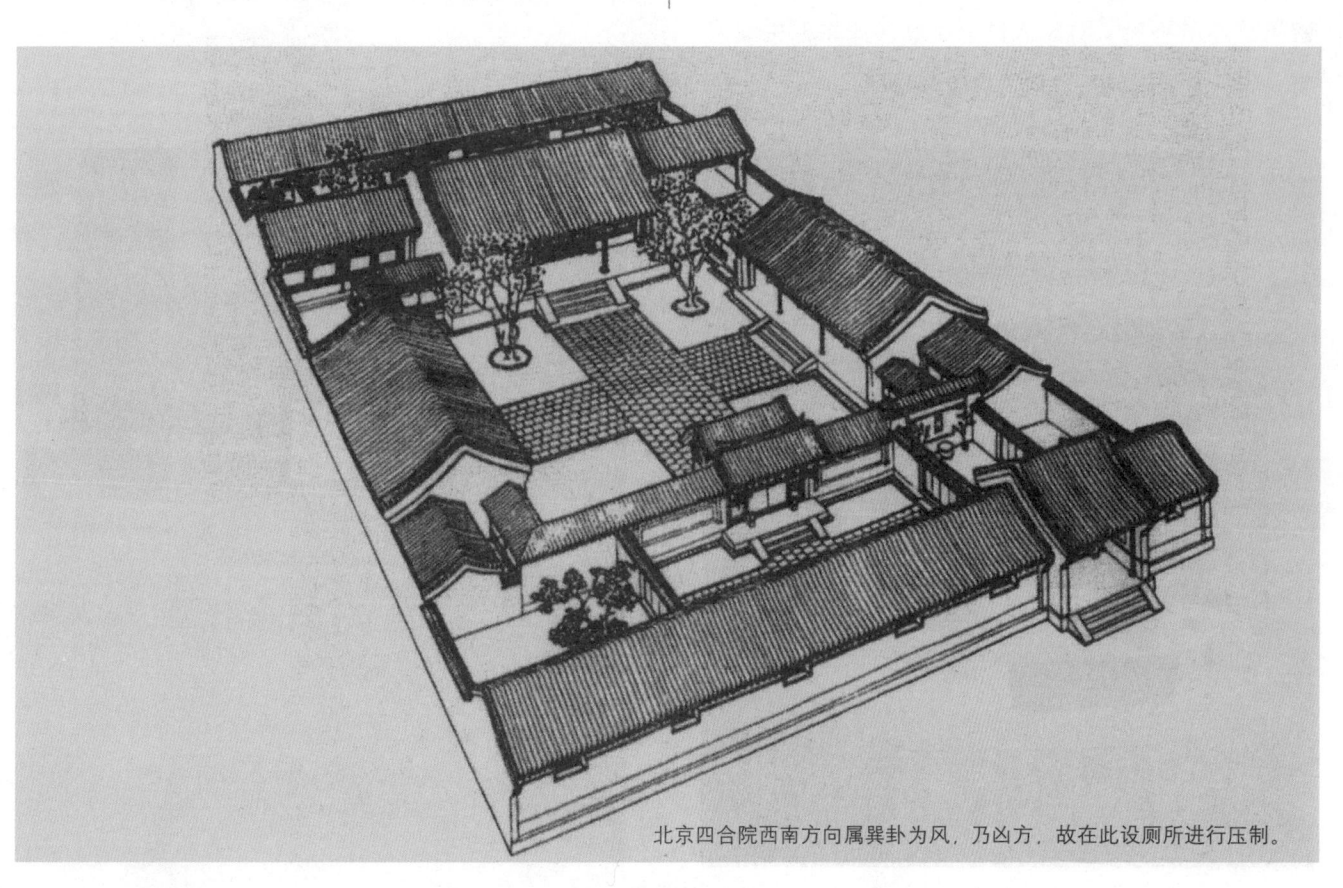

北京四合院西南方向属巽卦为风，乃凶方，故在此设厕所进行压制。

厕所与浴室的统一

由于在住宅的格局里，卫生间经常还有浴室的功能，因此，为了使排水与冲洗对家中其余部分的影响减至最小，应让厕具与浴室门保持恰当的距离，并且，卫生间的地面绝不可以高于其他房间的地面，令卫生间与其他的功能区域做到"干湿分区"。在使用完毕之后，应保持浴室的门关上，特别是套房的浴室。

卫生间一定要保持干燥，注意除湿、通风，最好开有较高的窗户，令阳光充足，空气流通，若是密闭且通风不良，对家人健康不利。如果卫生间无窗，则一定要安装排气扇，将废气抽掉。

卫生间的颜色

由于卫生间是属水之地，所以卫生间的颜色也大有讲究，最好能够选择属金的白色及属水的黑色和蓝色，既能刻意地突出卫生间的高雅氛围，也能产生安宁静谧的感觉，利于如厕者的思绪轻松驰骋。

而如果用上诸如大红色等刺眼的色彩，则易产生水火对攻的局面，令如厕者产生烦躁的心理，十分不妥。

卫生间地面

如果卫生间只有少部分或根本不暴露于自然光中，大理石、花岗石的地板较好，有时为了防滑，也可覆盖一层塑胶垫，这样对浴室有益。

当然，家居不同于酒店，所用的物品必须时常清洗更换，避免藏污纳垢。另外如酒店里常用的淋浴帘等，由于会产生静电，对卫生间的气能会产生负面的影响，所以应该尽量避免在家居中使用。

马桶的方位

据《紫禁城》杂志载：慈禧太后用的马桶，是檀香木刻制的，外雕一条大壁虎，壁虎的四爪着地，是为马桶底座的四条腿，嘴略张开，以衔手纸，壁虎的尾巴卷起成为把手，壁虎的肚子正好成为容器，里面放置了大量香木的细末，干净且蓬松，慈禧排便时，便物下坠后，立即滚入香木屑里，被香木屑包起来，根本看不见脏物，当然更不会有什么恶臭味了。

现代卫生间的硬件配备，已经与古代不可同日而语，但是马桶作为如厕的器具，其位置很有讲究，如果布置不当，则易导致诸多不顺。

马桶不可在四正线和四隅线上；马桶不能与大门同向，因为财秽二气共进退，这是一种典型的退财格局；也不要和卫生间门相向，亦即蹲在马桶上正好对着门，既不雅观且退财，马桶坐向最好是和卫生间门垂直或错开。马桶不可明冲床位、暗冲灶位。在方向上，最重要的一点是马桶不宜坐北朝南，避免形成水火对攻的局面。

如果卫生间较大，则可将马桶安排在自浴室门口处望不到的位置，隐于矮墙、屏风或布帘之后，当然还要确保从任何镜子上都看不见它。

平时应该尽量把马桶盖闭合，特别是在冲洗的时候。

卫生间的植物

由于卫生间湿气大、冷暖温差也大,选择绿色植物时一定要注意,用盆栽装饰可增添自然情趣。养植有耐湿性的观赏绿色植物,可以吸纳污气,因此适合使用蕨类植物、垂榕、黄金葛等。当然如果卫生间既宽敞又明亮且有空调的话,则可以培植观叶凤梨、竹芋、蕙兰等较艳丽的植物,把卫生间装点得如同迷你花园,让人更加肆意地享受排泄与冲洗的乐趣。

现代人最舍得花钱的建筑部位,其实就是厨房和卫生间。以卫生间的档次衡量一套住宅的档次,不失为一个简洁的好方法。

现在的不少地方对卫生间命名很考究,比如男厕美其名曰"观瀑亭",女厕叫"听雨轩",甚至男厕以黑桃K为标志(代表king,国王),女厕以黑桃Q为标志(代表Queen,王后),或者谐称为"山水间"。这是否可以代表大家对于卫生间的高度重视?但是,如果只是做表面的文字功夫,仍然一如既往,重吃喝,轻拉撒,对硬件的设施没有严加选择,格局没有细意考究,那么,重视卫生间建设只是一句空话。

第八章 卫生间的风水

让你家的眼睛顾盼生辉

如果说眼睛是心灵的窗户

那么

住宅中那一扇扇明亮的窗户

就像是一户户人家的眼睛

无论是凭窗远眺,还是临窗夜读

你领略到的

不仅是阳光、明月、星空、清风、春雨

或者远山、近水

更是一种亲近自然的生活方式

窗户是一户人家的"风水眼"

具有调节住宅气脉的重要功能

窗户的朝向、形状、大小、多少

以及窗帘的色彩、材料质地等等

也就大有说道

不可马虎

第九章 PART NINE

窗户的风水

窗户和门一样，吸纳阳光和空气进入室内，也是私人生活与外界沟通的渠道。古印度的筏蹉衍那在其《爱的格言》中说："居室要能够愉娱人的视力。"住宅也反映了居住者的矛盾统一观念，既希望与外界保持适度的距离，获得独立性和安全感，又希望与外界联接在一起，达到和谐的统一，因此需要一条通向大自然，通向社会人群的纽带，窗户就是这独特的纽带。

古代窗户的形式有多种多样，大都取法天然，如梅窗、扇形窗、尺幅窗等等，而现代的平窗、凸窗、斜窗等虽然取材用料有了实质性的改变，但用意相同，都是为了能更好地与自然对话。"窗含西岭千秋雪，门泊东吴万里船。"（杜甫《绝句》），是对窗户功能的最好诠释。轩窗径尺，会心于方寸之间，在景观上有雪景配合，居住在其中，从窗里望去就能看到一幅美好的天然画图，视野舒适，一道千年形成的雪景线，赏心悦目；而大门口停泊着渡远之舟，显示了与外界的息息相关，既可取其动，又可取其静。窗在后靠山，门在前迎江，负阴抱阳，极有气势，进可自成一统，出可远足，融入社会，如此居所，确为佳构。

窗是房子的眼睛，开阔视野，交流内外，引日月星辰、晨曦夕晖，将山光水色的光明、灵气和生机赋予房子和里面的人。因此在家居方面，窗户起了非常重要的作用，它的种类、形状、方位，对住宅的风水产生了强烈的影响。

窗户的数量

家居的内外之气很容易通过窗户进出，但是如果窗户太多则会促使内气难以平静，居家生活便易紧张，难以松驰。而如果窗户太少，内气抑郁其中，无法吐故纳新，便易导致居者的内脏疾病。

开窗的方位与形状

窗的形状、方位与五行相关，运用得当，会有助于加强家居的能量吸收和增加活力。现代的五行形状如下：

金形　圆

木形　长

水形　曲

火形　尖

土形　方

直长型窗属木型窗，其最适合的方位是住宅的东、南与东南部，它能使住宅的外立面产生一种向上的速度感，亦会对家居产生进步和蓬勃发展的气氛。

正方形或横长方型窗属土型窗，其最佳的位置是住宅的南、西南、西、西北或东北部。它能使住宅的外立面产生一种较安定稳重的感觉，亦会对家居产生平稳踏实的气氛。

圆形或拱形的窗户属金型窗，在住宅的西南、西、西北、北与东北为最适宜。它能使住宅的外立面产生一种凝聚的吸引力，亦会对家居产生团结的气氛。

圆形或拱形的窗户给人以宁静安祥的感觉，适合装设在卧室、玄关和客厅；方形、长形窗则给人以振奋肯定的感觉，适合用在餐厅和书房。一般住家若能适度混合使用两种窗形，可获得良好的效果。

尖或三角形的窗户属火型窗，在家居建筑物比较罕见，由于过于尖锐，太具杀伤力而不利，而水型窗也不大应用于家居。

两面开窗不可正对

两面正对的墙壁之间同时开窗对于家居也是很不利的，因为会造成难以藏风聚气，其弊处与"前通后通，人财两空"是一样的。

窗户大小要适中

客厅或卧室的窗户过大或数量太多，容易导致内气外泄，家庭关系不和，如果发生这种情况，可悬挂百叶窗或窗帘来弥补这个缺陷，不过百叶窗比窗帘更易于吸纳外气，所以效果比窗帘好。家居中的大型落地窗，夏天会导致过多的阳光和热量进入室内，冬天又会使室内的热气迅速流失，都应加装窗帘。

窗户虽然不宜过大，但是也不宜过小。窗户过小或四面不开窗的房子会显得寒伧小气、暗无天日，居住者也会变得气量狭窄、萎靡退缩。

窗户的高度

窗户的顶端高度必须超过居住者的身高，这既可增加居者的自信和气度，同时居住者在眺望窗外景致时，也不用因弯腰拱背而感到吃力。

窗框的颜色

窗户的窗框和墙壁漆成不同颜色，则可将外部景致明显地纳入窗中，形成一幅天然的风景画，能为居住者带来活力和创造力。但选色最好要注意，若能选择与方位配合的颜色，则对宅运便会有益。

现在把八个不同方向的窗框配合色，列成简表如下：

向正东的窗户　宜用黄色、褐色
向东南的窗户　宜用黄色、褐色
向正南的窗户　宜用白色、银色
向西南的窗户　宜用蓝色、黑色
向正西的窗户　宜用绿色、青色
向西北的窗户　宜用绿色、青色
向正北的窗户　宜用红色、粉红
向东北的窗户　宜用蓝色、黑色

开窗的方式

窗户最好是向外或向两侧推开，以不要干扰到窗户前后的区域为原则。向内开的窗户，会使居住者变得胆小、退缩，而且向内开的窗户，经常会被窗帘或百叶挡到，变得很难开启。如果窗户是向内开，可在窗户下摆放盆景或音响，加强这个区域的能量。

如果住宅的窗户只能向上推开一半，无法全开，会使居住者有志难伸，工作不顺。若有这种情况，可将窗台漆上明亮的颜色，并且悬挂百叶窗遮阳，最好不要悬挂布质窗帘；窗边可摆盆景、水晶来活化内部的能量。

作为住宅的"风水眼"，要确保所有的窗都容易打开，家居生活中，应该保持每天最少开窗一次，让新鲜空气与光线进入家中。为了确保居住者健康，窗户如有破损一定要尽快修复，有裂缝或破了的窗格玻璃要尽快更换，因为窗户破损容易造成居住者眼部生疾。

窗帘的使用

不论是为了保护室内的私隐，或者是为了遮挡阳光及灰尘，又或者是为了美化窗户，窗帘都可说是不可或缺的。

窗帘以材料来划分，有布帘、纱帘、竹帘、胶帘、铝片帘以及木帘等等。此外，又可分为向左右拉开的帘，向上下拉卷的帘，以及固定不动的木百页帘等等。

若以颜色来划分，则更是色彩缤纷，令人眼花缭乱。原则上的选择，是阳光充足的窗户，宜用质地较厚而颜色较深的帘；而阳光不足的窗户，宜用质地较薄而颜色较浅的帘。

窗户倘若对正医院或尖锐的屋角、不洁之物等，而且相距甚近，那便应在窗户安装木制百页帘，防止煞气进入，并且尽量以少打开为宜。

窗帘的类型应用正确会有助于住宅内气的新陈代谢。当白天艳阳高照时，拉开窗帘能让有益的外气进入，使居室充满温暖；而在夜间，放下窗帘，有利于给睡眠者提供完美的一帘幽梦。

在较大的房间，最好使用布窗帘；落地的长帘可营造一种恬静而温暖的气氛。但是在小房间，小窗户往往会降低房间暴露于阳光的程度，因此选择容易让大量的光线透过的百叶帘较好。

布窗帘有助于睡眠和阻挡外界的不良影响。如果背向窗而坐或头向窗而睡，都会令人神经紧张，难以松弛，在风水上也是很不利的，但如果窗户上悬挂厚实的窗帘，可以减少不利的影响。

天天与阳光亲密接触

阳台是住宅与外界的结合部

既可为住宅饱吸屋外的阳光、空气

又是住宅化解外界煞气的第一道防线

还往往是主人供奉神位的所在

因此,阳台在住宅风水中

具有十分突出的战略要塞的意义

无论是摆设饰物、栽种植物来化解屋外的煞气

还是供奉神位

或者是为扩大使用面积而改建的阳台

只要因势利导

则可化凶趋吉

即便是在阳台上晾衣服这样司空见惯的情形

若能谨记有关忌讳

也可立见功效

第十章 PART TEN
阳台的风水

阳台，是住宅最空旷辽阔的地方，与大自然最接近，因而饱吸宅外的阳光、空气及风雨，是家居的纳气之处，并且若要化解屋外的煞气，阳台往往是第一道防线，其重要性可想而知。

阳台的生旺及化煞植物

由于阳台较为空旷，日光照射充足，因此适合种植各种色彩鲜艳的花卉和常绿植物。还可采用悬挂吊盆、栏杆摆放开花植物、靠墙放观赏盆栽的组合形式来装点阳台。在阳台摆放一些花草植物，除了可美化环境之外，还有风水方面的良好效应。适宜种植在阳台的植物有很多，大致可分为生、旺与化煞两大类。

如果从阳台外望，附近山明水秀，又无任何形煞出现，便应该摆放那些可收生旺之效的植物。摆放在阳台并且又有风水生旺作用的植物大致以下几种：

①**万年青**：属天南星科，干茎粗壮，树叶厚大，颜色苍翠，极具强盛的生命力。大叶万年青的片片大叶伸展开来，便似一只只肥厚的手掌伸出，向外纳气接福，对家居风水有强大的壮旺作用，所以万年青的叶越大越好，并应保持长绿长青。

②**金钱树**：学名艳姿，叶片圆厚丰满，易于生长，生命力旺盛，吸收外界金气，极利于为家中运财。

③**铁树**：又名龙血树，市面上最受欢迎的是泥种的巴西铁树。铁树的叶子狭长，中央有黄斑，铁树寓意坚强，补住宅之气血，是重要的生旺植物之一。

④**棕竹**：其干茎较瘦，而树叶窄长；因树干似棕榈，而叶如竹而得名，棕竹种在阳台，可保住宅平安。

⑤**橡胶树**：印度橡胶树，树干伸直挺拔，叶片厚而富光泽，繁殖力强而易种植，户外户内种植均宜。

⑥**发财树**：又称花生树，它的特点是干茎粗壮，

树叶尖长而苍绿,耐种而易长,充满活力朝气。

⑦**摇钱树**:叶片颀长,色泽墨绿,属阴生植物,极有富贵气息。

一般来说,风水上有生旺作用的阳台植物均高大而粗壮,叶愈厚大愈青绿则愈佳,例如以上所提及的万年青、金钱树、巴西铁树、橡胶树、棕竹以及发财树等等均是很典型的例子。

如果从阳台外望,四周环境恶劣,附近有尖角冲射、街道直冲、街道反弓、又或者面对寺庙、医院及坟场等等,便须摆放那些可以化煞的植物。化煞的植物与生旺的植物不同的是,其干茎或花叶有刺,有刺便可冲顶外煞,令其退避三舍,可起保护家居的作用。这类化煞植物,包括仙人掌、玫瑰、

杜鹃等等。

①**仙人掌**:仙人掌茎部粗厚多肉,往往布满坚硬的茸毛和针刺,把高大的仙人掌摆放在阳台,可以化解外煞于无形。

②**龙骨**:龙骨的外形很独特,干茎挺拔向上生长,形似直立的龙脊骨,充满力量,对外煞有强劲的抵挡作用。

③**玉麒麟**:龙骨向上生长,而玉麒麟则横向伸展,其形似石山,化煞稳重有力,并且有镇宅作用。

④**玫瑰**:玫瑰艳丽多姿,虽美但有刺,凛然不可侵犯,既可点缀装饰阳台的风景,又有化煞的功能,特别适合女性较多的家居使用。

⑤**杜鹃**:即九重葛,花色似杜鹃,花叶茂密而有尖刺,易于种植,也是上佳的化煞植物。

有些位于底楼的住户,只有花园而没有阳台,但其生旺化煞植物,与阳台并无区别,种植于园中,可收同样的生旺化煞之效。

阳台的吉祥饰物

现代的不少家庭除了在阳台摆放植物外，还有不少在阳台放置各类饰物，除了美化阳台外，也可达到生旺化煞的功效，这未尝不可，但一定要以利己而不伤人为原则。普遍来说，有以下几种温和的饰物对家居有益，但切记不可滥用。

石狮：石狮自有阳刚之气，可用以镇宅，摆放石狮化煞镇宅，必须狮口向外。若是阳台面对气势压过本宅的建筑物，例如大型银行、办公大楼等，则可在阳台的两旁摆放一对石狮来化解。

若阳台正对阴气较重的建筑物如庙宇、道观、医院、殡仪馆、坟场等等，以及大片阴森丛林，或形状丑恶的山岗，亦须以一对石狮来镇宅。

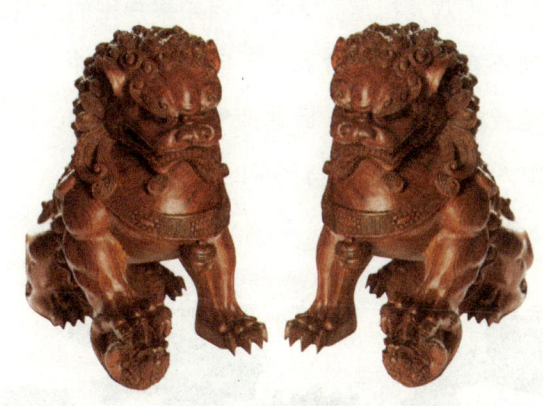

铜龟：龟是极阴极柔之物，擅长以柔克刚，又是逢凶化吉的象征。

用来化煞，符合了风水学"凶煞宜化不宜斗"的原则。摆放铜龟或石龟来化煞，两龟的头部必须相对。

到底应该在什么情况下用铜龟来化煞呢？建议在以下这五种情况下用铜龟化煞。

❶**阳台面对天斩煞**：所谓天斩煞，是指两幢高楼之间的一条狭窄空隙，因为仿如用刀从半空斩成两半，故此称为天斩煞。倘若房屋面对天斩煞，往往有血光之灾，遇有上述情况，可在阳台的两旁摆放一对铜龟来化解天斩煞。

❷**阳台面对街道直冲**：倘若从阳台外望，看见前面有街道直冲，仿如猛虎迎面直扑而来，主家中破财，是风水中大凶的格局。

这直冲而来的街道，短则为祸不大，但愈长愈凶；若车辆不多则无妨，但行走的车辆愈多便愈具杀伤力。

倘若迎面直冲而来的是高速公路，则除了要在

窗外正对此类杀伤力极强的建筑物，便要格外小心

阳台的两旁摆放一对龟之外，并且还要悬挂一个凸镜，以策万全。

③阳台面对尖角冲射：中国的传统观念里，素来喜圆润，而对于尖角特别敏感，视为避忌之一；风水学亦有"尖角冲射主不吉"之说，因为这会导致家口不安，病痛频仍。倘若阳台前面的尖角冲射，则必须设法化解。一般常见的尖角，大多是邻近楼宇的尖锐屋角，这些直冲过来的尖角，愈尖便愈凶，愈近便愈险。

④阳台面对锯齿形建筑物：现在有些欧陆风格的住宅，为了增加室内空间和采光纳风，多加有大型凸窗，所以外墙便容易形成很多尖角，看起来便似一排尖锐的锯齿，如果阳台面对着这类锯齿形的建筑物，则必须用铜龟化解。

⑤阳台面对反弓路：城市的街道有弯有直，倘若从阳台外望，看见屋前的街道弯曲，而弯角直冲向阳台，类似弓弩对家宅张开欲射，这就是"街道反弓"的格局，主凶，必须用铜龟来化解。

石龟：石龟与铜龟虽然同是风水的化煞物，但各有不同的用处。倘若阳台面对属火的形煞包括高大的烟囱，红色的高楼大厦以及油库等诸如此类属火的建筑物，便宜用石龟化解。

如果这些火煞位于火旺的南方，那便犹如火上加油，为了加强化煞的功效，可在两只石龟的中间放置一瓶清水。

石龙：根据不同动物的特性，向海或向水的阳台，应该摆放一对石龙，头部必须向着前面的海或水，采其"双龙出海"之义，但如果户主的生肖属狗，便不宜在阳台摆放石龙，因为辰戌相冲，但可用龙龟或麒麟来代替，因这两种瑞兽均喜水，既能够引财入室，而且与生肖属狗的人没有冲克。

麒麟：麒麟与龙、凤及龟合称为四灵，即是四种最有灵气的动物。

麒麟被视为仁兽，因为它重礼而守信，古人认为麒麟的出现，是吉利降临的先兆。麒麟外形独特，共有四种特征：鹿头、龙身、牛尾、马蹄。

中国自古有"麒麟送子"的说法，因此求生贵子心切的人家，往往会在向海的阳台上摆放一对麒麟，希望能早得麟儿。

石鹰：如果周围高楼林立，而本宅如鸡立鹤群，从阳台外望似是被重重包围而不见出路，这是风水上的困局，居住在其间的人便易屈居人下、仰人鼻息，很难脱颖而出。

若想扭转形势，可在阳台的栏杆上摆放一只昂首向天，奋翅高飞的石鹰。鹰头必须向外，而双翼切勿下垂，因为这样才可收到预期功效。

但有一点必须注意，倘若户主的生肖属鸡，为避免犯冲，则不宜在阳台摆放石鹰。

阳台改建

有些人家为了要把室内的实用面积扩大，往往把阳台进行改建，把客厅向外推移，使阳台成为室内的一部分，这样能使客厅变得更宽大明亮，但必须注意要保证楼宇结构安全。由于阳台是突出房外的部位，承重力有限，因此在改建时，要仔细测算，并且不要把包括大柜、沙发及假山等重物，摆放在阳台的原有位置，因为这些高大沉重的物品会让阳台负荷过重，从而威胁到楼宇结构安全。阳台改建后，把较轻的物品摆放在那里，则既不影响楼宇安全，同时还可保持阳台原来的空旷通爽。

阳台改建成客厅后，其外墙也不宜过矮，有些人喜欢用落地玻璃作为外墙，认为这样外景较佳，却不知正犯了风水学"膝下虚空"的大忌，他人在户外，可以轻易看到户内人的膝部以下，这种格局会导致钱财外泄，人丁单薄。下实上虚，这是风水

学的要旨，因此若是膝下露空，便应尽量加以避免。而较为可取的办法，是下面的三分之一是实墙，而上面的三分之二是玻璃窗，这便不会有"膝下虚空"之弊。

倘若阳台本来便是以落地玻璃为外墙，难作更改，那么，最有效的弥补方法是把一个长低柜摆放在落地玻璃前，作为矮墙的替代品，低柜若是太短，可在两旁摆放植物来填补空间，这既美观，又符合风水之道。

一般的房屋建筑结构，阳台与客厅之间会有一条横梁，在改建后，当两者结合为一时，这条横梁便会有碍观瞻，并且对风水有损。横梁的处理办法是用假天花填平，把它巧妙地遮掩起来。如要加强效果，可在阳台的天花板上安置射灯或光管来照明。此外，横梁底下不应摆放福禄寿三星或财帛星君等吉祥物，以免财星受损。

阳台神位的摆放

不少家庭为了避免香烛把屋内、熏得烟雾弥漫，把神柜摆放在阳台上，而即使把神台摆放在屋内的，有时亦会把一部分神祇如天官等供奉在阳台，以期吸纳周围的生气。

阳台因空旷而少遮挡，因此很容易受大自然变化的影响，神柜摆放在此处，宜背风向阳，若不安排妥当，往往免不了日晒雨淋，这对被供奉的神祇当然会有影响，特别是那些面向正北或西北的阳台，因冬天西北风及北风强烈，往往会把神台的香炉灰吹得四散飞扬，所以神柜摆放在阳台要慎防风吹雨打。

除了要防风之外，神柜还要注意防雨。如果神柜经常被雨水沾湿，那亦不妥当，即使只单独把天官供奉在阳台，也须慎防风雨。

有很多家庭习惯在阳台晒晾衣服，如果又在那里摆放神柜，便很容易出现衣服高高挂在神台之上的尴尬情况，如果挂在神台之上的正好是女性内裤，那便更会亵渎神灵。因此，神台之前不能被衣服遮挡。

住宅的十八种典型外煞

放眼大千世界，堪称光怪陆离，住宅建筑周围潜伏着一些不如意的种种形煞，不足为奇。当然，人类认识世界的目的是为了改造世界，只要对各种煞气善加规避，即可因势利导，举重若轻，避凶趋吉。

1. 天斩巨煞

从本身居所向外望，见前方有两座大厦靠得极近，使两座大厦中间形成一道狭长的空隙，骤眼望去，如同大厦被从天而降的利刃所破，一分为二。主有血光之灾，并易引发高危疾病等。

2. 孤峰独峙

并非"危楼高百尺，手可摘星辰"，而是指住宅所在的楼宇前后左右均无靠，成鹤立鸡群势。凡孤峰独峙将得不到朋友的扶助，而且子女不孝兼背井离乡。

3. 白虎动土

白虎动土是指在居住的大楼右方，有楼宇兴建或拆卸。凡遇白虎动土，主家人多病。

4. 长路直冲

以本身住所作为中心点，对正一条直长的道路或河流，便是犯路冲。主血光之灾、疾病及散财。

5. 五花大绑

住宅所在的楼宇前后左右均被立交桥紧紧环抱，相形之下，住宅的高度被压制，周围发展的视野及气脉均被隔断。而且立交桥为交通要道，车辆往来，噪音极大，空气质量低劣，常有交通事故发生，极大地影响居住心态。凡遇五花大绑格局，主泄财，多数是财运差。

世贸大厦孤峰独峙，且木形金色，形色相克，又构成天斩，有血光之灾不足为奇。

6. 镰刀拦腰

天桥状如镰刀，拦腰反砍住宅，杀伤力极大，可招致血光之灾。

7. 尖刀劈面

住所附近有刀状物体，如大厦的尖角好似一柄尖刀劈来。尤以大厦的低层为甚，凡遇尖刀劈面，家人容易受伤。

8. 天枰冲日

住宅附近有在建之楼宇，其地盘顶楼如有类似秤之建筑机械如吊机等，尖头对正住宅门口、阳台、窗前，则主家人容易受伤或眼部有问题。

9. 火形冲射

屋外有尖锐状的物体冲射过来。如大厦的墙角、屋檐、亭角、尖锐的雕塑、烟囱等。主家人易生急性疾病，家中易患火灾。

10. 山石尖射

在家中向外望，视野内看到尖石山、仙人球或仙人掌等，便是犯了尖射煞，主宅运反复无常。

11. 刺面破财

门、窗前正对怪石嶙峋的小山坡者为犯刺面煞，主易遭打劫失窃。

12. 脚底穿心

一些建在地铁上或隧道上的楼宇，因车辆会由楼宇的下面穿过，便属脚底穿心。此煞对较低层数的单位影响较大，易致宅运反复。

13. 孤阳独阴

孤阳煞即住所紧邻加油站或电力房、锅炉房等，主脾气暴躁、因财失义、家口不宁。住所前面是公厕或垃圾站便犯独阴煞，主家人身体不适

及因病破财。

14. 乌龙入宅

所谓乌龙即是指穿墙而进的大型黑色空调管及水管，家宅遇此情况，主是非口舌、工作不顺利。而如推开窗户即望见水管和污水渠等亦同样不利。

15. 后靠穷山

楼宇若能依山而建，成后方有靠之局者方合乎风水原则。但假如所靠之山并非明丽秀美，而是山石丑怪，寸草不生，则代表工作生活中上司或长辈诸般刁难，而部属多阳奉阴违。

16. 反弓去水

对正住宅的路形呈反弓势，是典型的退财格局，主金钱大量破耗、事业失败。

17. 强光污染

住宅位于玻璃幕墙对面，阳光反射，形成光

污染，令居室温度有异于常温，生活规律被打乱，对人体健康非常不利。并且每天在对面的玻璃幕墙上，见到自己被扭曲的影像，感觉十分难受，令人头脑迟钝，精神不集中，容易发生血光之灾或碰撞之伤。

18. 恶物顶心

门前或窗前、阳台被灯柱或路牌、天线等物体垂直冲射过来。主家人身体不利，压力过重，脾气暴躁。

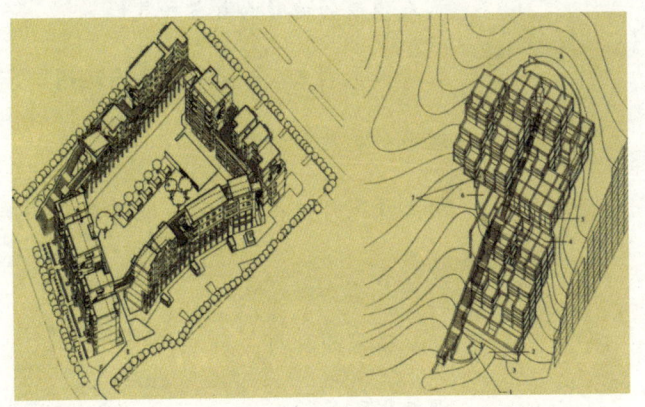

围合式结构有益藏风聚气，但须注意气口指向

层叠退台结构如巧妙配合周边形势，则利于纳财。

高尚生活的绿色解读

"不仅有家，而且有园"

曾是多少中国人的梦想

所幸这种梦想正在变成现实

走进一部分家庭

对有家又有园的住宅而言

庭院的风水

与厅房厨卫的风水同等重要

尤其是庭院中的池塘、喷泉、泳池

以及花鸟虫鱼等

都或强或弱地影响着各种气能

直接关系到主人一家的健康与运道

理当引起足够的重视

用置放花卉植物来改变庭院风水

提升活力

往往能驱邪避凶

调整阴阳五行

第十一章
PART ELEVEN

庭院的风水

庭院的风水应该注意的元素主要有：庭院的水体、庭院的植物。水是构成庭院风水的元素中最重要的环节之一，它的力量是极为强大的，其作用是不可替代的。庭院里的水体有多种形式，如池塘、泳池、喷泉等。植物不但在庭院装饰方面起着非常特殊的作用，更具有趋吉避凶的风水效用。

庭院的水体

在构成庭院风水的元素中，水是最重要的环节之一。无论是滋养生命、提升活力，还是招引财气、启迪智慧，水的作用都是不可替代的。

水的力量是极为强大的，滋养生命，寓刚于柔，既有观赏价值，也有环保价值，甚至可以调控温度。《黄帝宅经》指出，"宅以泉水为血脉。"

因此，完美的庭院里都必须有水体画龙点睛。

庭院里的水体有多种形式，如池塘、泳池、喷泉等，均有壮旺宅气的作用。在风水布局中，甚至是一碗清水也可为家居带来鲜明的效果。

1. 池塘

现代家居庭院中有池塘则极富意义，为了让池塘充满活力，大多会在其中饲养观赏鱼、青蛙、水生植物等，以形成生态链，维持良好的生态平衡并使水质清新。池塘为住宅改造了生存环境，增加了自然的美感，为生活增添了无限的诗意。

在池塘中游弋的鱼类，由于其外形、颜色与状态的不同，会对家居产生不同的动力。普遍来说，室外可以多饲养色彩斑斓的锦鲤，中国人养鲤已经有近2500年历史，自古有"鲤鱼跃龙门"、"鲤鱼传尺素"、"年年有鱼"之说，因此鲤鱼很有富贵意义。锦鲤在淡水中生长，属于杂食性鱼，外形养眼，生命力强，对调和阴阳有促进作用。

池塘的水体是自然而亲切的，对于家居的宅运大有裨益，池塘的形状多数是圆形或不规则圆形，但是在风水意义上说，池塘的形状最好为半圆形，形如明月半满，例如安徽黟县的月沼（奥斯卡获奖影片《卧虎藏龙》取景处）、传统客家的围屋前塘、普陀山普济禅林门前池塘，均为半圆形，取其"月盈则亏"之意，户主以此自勉，期待着不断进取，宅运不断提升，正如李鸿章中堂联云："大海有真能容之度，明月以不常满为心。"

2. 泳池

游泳是最好的健身运动之一。在风水上，常与水亲密接触，能为身心注入水的特质，有助于提高思维的柔韧性。

泳池最佳方位是在庭院的东部或东南部，但不能太靠近大门，因要防止潮气入宅。形状上以圆形和曲形为佳，设计成不规则的圆形也可，但不宜有尖角。

当然，许多泳池为了防止细菌和水藻等而加入化学清污剂，对水质会有影响，因此，维护水质清洁，应该尽量采取较为环保和安全的措施。

3. 喷泉

"问渠哪得清如许，为有源头活水来。"泳池、池塘中央的喷泉，或者人工瀑布，都是家居中的活水，均有助于活跃家居气流，避免财气停滞，并且能够有效抵消住宅受路冲、反弓路的煞气影响，喷泉里如安装向上的灯光，更可强化效果。

瀑布或喷泉的活水发出的声音，亲切而自然，也能对人生产生积极的影响，"润万物者莫润乎水"，流水至柔而善，可轻易流过路径上各处的障碍，而涓涓细流的汩汩之声很具抚慰性，有助于令住户度过漫长人生路上的崎岖坎坷。

庭院里的水系在布局时，一定要注意的是应让水系以柔和的曲线朝住宅前门流来，而不是流去，可避免财水外泄。

庭院的植物

作为庭院里的重要装饰物品之一，植物起着非常特殊的作用，植物通常都具有非常旺盛的生命力，种植大量的健康植物，会创造一个清新、充满活力的环境，有助于消减现代家居中各类用品产生的辐射和静电。植物也可通过光合作用，释放氧气，为居所提供新鲜的空气。

而许多植物因其特殊的质地和功能，更具有灵性，对家居会起着保护作用，对人类的生活细意呵护，亦可称之为住宅的守护神。因此，庭院的植物功用极大。

十三种庭院吉祥植物

①**棕榈**，又名棕树。既有观赏价值，树干又可作为亭柱等，棕毛可入药，功能为收涩止血，主治吐血、崩漏诸症，在风水上具有生财护财作用。

②**橘树**，即桔树。"桔"与"吉"谐音，象征吉祥，果实色泽呈红、黄，充满喜庆，盆栽柑桔是人们新春时节家庭的重要摆设，而桔叶更有疏肝解郁功能，能够为家中带来欢乐。

③**灵芝**。灵芝性温味甘、益精气、强筋骨，有观赏作用，是长寿之兆，自古被视为祥物，鹿口或鹤嘴衔灵芝祝寿，是吉祥图的常见题材。

④**榕树**。含"有容乃大，无欲则刚"之意，居者以此自勉，有助于提高涵养。

⑤**枣树**。在庭院中植枣树，喻早得贵子，凡事快人一步。

⑥**石榴**。含有多子多福的祥兆，很有富贵气息。

⑦**梅**。梅树对土壤的适应性强，花开五瓣，清高富贵，其五片花瓣有"梅开五福"之意，对于家居的福气有提升作用。

⑧**海棠**。花开鲜艳，令富贵满堂，而棠棣之华，象征兄弟和睦，其乐融融。

⑨**葡萄**。葡萄藤缠藤，象征亲密，自古有葡萄架下七夕相会之说，而夏季在葡萄荫下纳凉消暑，亦是人生一大快事。

⑩**竹**。苏东坡云："宁可食无肉，不可居无竹。"竹是高雅脱俗的象征，无惧东南西北风，更可以成为家居的风水防护林。

⑪**椿树**。《庄子·逍遥游》云："上古有大椿者，以八千岁为春，八千岁为秋。"因此椿树是长寿之兆，后世又以之为父亲的代称，在风水上有护宅及祈寿功用。

⑫**槐树**。槐树木质坚硬，可为绿化树、行道树等，在风水上被认为代表"禄"，古代朝廷种三槐九棘，公卿大夫坐于其下，面对三槐者为三公，因此槐树在众树之中品位极高，镇宅有权威性。

⑬**桂树**。相传月中有桂树，桂树即木犀，桂枝可入药，功能为驱风邪、调和作用。宋之问词云："桂子月中落，天香云外飘。"桂花象征着高洁，夏季桂花芳香四溢，是天然的空气清新剂。

八大驱邪植物

①**桃树**。"千门万户曈曈日,总把新桃换旧符。"桃树为五行的精华,故而每逢过年总以桃符悬于门上,能制百鬼。

②**柳树**。柳为星名,二十八宿之一,柳树亦有驱邪作用,同桃树的作用一样,以柳条插于门户可以驱邪。

③**艾**。艾的颜色古时用作对老年人的尊称,而艾叶加工后可用作灸法治病燃料。端午节将艾制成"艾虎",带在身上,能起到辟邪除秽的作用。

④**银杏树**。银杏树龄长达千余年,因在夜间开花,人不得见,暗藏神秘力量,因此许多镇宅的符印要用银杏木刻制。

⑤**柏树**。刚直不阿,被尊为百木之长,木材细致有芳香,气势雄伟,能驱妖孽。

⑥**茱萸**。"遥知兄弟登高处,遍插茱萸少一人。"茱萸是吉祥植物,香味浓烈,可入药。古时习俗,夏历九月九日,佩戴茱萸囊,可以去邪辟恶。

⑦**无患子**。以中日两国为多,在植物中尤为受到尊崇,因为其结实球形如枇杷,生青熟黄,内有一核如珠,就是佛教所称的"菩提子",用以串联作念珠携带,可保平安。

⑧**葫芦**。多籽,原产印度,在风水学中葫芦是能驱邪的植物,亦有多子多福的含意,古人常种植在房前屋后。

鲜花的作用

鲜花也能给家居增添活力和能量，不同于植物的是，它们以特别活跃的形式给房间带来缤纷的色彩。如果得到精心的栽培和照料，鲜花具有强烈的风水效应，其色泽与外形会影响住宅的气能。当然，枯萎凋谢的花朵会有负面的影响，因此，在家居生活中，必须每天勤于换水并裁剪花茎，使其功效持久。同时要注意的是，在家居的风水布局里，最好不使用干花，因为其象征死亡与没落。

养花容器的形状与摆放方位

养花的容器，因其外形和质地的不同，会对住宅产生不同的效应。

玻璃花瓶宜用于住宅的北部。

球形的花瓶宜用于住宅的西或西北部。

高身木瓶宜用于住宅的东或东南部

锥状花瓶宜用于住宅的南部。

陶碗宜用于西南或东北。

不宜亲近的四种花卉

夜来香：夜来香晚间会散播大量强烈刺激嗅觉的微粒，对高血压和心脏病患者危害很大。

松柏类花卉：松柏类花卉散发油香，可令人感到恶心。

夹竹桃：夹竹桃的花朵有毒性，花香容易使人昏睡，降低智力。

郁金香：郁金香的花有毒碱，过多接触毛发容易脱落。

小物品四两拨千斤

一套住宅

往往会受到环境的诸多限制

给风水格局造成种种遗憾

为了弥补这些缺陷和遗憾

可巧用如水晶、风铃、时钟、食盐等

特别有"四两拨千斤"功效的小物件

通过光线、声音

引导居室气流

激发室内潜能

而妙用玄机深奥的镜子

更可逢凶化吉

转危为安

第十二章 PART TWELVE

激发住宅的潜能

许多小物品，只要运用得法就能够强有力地激活住宅的生气，达到风生水起，宅兴人和的境界。比如，水晶、风铃、时钟、食盐、镜子、灯火照明等等。

小物品的大作用

一些可以移动的小物件在家居中作用至大，往往起到四两拨千斤的功效，能够强有力地激活住宅的生气，达到风生水起，宅兴人和的境界，这些东西包括水晶、蜡烛、风铃、时钟与食盐等。

1. 水晶

现代许多家庭都收藏水晶，这不仅仅因为水晶有美观的特点，像一件艺术品，可以美化家居，其实水晶就是石英，它汲取了岩石的精华，并且能够改变光线的方向，折射出多种颜色的气能，因此更可改善运势。不过切勿将水晶当作点石成金的工具，因为它在风水的应用上不会无中生有，只会起推波助澜的作用。

水晶在运用时，有几个特点，如黄晶球有助扩大财运，特别是在股票及地产方面；绿幽灵石则有助于积聚正财及得遇贵人；若家中有漏财现象，如财位偏斜之类的情形，则可以摆放紫晶山，有助凝聚财气；至于玛瑙洞亦有同样的功效，只要男女双方各放一瓣在床头，则有助于加深两人感情。

2. 风铃

众所周知，朗诵或歌唱均可在人体内达至激活气能的效果。在家居生活里，使用风铃，因为它悦耳的声音能够震动空气，从而活化和刺激气能，也有助于化解煞气。

当然，选择风铃必须注意方位与材质的配合，如在家里的东部和南部宜使用木制的风铃，而北部宜悬挂金属风铃，西部宜悬挂陶瓷风铃，从而调节家中五行的能量。

3. 时钟

曾经登上北京天安门城楼的人，一定会对上面的落地大钟有深刻的印象，钟摆缓慢而有节奏地律动，昭示着时间、生命、运动、规律、平衡之间的关系。

在中国的传统里，钟是很有意义的，它既有八卦的功能，又有风水轮的效应，在运用时却显得极为自然和不露痕迹。时钟的摆动和打鸣声可以提振和清新家中的气能，在风水上，时钟有韵律的滴答声会给家庭的成长带来更多的规律和节奏感，因此厅及房间的挂钟是必须的，而带钟摆的钟则更佳。因为室内无人时，气是静止的，钟的摆动能令室内的气运动起来，使室内充满活力。但是，时钟的挂法若不明理气，挂在厅堂的正中就错了，因为钟的"钟"字，音象"终"，故挂在厅堂的正中，则无论何人一进门，一抬头就见钟（见终），故宜挂侧旁为吉。并且居室内的主钟只需一个，其余闹钟不要过多。

时钟的摆放位置要注意的是，与镜一样尽量不要向着任何门，因为钟状与八卦相似，会对门内的居住者产生压制的效应。在种类上，金属钟较电子钟为佳，但是钟声必须悦耳。

4. 食盐

盐是维持人类生命中最重要的物质之一，它以钠的形式在血液里运行。在风水上，盐具有强烈的阳性，能够牵引气能，自空气中驱风祛湿，有利于净化和稳定环境。食盐内聚的气能与五行的金一脉相承，因此，在房子的东北与西南部倘若有门、楼梯、浴室、厕所或厨房，食盐便会产生特别的效应，其金能有助让不稳定的气流趋于平和。

另外，在家居运财方面，亦可以食盐为引，布下"安引水"局，即在一个玻璃樽内装上三分之一瓶盐，再加入六枚铜钱，一枚银币，然后注满水盖上，放在家中财位附近，即能激发土生金、金生水、水引财的强大助力，从而驱动运财局。

镜中有玄机

在家居风水里,镜是非常重要的物品,就像改变光波的方向一样,镜子能加速与改变气能流的方向。镜可用来引导气能与光线,达到化煞的功能,从而逢凶化吉、转危为安。

1.镜的形状

风水里所用的镜主要有三种:平面镜、凸镜与凹镜。平面镜能使外气直线转向;凸镜则使外气朝不同方向四散,有化煞作用;而凹镜可收四方之气,有纳吉作用。凸、凹镜一般是圆形的,而平面镜则有正方形、长方形、圆形、椭圆形、六边形、八边形与不规则形等。八边形平面镜由于其八边与八卦协调,因此在风水里使用更有特殊的意义。

2.平、凸、凹镜各有用处

大门如遇穿心剑格局,则在门内的屏风上可加装一平面镜,对于化解穿心剑格局的煞气会更加有效。

大门外或窗外如遇路冲、尖冲、烟囱、天斩煞等,则挂凸镜可以缓解诸般外煞的危害。

当住宅大门正对电梯时,由于电梯有吸气之弊,所以在大门上装凹镜,可以进行有效的补救,以免宅内之气被尽数吸去。另外,大门如正对向下的退财楼梯时,家中财气便会逸走,此时如大门有挂凹镜,可将去气有效地收回。

家中如有较长的走廊,则在走廊两侧交错挂平面镜,令家中气脉通畅,并且可以使走廊看起来比

较宽敞。如果走廊较黑暗、弯曲，则于弯曲处安一面凸镜，这样便可丰富视野，把握全局，而如果日光可反射内进，因有镜子反射，更可令光线加强，对家居有利。

如果家中有曲尺形的不规则房间，使用大平面镜覆盖整面墙，可以造成房间的延伸感，并且把朝向镜子的空间填进凹陷处里，令空间看起来不致于过分逼仄。

家中的小房间里装上大平面镜，也是一种布局的巧法，可使狭小的房间看起来要宽敞些。

3.镜子功用能放能收

虽然镜子确有功效，但不要以为家居放镜越多越好，越能增强家居的空间感，其实镜子在风水上的功用能收能放，放得自然可以增福，否则也有可能损福破运。

镜子运用不好则形同刀剑。其实镜子即代表虚幻和真实的矛盾，镜子的英文为mirror，其最原始的拉丁文意思是"惊讶"，由此可见镜子的力量了。古语以"镜中花，水中月"代表不可实现的理想，而在《红楼梦》里，把个单相思王熙凤的贾瑞活活折腾死的也是一面镜子，只不过美其名曰"风月宝鉴"。

4.家具用镜九法

①镜与房应成比例。家中挂镜应足以让照镜者见到整个头部，镜若是长形的，应以见到整个身体为佳。

②镜不可当中堂，客厅放镜易于分心。

③镜不可对窗，如窗外有人家，则对人家不利；如无人家而对空，则对己不利，并且外部如有光线进来，则观感不适。

④镜子不宜照床头，有人喜在主卧装大镜子以检视自己的闺中雄姿，其实大可不必，因为人在入睡时，气能最弱，此时镜子易将人体的能量反射出去，并易头晕目眩，有时夜半起床见到镜中映像，反把自己吓一跳。

⑤两面镜子不可正面相对而悬，因为这样会导致气能紊乱，来回往返而不能前移。

⑥沙发后不宜放镜照后脑勺。

⑦如果不是遭遇路冲，大门铁闸最好不要镶镜。

⑧一般情况下，镜子不可以直照任何门，容易导致口舌及疾病，如对大门则更有机会令家中财气反射出去。

⑨卫生间的镜子必须具备并可以稍大，既可将污气反射出去，又有梳妆敛容之用，此外亦可增大视觉面积及拓展视觉空间。

灯火照明旺家居

家中的灯火在夜间，可令白昼再现，其实灯光还不仅仅有照明作用，运用恰当的灯光布局，仿似日月星辰点缀于家中，可达到"日月之行，若出其中；星汉灿烂，若出其里"的效果，有提振家居生气的作用。

家居中的灯光照明，最重要的作用是为家中带来能量，布置良好的家居照明最重要的原则是要避免家居中形成阴暗区，因此不要使用单一的中央光源，而要用多光源的组合，并且能够尽量使用可调角度的光源，按照室内的色系，选择搭配各种亮度和色泽的灯泡，当然也可以选择微调式的开关来方便调整室内照明的亮度。

1.分区照明

书房和厨房要加强照明，而卧床则要避免灯光直接照射，以免难以入睡。

2.明堂灯

首先，大门前的区域或公共区间是住宅的明堂，其上安置指示灯有助于明堂后各家住宅的运势，起到共同繁荣昌盛的作用。

3.长明灯

家居中必须安置长明灯，即彻夜点燃的灯火，在夜间家人入睡后，家中的活动能量已经降到最低点，则点燃此灯，既有夜间出入照明之用，又可补充家居中的能量，使其保持一定的水平，有利于壮旺家居。

4. 日光灯

家居最好只在书房与厨房内使用日光灯，而在其他区域减少使用日光灯。因为家居不同于纯粹的办公场所，以日光灯来照明，会刺激人体而促使人产生兴奋感，所以宜用柔和的白炽灯以缓和身心，进而达到温馨家居的效果。家居中的墙壁尽量粉刷成淡色，让室内更为明亮。

5. 灯的数量

家中灯的数目以单数为佳，但在射灯平排照射时，应注意不要用三盏灯并列，以免形成三支香的局面。

6. 弥补缺陷

家居中如有缺角现象，则在此处放置灯具，可收补缺之功效。

家居中如有横梁无法避免，也可在其正下方放置两盏直立的壁灯，通过向上灯光的能量化解横梁的压力。

热情和表达能力，壮旺家中的金火能量，为家庭带来温暖和活力。

放置蜡烛的最佳位置是家的东、东南、南、西南、中与东北部。

蜡烛也是最原始、最浪漫的照明方式，往往还用来纪念特别的日子或营造浪漫气氛，它散发出最真实的火光，最易融化彼此之间的障碍。如果家中放上一对互相靠近的蜡烛，对于想增加与他人的密切关系有很大帮助，所以蜡烛对单身人士及已婚夫妇均极有作用。当然以蜡烛的灯火配上点在香炉中的檀香氤氲的气息，会更为相得益彰。

7.水晶吊灯增宅运

许多人喜欢在家中大厅悬挂大型的吊灯，其材质不尽相同，如果能够选用水晶吊灯，更能倍添宅运。因为水晶有开启宅运，逢凶化吉的功用，再加上灯光的提振可发挥双重功效。

8.烛光添浪漫

在风水上，点燃的蜡烛代表着五行中火的能量，在黑暗而潮湿的室内，蜡烛能有效地改善环境，使其显得干燥与明亮，当夜间点燃蜡烛则效果更佳。

如果在冥想时凝视蜡烛，思想可以获得新的突破，智力得到提升，并且蜡烛火能够激起使用者的

第二部分 办公现代风水

大门风水
玄关风水
客厅风水
卧室与洞房风水
儿童房与婴儿房的风水
女房风水
厨房与餐厅的风水
卫生间的风水
窗户的风水
阳台的风水
庭院的风水
发住宅的潜能
庭办公格局

【青囊海角经】

祥如鸾凤，美若圭璋。
重如鼎彝，古若图书。
翰墨留香，富难敌国。
清光太露，贵不当朝。
道覆端庄，名垂千古。
慧多富少，庙食万年。

引 言

和谐空间的法度与秩序

19世纪工业革命之后，随着现代文明社会的高速发展，为了充分满足系统管理和会见商业客户的需求，现代办公模式应运而生，从多元化的生产空间里分离出来，开始形成专门的商务区，现代办公格局开始形成。

对于现代人而言，办公场所已经成为仅次于住宅之外的第二重要生存空间，并且由于是产生灵感、运筹帷幄、决胜商机、创造财富的战略要地，因此在人们心目中的地位举足轻重。

办公空间是工作的重要场所，如何营造和谐的办公格局，如何令思维更加活跃，如何提高工作效率，如何提振士气，如何令空间环境更舒适，如何确定空间设计的标准，如何体现行业的办公特点，如何实现对信息交流的要求，如何有利于领导对下级的工作进行监督，如何有利于员工之间的互相沟通，如何促进公司的组织、管理和协调，这些是摆在现代办公空间组织者面前的一系列重要课题。

"千金之子，坐不垂堂"，《史记》在两千多年前已经关注到座位科学性、安全性的问题。在现代办公空间中，座位的科学性和安全性是办公效率的先决条件。《孝经》则指出："尊卑有分，上下有别，长幼有序，此礼之节文也。"在现代办公空间中，自然应该恪守严谨的法度和秩序，才能令管理更为规范。而如何统筹兼顾，实现办公空间的和谐、安全、科学、有序，这些都需要办公环境的配合和支持。

我们提出的现代风水学由于其包含着生存的智慧、养生学、美学和广义建筑上的伦理秩序等四大范畴，提倡在法度和秩序下，构建和谐的办公空间，对优化办公环境有着重要的指导作用，可以令现代办公空间的组织问题迎刃而解。

现代办公空间的风水布局是对办公空间的物理和心理分割，需要统筹考量多方面的问题，涉及地理、气候、习俗、人文、艺术等诸多因素。成功的办公风水布局的首要目标就是要为工作人员创造一个安全、舒适、方便、卫生、高效的工作环境，以便更大限度地提高工作效率。这一目标在当前商业竞争环境日益激烈的情况下显得更加重要，它是办公空间设计的基础，是办公空间设计的首要目标。

在勘察和研究了国内外大量的办公案例后，我们发现，一个企业的兴衰成败既取决于经营管理，取决于战略管理，取决于文化理念，取决于投资环境，更取决于企业的风水环境。

尤其随着新世纪科技的进步以及人类思想观念的转变，工作环境的和谐有序与否将变得越来越重要，对现代办公环境的设计要求越来越高，办公空间环境的人性化将成为主流。而现代办公风水学的引进和应用，会使工作环境产生良好的变化，并给工作迅速带来强大的效益。

对于现代的办公空间，我们应该充分考虑近邻、污染、辐射、建筑环境等诸多影响，对外煞进行生克制化；而对于内部装饰布局，我们要注意合理安排吉凶方位，对色彩、体量、材料的选择以及家私布置等，都要有准确定位。在现场精心测量、收集资料之后，透过易理、五行关系作整体的布局与调整，化解空间之中的凶煞，巧妙地将办公场所变成助旺财的吉祥之地。

真正高明的办公风水布局，并不在于追求珠箔银屏式的华贵，而是运用之妙，存乎一心，不但内涵丰富，而且和谐、流畅、舒适，既可以建立良好的办公法度和秩序，也可以令人体味到办公的乐趣，更深得风水文化的精髓。本书也是我们多年以来在办公风水领域的研究实践和经验的总结，希望继续保持简明扼要的风格，深入浅出，并且能对广大读者有所助益和启发。

豪门纳贵气

办公大门

是整个办公空间最直接、最突出的标志

它展示着公司的规模、地位、财富和权势

影响着企业的兴衰成败

葫芦口、畚斗口、平行口

运势各不相同

四正四隅的朝向

五行大有讲究

公司是门庭若市

亦或是门可罗雀

跟大门息息相关

风生水起的办公大门

举足轻重,让公司

门迎春夏秋冬客

户纳东西南北财

第一章 PART ONE

办公大门的风水

自古显贵之家被称为"高门",卑庶之家则被称为"寒门"。办公大门,是出入口,影响着公司、企业的兴衰成败。大门是整个办公空间最直接、最突出的标志,在人们心目中,甚至只要观其门便可判断其内。所以,办公大门被赋予了重要的意义,它展示着办公室的规模及社会地位、财富和权势。

"门第高低"、"门当户对"、"门庭兴旺"、"光大门楣"等成语是此类意思的形象比喻。这样就决定了办公者必然对其大门外观的修造投入很大的精力,以显示公司的实力。当然,并非把大门修建得高大华美就好,出于传统思想的中庸之道,以及安全方面的考量,要避免办公室大门在视觉上过于突兀。《黄帝宅经》以"门大内小"为应该避讳的"五虚"之一,而"宅大门小"则属"五实"之列。因此,办公室并不应刻意追求徒具其表的高门大院之势,而应在大门的尺度适宜、形式优美、做工精细等方面用心,从而可见公司企业的道德追求和价值取向。

办公室入口的三种形态

办公室的入口有葫芦口、畚斗口和平行口三种形态,不同的形态与尺度都对办公室的整体风水有不同的影响。

1. 葫芦口

形如葫芦,外小内大,既可有益吸纳外气,又可确保财气内蓄而不失,适合已经有一定发展基础的公司。

2. 畚斗口

大口展开,形如畚斗,将外气大力扫入,利于突飞猛进,适合刚刚起步业,希望一蹴而就的公司。

3. 平行口

大门与内部空间平行,适合运势平平,无意开拓,有心守成的公司。

办公大门宜在龙边

通常来说,办公大门均开在一栋房子的正中间,这是很正常的布局。但若从风水的角度来选择,"左青龙,右白虎",所以大门最好开在左边,也就是人站在屋内对着大门方向的左方,即人在室外向着大楼的右边,这就是风水学上的龙边,选择这样的位置,能够令公司生机勃勃、生意兴隆。

办公室大门的旺向

大门是纳气之口,公司是门庭若市,亦或是门可罗雀,跟大门的方位息息相关。但如何使大门能纳人生旺之气呢?那就要看大门的门向了。由于大门与行业有关,因此从五行方位来研判,有以下的朝向可供选择。

1. 五行属金的行业

五金首饰、珠宝金行、汽车交通、金融银行、机械挖掘、鉴定开采、司法律师、政府官员、职业经理、体育运动等。宜坐西向东、坐东南向西北、坐东向西、坐西北向东南。

2. 五行属木的行业

文化出版、报纸杂志、文学艺术、演艺事业、文体用品、辅导教育、花卉种植、蔬菜水果、木材制品、医疗用品、医务人员、宗教人士、纺织制衣、

时装设计、文职会计等。宜坐西向东、坐西北向东南、坐东北向西南、坐西南向东北。

3.五行属水的行业

保险推销、航海船务、冷冻食品、水产养殖、旅游导购、清洁卫生、马戏魔术、编辑记者、钓鱼器材、灭火消防、贸易运输、餐饮酒楼等。宜坐南向北、坐北向南。

4.五行属火的行业

易燃物品、食用油类、热饮熟食、维修技术、电脑电器、电子烟花、光学眼镜、广告摄录、装饰化妆、灯饰炉具、玩具美容等。宜坐北向南，坐东向西，坐东南向西北。

5.五行属土的行业

地产建筑、土产畜牧、玉石瓷器、顾问经纪、建筑材料、装饰装修、皮革制品、肉类加工、酒店经营、娱乐场所等。宜坐南向北、坐东北向西南、坐西南向东北。

办公大门颜色宜忌

大门风水首重纳气,而门面的颜色也非常重要。从五行生克制化的角度来研判,办公大门最忌水火两种极端色,即红、蓝、黑色,此三色均易招阴、惹祸、退财。

而与五行合一的中和色彩,如黄、灰色则最为理想,主吉祥平安,还可招财。

办公大门的材料选择

制作大门要采用质地厚实的材料,不可使用空心大门。门框若有歪曲要立即更换,否则会影响财运。大门正面的外观,不可呈现凹凸不平的设计和装潢,因为这样会对办公风水产生不良影响。

办公大门入口四大忌

办公大门的入口要谨防四大忌：门冲、电梯吸气、穿心剑和隔角煞。

1.门冲

公司大门正对着内部办公室的门，是风水上的冲，气流易直冲而进，容易引起人事纠纷。当然更不可一进大门就正对着厕所的门，这是最坏的格局之一。

2.电梯吸气

大门如果正对电梯，电梯上上下下，一开一合，将公司之气尽数吸走。同时也容易分散员工的精力，自然也会影响到公司的运势。

3.穿心剑

大门如果正对走廊或通道，则形如利剑穿心欲人，这样的格局叫穿心剑。如果办公共场室内部的进深小于走廊的长度，则为祸最大。解决之道在于内部装上屏风以收改门之效，才能得以缓解。

4.隔角煞

站在办公室大门看出去，外头正面一半是墙壁，一半是大空，像一片直刀砍过来，这就是著名的"隔角煞"。办公室大门有被迎面切成两半的不良感觉，气场上言，两半的气流完全失衡，此格局大凶，对健康不利，财运也不济。

办公室若是遇到大门正对着对面屋角，最好的改动方法是将大门略为向龙边移动，避开隔角煞。若是无法如此移动，则应该改动一下大门的角度，以避开隔角煞。

门厅是公司的第二门面

办公室的进门设计,会影响整个办公室的格局,因此必须加以细意考量。办公室门口就像一个关卡,其方位、摆设、设计,会影响整个办公室的磁场,进而影响财运。进门时的左右墙角,是进门最显眼的位置,应该加以布置,例如摆放艺术品、盆景、花瓶等,除了可以美化办公室,也能增加工作效率。

而门厅是纳气口的第二道关卡,就如同人的咽喉要道一般,为进出这个房子的转气口,亦即迎来与送往的重要部位,因此门厅就等于是公司的第二门面,所以必须注重它的气势和气流的转动原理,以利内部的和谐。门厅位置忌讳摆设凌乱,也不可悬挂镜子,因为会导致吉气反射出门,内部紊乱。

在入口的位置,如果在其墙上悬挂吉祥字画,能带给公司祥瑞之象。

公司必须有前台

办公室前门如果正对后门,形成直线通道,则违反"藏风聚气"的风水法则,致使钱财流失,员工容易意见不合。

出现这种情况,就应该设置有导气效应的前台,既可吸纳旺气,又有对外服务表示热忱欢迎的空间,还可挡煞并且确保公司内部私密。

前台的布局

前台的位置,最好是面对大门,空间够大的话,就在后方设置公司标识,以显贵气。

公司前台可过滤不必接见的客户,由于侧方无法完全挡住外来杂气,因此接待前台不宜设在入门的侧方。气场以弯曲回旋为吉,如果门厅未设服务台,那么最好在门厅位置摆设一个圆形花瓶,以圆形之体来导气而入,必能帮助入口处气场的运行。

第二部分 现代办公风水

办公室入口屏风的用法

希望趋吉避凶，催财旺财，则公司大门出入口的位置，一定要布局在生旺之方，而公司在入口处设屏风，亦是讲究颇多。

《荀子·大略》云："天子外屏，诸侯内屏，礼也。外屏、不欲见外也；内屏、不欲见内也。"

顾名思义，屏乃屏蔽，风乃空气之流动，屏风是转换气流的重要家具，其真实作用功同影壁，可谓活动式、可拆式的影壁，亦是避邪的工具。

有些公司在入口处设有固定式的屏风及接待员，如果不明就里，则有碍对外发展，如果为了隐蔽性的考虑，倒不妨多利用花架屏风，或利用半矮柜种植长青植物，但切忌用人造花。

门在旺位，门向旺方时不要放置屏风，以免阻碍旺气的进入，阻挡财运，除非有需要时，可在进门的地方，设个回旋式的玄关，作为进门的缓冲区。

玄关可设计成低矮的花架屏风，上面可放置植物盆栽，这样门面既美观可带来好风水，助长旺气进来。若玄关不设置服务台，则玄关之处最好摆设圆形花瓶，以圆形之物来导气而入，能助旺气人局。

门在煞位，门向衰向，这种情形下，会接纳衰向的煞气，在门口的玄关，最好设置一个流动的水景，或是一个鱼缸，因为水能转化磁场，将衰气转为旺气，对公司整体发展有正面的助益。

门在当运旺位，门向不是当运旺方，可放置个较高的固定式屏风，使门口处形成玄关，屏风的气口转折成为旺向，这样亦可以接纳到旺气。

统筹大局运玄机

写字楼是工作的地方

是需要特别耗费脑力的场所

同时也是运筹帷幄、决胜千里、创造财富的地方

办公空间的内部布局

通风、采光、纳气、排污等等因素

对办公人员的事业的影响就非常直接、明显

布局和谐的办公空间对办公人员的财运、仕途

都有重要的帮助作用

进而也对办公人员的生活、健康等

产生重大影响

对事业的成败起到决定性作用

所以,写字楼的内部风水布局要小心谨慎

千万不可马虎大意

第二章 PART TWO
写字楼内局的风水

在一定程度上，写字楼是职业人士的第二个家，无论是从公司还是个人的角度出发，在心理上应该都希望自己的家更具个性，不仅能工作舒适，而且能工作高效。

与住宅不同的是，写字楼是工作的地方，是需要特别耗费脑力的场所，同时也是运筹帷幄、决胜千里、创造财富的地方。因此办公空间的内部布局对一个人的事业、财运等影响就更为直接、明显。一个布局和谐的办公室空间对办公人员的财运、仕途都有重要的帮助作用，从而可以更有利发挥自己的才能与才华，对事业的成败起到决定性作用。所以，写字楼的内部风水布局更要注意，千万不可马虎。

写字楼内部布局是指对办公空间的物理和心理分割。办公空间的内部布局需要考虑多方面的问题，涉及科学、技术、人文、艺术等诸多因素。

办公间室内设计的最大目标就是要为工作人员创造一个舒适、方便、卫生、安全、高效的工作环境，以便更大限度地提高员的工作效率。这一目标在当前商业竞争日益激烈的情况下显得更加重要，它是办公空间布局的基础，是办公空间布局的首要目标。

办公空间布局要以人为本

办公空间具有不同于普通住宅的特点，它是由办公、会议、走廊三个区域来构成内部空间使用功能的，应该从有利于办公组织以及采光通风等角度来考虑。

办公空间的最大特点是公共化，这个空间要照顾到多个员工的审美需要和功能要求。目前办公空间设计理念最为强调的要素有三个：

一是团队空间。把办公空间分为多个团队区域，团队可以自行安排将它和别的团队区别开来的公共空间用于开会、存放资料等，按照成员间的交流与工作需要安排个人空间，精心设计公共空间。

二是公共空间。一个良好的设计必须要有一种空间的过渡，不能只有过道走廊，必须要有环境，要有一个从公共空间过渡到私人空间的过程。

比如可以把电梯门口部分设计为会客厅或者洽谈室，同样是实现公共空间和私属空间的一个分隔，形成不同的节奏。作为公共空间，不仅要有正式的会议室等公共空间，还要有非正式的公共空间，如舒适的茶水间、刻意空出的角落等。非正式的公共空间可以让员工自然地互相碰面，同时，也使员工间的交流得以加强；办公空间要赋予员工以自主权，使其可以自由地装扮其个人空间。

除此之外，写字楼的空间设计，还必须注意平面空间的实用效率，而这也正是很多使用者非常关心的问题。一般来说，方形或者长方形的写字楼是比较好用的。其次，由电梯、消防、卫生间等设施构成的核心筒在整个平面中的大小，以及核心筒和外墙的距离，都决定着写字楼的内部空间实用率。所以设计时必须科学考虑洗手间、电梯等配套设施构成的辅助空间是否能满足使用需求。

影响写字楼内局的四种要素分别为：光线、颜色、空气、声音。这些要素相互之间不仅具有密切的关系，且与写字楼的位置、布置、设计等也有关。譬如，光线与颜色有关，而颜色又与写字楼的布置有关。因此，上述要素的设计应注意互相协调。

1. 光线

充足的光线是写字楼环境的重要因素之一。写字楼的光线应使工作人员易看且不易疲劳。写字楼的光线应均匀分布，以便产生平衡和效率。只有光线充足、舒适，才能够使工作人员减少疲劳、减少错误，做更多的工作，保持充沛的精力。

写字楼光线的来源包括自然光、日光灯及白炽灯。自然光有益于心理的健康，但因早晚光线不一，因此需有人造光以弥补光线不足。日光灯能提供大量的照明，最适宜写字楼布置。

写字楼光线系统的基本设计共有五种：直接光、半直接光、间接光、半间接光、直接间接光。其中，采用间接光或直接间接光较为优良。能提供适当的光线，则写字楼的工作效率能提高。

2. 颜色

颜色会影响人类的情绪、意识及思维。譬如颜色通常对于人类的血压及性情产生重要的影响。某些颜色对人有舒适的感觉，另外某些颜色却有相反的效果，有些颜色使人心情放松，有些颜色则令人感觉郁闷，有些颜色能加速心智的活动，有些颜色则降低心智的活动。

黄色、橙色与红色称为暖色，这些颜色令人心理上感到温暖与愉快。反之，蓝色、紫色与绿色称为冷色，它们令人感到平静。浅黄色、灰褐色与象牙色等淡色，则令人有适度兴奋之感。

目前写字楼的颜色是趋向于单色化，亦即地板、

墙与窗帘的颜色要调和，然后再加上一种较鲜亮的颜色。譬如，先选择桌子的颜色，然后地毯的颜色选择与桌子的颜色相调和，而较地毯淡的颜色，可作为墙壁与窗帘的颜色。椅子或附属品如图画、桌子附属品、灯，则可用鲜艳的颜色。

总之，地板的颜色宜较墙壁的颜色深，墙壁的颜色则应较天花板为深，会议室、会客室宜用黄色或赤色。写字楼夏季用蓝色与绿色，冬季宜用黄色与橙色。天花板的颜色，以白色为最佳。地板的颜色宜采用棕色，较不易污染，桌面的颜色则宜浅。下列地点的颜色采纳原则建议如下：

普通写字楼：天花板宜用白色，面对职员的墙壁宜用冷色，其他墙壁的颜色宜用暖色如浅黄色，所有墙壁的颜色应注意互相调和。

会议室：以浅色与中性的颜色为最佳。

会客室：以欢愉的、中性的颜色为最佳。

走廊：宜用明亮的颜色，因其缺少自然光线。

休息室：男性宜用蓝色，女性宜用淡红色。

3. 空气

空气因素即控制写字楼中空气的温度、流通、湿度与清洁四个基本因素。写字楼的温度太高或太低，工作人员都会有不舒适与头昏之感。湿度会影响工作的舒适与效率。在同样温度之下，潮湿的空气令人感觉热，而干燥的空气则令人感觉冷。特别是潮湿的空气，会引起呼吸器官的不舒适并引起沉闷、疲倦之感觉。同样，特别干燥的空气则经常引起焦虑与精神急躁之感。空气如缺乏适当的通风，则令人感到昏昏沉沉与极度的疲劳。自然通风比空调优越，因为交叉吹过的微风能消除死气。必须注意的是，要确保空气的均匀分布，以免让写字楼的工作人员遭冷风吹袭。

4. 声音

嘈杂的写字楼是不会有效率的。噪音令人感到不愉快、注意力分散、增加工作成本、且容易造成工作的错误。一个效率高的写字楼，应注意声音的调节，防止噪音，力求写字楼的安静。

减少或尽可能消除声音的来源：在打字机与计算机底下放置毛垫，并在其余的设备底下放置橡皮垫。在机械上的防声橱亦能有效地排除声音。此外，在档案柜、门、桌子、椅子上，涂上一些润滑剂，以及要求职员为别人着想，减少不必要的谈话，养成职员相互低谈的习惯，均能减少声音。

设写字楼于安静之处。建筑物之顶楼通常是声音较低之处，因远离街道车辆与行人。此外，避免将写字楼直接暴露于声源或太拥挤之处，把写字楼与声源隔离。将所有发出音响的设备与机器，置于

一个单独的房间,倘不可能就将主要的声源设备集中于一处,较散置于写字楼各处为优。

写字楼的地板、天花板与墙壁,采用防音板或吸音的物质时,声音即很快地消失。地板采用地毯可吸收声音,同样,窗帘亦能吸收声音。天花板及墙壁可采用多孔纤维状的矿物瓦,及硬纸板制成的吸音板。

窗户宜用两层玻璃,当街市声音太嘈杂时,将窗户关闭。任何办公器具不得放于金属墙之前,以减少回音。按照工作流程布置座位,以减少往返走动之声。接待来宾,宜专设会客室,以免谈话影响办公。

当职员工作时,如播放适当音乐,则可改进工作的条件,减轻心理与视觉的疲劳,减少精神的紧张,并使职员有愉快之感。

写字楼的工作,因播放音乐而得到最大益处的工作包括:档案、收发、打字、接待、查对等。多数的职员相信音乐能使工作环境更加愉快,播放音乐,工作就不会感到单调。写字楼的音乐,以选播轻松的古典音乐与节奏轻快的音乐为主。

音乐需加适当的控制,即为实现特别目的,音乐应预先安排。凡令人分散注意力与引起注意力的音乐,如沉闷的管乐与独奏曲应予以排除。音乐之选播应配合特别的写字楼工作,视职员的性情需要。早晨宜选用轻松愉快的音乐,振奋精神的音乐可于中午前及下午播放。

写字楼内部布置的程序

写字楼的内部布置需要因地制宜，按以下步骤进行布置：

首先，对各部门的业务及工作内容与性质，加以考察与分析，以明确各部门及各员工间的关系，而供决定其位置时作为依据与参考。

其次，将各部门的工作人员及其工作分别记载下来，按工作人员数额及其办公所需的空间，设定其空间大小，然后根据工作需要，决定所需的家具、桌椅等。

最后依据这些步骤所得结果，加以研究与计划，绘制写字楼座位布置图，最后依图布置。

写字楼布置的基本方法

写字楼布置中，有一些布置原则是按照工作流程和能力平衡的要求划分工作中心和个人工作站，使写字楼布置保持一定的柔性，以便于未来的调整与发展等。

而写字楼工作的处理对象主要是信息以及组织内外的来访者，因此，信息的传递和交流方便与否，来访者办事是否方便、快捷，是主要的考虑因素。而在写字楼，工作效率的高低往往取决于人的工作速度，而写字楼布置，又会对人的工作速度产生极大影响。

在写字楼布置中，同一类工作任务可选用写字楼布置方案有多种，包括房间的分割方式、每人工作空间的分割方式、办公家具的选择和布置方式等。此外，在写字楼的现状下，组织结构、各个部门的配置方式、部门之间相互联系和相对位置对写字楼有更重要的影响作用，在写字楼布置要予以更多的考虑。

现代办公布局的三大方向

从写字楼的特征与功能要求来看,现代办公布局有三大基本方向:

1. 秩序感

办公风水的秩序感,是指形制的反复、节奏、完整和简洁。写字楼设计也正是运用这一基本理论来创造一种安静、平和与整洁环境。秩序感是写字楼设计的一个基本要素。要达到写字楼设计中秩序的目的,所涉及的面也很广,如家具样式与色彩的统一,平面布置的规整性,隔断高低尺寸与色彩材料的统一,天花的平整性与墙面的装饰,合理的室内色调及人流的导向等。这些都与秩序密切相关,可以说秩序在写字楼设计中起着最为关键性的作用。

2. 明快感

办公环境明快是指办公环境的色调干净明亮,灯光布置合理,有充足的光线等,这也是写字楼的功能要求所决定的。在装饰明快的色调中工作可给人一种愉快心情,给人一种洁净之感,同时明快的色调也可在白天增加室内的采光度。

3. 现代感

现代许多企业的写字楼,为了便于思想交流,加强民主管理,往往采用共享空间设计,这种设计已成为现代新型写字楼的特征,它形成现代写字楼新空间的概念。

现代写字楼设计还注重于办公环境的研究,将自然环境引入室内,绿化室内外的环境,给办公环境带来一派生机,这也是现代写字楼的另一特征。

现代人机学的环境,使办公设备在适合人机学的要求下日益增多与完善,办公的科学化、自动化给人类工作带来极大方便,我们在设计中充分地利用人机学的知识,按特定的功能与尺寸要求来进行设计,这些是办公设计的基本要素。

影响内部办公环境的三要素

办公家具、色彩、档案管理是影响内部办公环境的三大要素。科学合理的设计和布置能让内部环境更为舒适。

1. 办公家具

人体工程学理论为家具设计提供了科学的依据。不仅在家具的尺寸、曲线等方面更符合人体的尺寸与曲线，而且还考虑到家具的造型、材质运用以及色彩处理对人的生理和心理的影响，使办公家具设计更为科学合理。

2. 色彩

家具的色彩与空间界面的关系，常常是物体与背景色的关系，利用家具的色彩来扩大或缩小人们的视觉空间，也是改变空间感的方法之一。如要使空荡荡的房间充满生机，可选择或局部选用一些暖色调色彩，以造成充实空间感受，对狭小的房间，可选用浅色、白色或冷色基调的家具，以扩大空间感。

色彩在以不同的形象、位置、面积出现时，它所起的作用是不同的。一般来说，在设计时应注意避免使用色值相等的、相互排斥的对比色，宜多用对人的生理、心理起平衡稳定作用的调和色，但也可用对比色来活跃气氛。

3. 档案管理系统

档案管理也会成为影响办公环境的一大要素。其实原由很简单，如果你不能够很好地利用空间，将那些繁杂而多样的各类文件管理好，势必就会使工作逐步陷入混乱的境地。因此，学会充分利用空间，使空间发挥最大的使用效率，这也是现代家具设计所追求的目标之一，使用文件储藏柜以及各式办公家具是办公档案管理常见的手法。

现代办公空间的五大装修风格

写字楼的装修一定要体现公司独特的文化，通过装修表现出的公司文化向客户和员工展示公司的理念，因此装修最重要的是风格的选择。根据行业不同及面对客户需要建立的印象不同，可选择以下几种流行的风格：

1. 稳重型

老牌的大型集团公司喜欢选择这种风格的装修，让客户和生意伙伴建立信心。从装修特点上来看，较少选择大的色差，造型上比较保守，方方正正，选材考究，强调气质的高贵和尊严。

2. 现代型

普遍适用于中小企业。造型流畅，大量运用线条，喜欢用植物装点各个角落，通过光和影的应用效果，在较小的空间内制造变化，在线条和光影变幻之间找到对心灵的冲击。

3. 跳跃型

不拘一格，大量使用几何图案作为设计元素，明亮度对比强烈，大量使用新式装修材料。

适用于新兴的电脑资讯业、媒体行业。在强烈的装饰效果中，新产品和特征和公司创新科技的氛围一览无余。

4. 创意型

适合艺术、工艺品、品牌公司。造型简洁，用料简单，强调原创的特征，尽量不重复，在造型上具有唯一性。

5. 简洁型

简洁型装修风格即对办公室进行简单装修和装饰，强调实用性，较少装饰和个性。

此类风格一般适用于小型公司和办事处。

写字楼户型与格局

选个好的办公地点，在考察了外围环境之后，接下来要看的就是它的户型。写字楼的户型以及格局，影响着这套写字楼的通风、采光、纳气、排污等等，也进而对办公人员的生活、事业以及健康等产生重大影响。

《撼龙经》云："山水广大，出度量宽宏之人；山川狭窄，出胸襟狭隘之人。"写字楼内部的环境其实就如山水，深刻地影响着办公人员的情绪与心性。在格局宽敞明亮的写字楼工作的人，心胸宽广、思路开阔。相反，在格局怪异的写字楼中工作，会使人变得脾气暴躁、性情怪僻。因此，写字楼的内部格局与事业、财运息息相关，大意不得。

好户型就是要布局合理、清爽宜人、明朗宽敞，能够让人在知觉、视觉、嗅觉等各项感官以及心理感觉上都能有一个好的体验，在其间办公能有如沐春风的感觉。风水讲究方正，因此四方宽敞、正大光明，布置协调的格局是选择办公空间的上乘之选。写字楼格局首选是正方形或纵深的长方形，实用率高，摆放家具也非常方便，并且容易满足通风采光等要求。居住其间也会令人思路明晰，感觉顺畅，心平气和。而不方正的写字楼则给人一种局促、不安全的感觉，并且实用率不高，更容易引起工作不顺畅。而三尖八角，更非理想的写字楼户型。

写字楼空间的最佳配置

通常在一个室内空间中，在分配房间的原则上，应配合龙边和虎边，也就是将写字楼内部，分成左右两边。属龙的半边宜设董事长办公室、业务部、财务部等，其他部门就设在虎边。

写字楼户型十不宜

选个好的办公地点，在考察了外围环境之后，接下来要看的就是它的户型。写字楼的户型以及格局，影响着整个办公环境。

1.锯齿形

户型呈锯齿状，前凸后凹，很不规则，这种户型在现实中很多。从风水角度上来判断，这种户型的写字楼具有凶煞，表示公司运气反复多变，人心不稳，不适宜作为办公之理想场所。

2.菜刀型

曲尺形的写字楼户型平面上像一把菜刀，在风水理论中也认为户型有凶相，不宜使用，主公司会有贪污、泄财的现象。

3.长枪型

写字楼户型如同长枪，直入直出，最不易聚财聚气，也是种凶局。

4.曲折型

户型反复曲折，奇形怪状，如同迷宫。主公司财来财去均莫名其妙。

5.走廊形

写字楼户型完全是个大通道，宽不宽，长却很长，主公司福气薄弱，亦不利于公司同事之间的交流。

6.钻石型

带有许多锐角或钝角的写字楼，名为钻石型，其实内部存在许多冲射之处，主公司内部不和，内耗很多，不利管理。

7.半弧形

走廊把办公场所切成两半，该种格局不利于沟通协调，容易导致纠纷，致使工作人员心烦意乱，一事无成，而使身体健康以及精神都受到影响。楼中的走廊不可贯穿全室将房间分为两半，否则也不利。

8.T字形

T字户型，行如跷跷板，两头重，中间轻，这种户型会令办公者觉得在此环境工作，容易人心飘荡、凡事不稳。

9.三角形

三角形就是属于三尖八角的户型，内部全为锐角，最不易聚气，员工意外多，口舌多。

10.回字形

回字形的户型容易导致室内空气循环，不能与外界直接交换新鲜空气，就好像与世隔绝一般，致使在工作上孤立无援，经常受到来自四面八方的攻击，做什么事都很难成功。

写字楼天花设计

在一个写字楼中是绝对不可以在写字楼的中央位置设置有采光的天窗的。这就如同一个人的心脏部位漏风,因此会对办公人员的健康产生障碍,以及事业财运问题丛生。

另外,天花板宜高不宜低。除了易造成压迫感外,写字楼如天花板过低,由于通风不良,氧气量不足,不但减低工作效率,也易影响健康及情绪。

写字楼平面不可缺中心

　　风水上讲究中心，所以室内没有中心点就如同人体缺心脏一样，对写字楼是不利的，此乃大忌，难有好运道。而回字型格局的写字楼，也没有中心点，若中间是天井且是属于自己的空间则无妨，否则不佳。

　　整个写字楼内部格局的中央部位，若是房间，绝不可设厕所或储藏室，这里是中心点，相当重要，必须是重要主管的房间，否则会发生经营困难而关门大吉。

写字楼八方凸凹角的影响

　　每个写字楼都有四正四隅八方，分别代表东、西、南、北和东南、东北、西南、西北八个方位，其中东、南、西、北称为四正方，而东南、东北、西南、西北则称为四隅方。

　　当写字楼出现四正四隅八方凸出或凹入的情况时，就会使写字楼户型出现凸角或凹角，这便会对突出或缺失的方位代表的事业产生不利影响。

　　写字楼凸出是指工作过于激进火爆，易与外界发生矛盾、争执而引致公司出现问题；而写字楼凹入则代表工作过于消极颓废，不合时宜，对外容易导致公司利益受损。

在后天八卦代表方位，震卦代表东方，巽卦代表东南，离卦代表南方，坎卦代表北人，乾卦代表西崎北，坤卦代表西南，艮卦代表东北，兑卦代表西方。

东方属震卦，五行属木，如果写字楼东方凹，便主不利于五行属木的行业。

东南属巽卦，九行也属木，如果写字楼东南方凸凹，也主不利于五行属木的行业。

五行属木的行业有：文化出版、报纸杂志、文学艺术、演艺事业、文体用品、辅导教育、花卉种植、蔬菜水果、木材制品、医疗用品、医务人员、宗教人士、纺织制衣、时装设计、文职会计等。

南方属离卦，五行属火，如果写字楼南方凸凹，便主不利于五行属火的行业。

五行属火的行业有：易燃物品、食用油类、热饮熟食、维修技术、电脑电器、电子烟花、光学眼镜、广告摄录、装饰化妆、灯饰炉具、玩具美容等。

西南属坤卦，五行属土，如果写字楼西南方凸凹，便主不利于五行属土的行业。

东北属艮卦，五行也属土，如果写字楼北方凸凹，便也主不利于五行属土的行业。

五行属土的行业有：地产建筑、土产畜牧、玉石瓷器、顾问经纪、建筑材料、装饰装修、皮革制品、肉类加工、酒店经营、娱乐场所等。

西方属兑卦，五行属金，如果写字楼西方凸凹，便主不利于五行属金的行业。

西北属乾卦，五行也属金，如果写字楼西北方凸凹，也主不利于五行属金的行业。

五行属金的行业有：五金首饰、珠宝金行、汽车交通、金融银行、机械挖掘、鉴定开采、司法律师、政府官员、职业经理、体育运动等。北方属坎卦，五行属水。如果写字楼北方凸凹，便主不利于五行属水的行业。

五行属水的行业有：保险推销、航海船务、冷冻食品、水产养殖、旅游导购、清洁卫生、马戏魔术、编辑记者、钓鱼器材、灭火消防、贸易运输、餐饮酒楼等。

写字楼吉凶格局

写字楼的平面上，南北两方皆有缺角或凹入，久住其间，官司不断，灾病连连。

户型的东西两方皆有缺角或凹入，虽无大祸，但主一世庸碌平凡，有志难伸，难有大成就，所以此类户型也不宜选择。

写字楼前窄后宽是主旺盛的格局，此种公司可享天时地利之富贵机运。

写字楼前低后高则主后山有靠，亦主步步高升，若反之前高后低，则主节节败退的格局。

办公通道不宜阻塞

写字楼的通路正如同人的血脉一般，宜通畅无碍；然而有些办公人员由于疏漏粗心，摆放一些杂物而把通道塞得水泄不通，如此往往给公司带来运势窘困、财源阻塞、沟通不良、行事费力而产生无绩效等种种问题，严重影响事业的发展。

走廊作为连接写字楼间的通道，作用也非常大，但是写字楼的走廊只宜局部，不可贯穿全屋而将其分为两半，否则也是凶象。

写字楼内部的楼梯宜忌

楼梯也是现代办公空间不可缺少的衔接物，作为一种公共的设施，多个层面的空间分隔就要靠楼梯来衔接，楼梯有承上启下的作用，它的方位、形状对住宅的内部布局有强烈的影响。首先，楼梯上楼时的走向应与宇宙螺旋场的运行相一致，以顺时针方向为宜，楼梯上下需要同大小。

楼梯既可发挥通道的功能，是写字楼接气与送气的所在，也是很容易发生事故的地方，如果弄错设置方位，就会给公司带来损害。

楼梯的理想位置是靠墙而立。楼梯一般有三种类型，一种是螺旋梯，一种是斜梯，一种是半途有转弯平台的楼梯。相对于斜梯和半途有转弯平台的楼梯来说，楼梯的第一个台阶位置在房屋中心还无碍，如果到达楼梯尽头的平台是写字楼中心，就是大凶的格局。

楼梯底下可以摆放植物，或者做储物柜，但不宜作办公室等。

楼梯是快速移气的管道，因此，楼梯的坡度越陡，风水上的负面效果越强，所以楼梯的坡度应以缓和较好，在形状上，以螺旋梯和半途有转弯平台的楼梯为首选，另外要注意的是最好用接气与送气较缓的木制的梯级，少用石材与金属制成的梯级。

楼梯宜隐蔽，不宜——进门就看见楼梯。楼梯口及楼梯角不可正对写字楼的大门，特别是不能正对董事长及财务室之门，否则易带来公司经营方面的问题。前低后高是办公风水学上的准则，也就是说写字楼内格局要愈往内、愈向上，若是进门便顺着楼梯一路往下走的格局，象征公司业务会走下坡。当客户进入大楼中的公司后，不可有楼梯直接让他们走到高级领导的办公室，必须将客人留置在进门处，否则高级领导易受冲，会不利公司经营决策。

卫生间的宜忌

公共卫生空间是私密性要求较高的空间。它所拥有的设备有洗手盆、抽水马桶等，并且在卫生器材的贮藏、配置上应给予充分的考虑。从原则上来说卫生间是建筑的附设单元，面积往往较小，其采光、通风的质量也常常被牺牲，怎么样才能谋取卫生间布局上的平衡，是现代办公风水学要重点考虑的问题。

卫生间在风水上要求压在凶方，这在处理上是相对比较简单的，但要注意，切不可让楼上的卫生间压在办公室上，不然会产生许多不良后果。

写字楼的中心如同人的心脏，至关重要，因此卫生间千万不要设在写字楼的中央，特别是公司的主要领导办公桌不可冲卫生间。

因为建筑成本的关系，城市写字楼的设计，很难做到十全十美，尤其是对卫生间的布局上。如果写字楼里有较长的走廊，卫生间设在走廊尽头的话，一定要注意处理，不宜冲着走廊开门。

卫生间一定要有窗，最好是阳光充足，空气流通，道理很简单，让浊气更容易排出，保持空气的新鲜。因为空间规划得不合理，或者开发商为了追求利润的最大化，一些写字楼的卫生间开不了窗，也就是我们说的"黑厕"，它没有窗户，只有排气扇，而且排气扇也并不是经常开启。马桶应该靠墙，如果马桶处在卫生间的正中，会破坏卫生间的整体和谐，还会给生活带来不便。

如果有可能，尽量在公司大门外面设公用卫生间。而设在公司内部的卫生间，一定要装置大功率的排风扇，及时将每次使用后的秽气顺利排出室外，尽量保持卫生间干燥、干净、没有臭味，相信一切的不良的气流都会远离。卫生间是一个很隐私的地方，因此最好不用玻璃门。

如果写字楼分设有男女卫生间，要遵循男左女右的布局原理，即是在厕所门内的位置上向外望出，男厕在左，女厕在右。此为风水的伦理准则，一定要注意。

开偏门和茶水间可以补运

写字楼不走旺运时，如空间允许，可以开偏门以达到抢运、补运的功效。然而，开偏门要适当，只可开一个。切记绝对不可开太多偏门，因为偏门太多，老板主管意见容易分歧，决策难以决定，使人心涣散，斗志消失，财气不聚，或财进财出，无法创造应有的财富。

有些大型写字楼常有一间茶水间，供职员饮食和饮水之用，如果还设有灶炉，就要注意灶炉的朝向，最好的炉向是朝东或南，对业务发展有帮助。但最重要的是厨房和厕所要分开，不可相连。

员工休息区的布局

如果公司条件允许的话,可以在写字楼里留出一块员工休息地方,增加几把沙发和咖啡桌,创造一个在舒适的环境中轻松自由休息的环境。

休息区的设置也体现了以人为本的企业文化和企业对员工的关怀。员工把公司当作家,公司也要把员工的休息区域布置得舒舒服服,让他们在忙碌的工作之余有个放松心情的地方。休息区尽量布置得温馨宜人,可以把绚丽的花朵以及与专业相关的书籍放在休息区,但不要把休息室的壁橱或者书架装得满满当当显得房间已被过度利用。有条件的公司还会专门开辟出一个地方,设计一个轻松的吧台,作为大家早餐和下午茶的区域,并提供饮品和小点心。就算空间很有限,也不妨在阳台上搁几把有舒适靠背的椅子,给办公空间留一个透气的位置。

需要注意的是,员工休息区要设在相对内部的地方,不要直接面对办公区域,因为在休息室的员工们坐姿和神态都是比较轻松的,与平常严谨的办公状态不大一样,无论是给老板还是客户看到都不好。

开放式写字楼布置的16项基本原则

为了适应现代社会越来越迅猛的对信息流通、交换的要求,于是不少写字楼的布局也开始强调开放式。在一个开放式的大办公空间里,不但有利于领导对员工工作进行监督,更有利于员工之间的互相交流,便于组织、管理和协调。开放式写字楼里所有的人都在同一个大空间里工作,或者只有高层管理人员有私人的办公室。为了更好地利用空间,在开放式的办公室里要遵循以下16条原则:

①采用一大间办公室,对于光线、通风、监督、沟通,比采用同样大小的若干办公室为优。

②采用直线对称的布置,避免不对称、弯曲与成角度的排列。工作流程应成直线,避免倒退、交叉与不必要的文书移动。

③相关的部门,应置于相邻的地点,使性质相同的工作便于联系。

④将通常有许多外宾来访的部门,置于入口处,若不可能时,亦应规定来客须知,使来客不干扰其他部门。

⑤将洗手池、公告板置于不致引起职员分散心

力及造成拥挤之处。

⑥主管座位应位于部属座位之后方，使主管易于观察工作地点发生的事情。

⑦使全体职员的座位面对同一方向，不可面对面。

⑧自然光应来自桌子的左上方或斜后上方。

⑨勿使职员面对窗户、太靠近热源或坐在通风线上。

⑩采用屏风当墙，因其易于架设，且能随意重排。可采用平滑或不透明玻璃的屏风，可提供良好的光线及通风。

⑪装设充分的电插座，供办公室设备与机械之用。将需要使用嘈杂设备与机械的单位，设于防声之处，以避免干扰其他部门。

⑫常用的设备与档案，应置于使用者附近，切勿将所有的档案置于死墙之处。

⑬普通职员使用同样的桌子，可增进美观，并促进职员的相互平等感，使同一地区的档案柜与其他柜子的高度一致，以增进美观。

⑭档案柜应背对背放置，考虑将档案柜放置于墙角的可能性。

⑮倘可能时，应设休息处，作为公余休息、自由交谈及用午膳之所，供应便利充分的休息设备。

⑯对未来的变化应加预测，使布置易适应变化。应预留充分的空间，以备最大的工作负荷的需要。

领导核心显功力

总裁是公司的主要决策人

负责主持公司使命、理念的建立和实施

对外开拓维持公司的主要关系

直接管理公司的重大事件

对所承担的工作全面负责

总裁作为企业的领导核心

其办公环境至关重要

其办公室的风水格局

对企业的整体发展起着决定性作用

总裁的办公室坐向、位置、组织都深有讲究

必须仔细研判

如果认真掌握八星布局法

就能增权力、招贵人

更可以在现代商业谈判中

胜人一筹

第三章 PART THREE

总裁室的风水

总裁是公司的法人代表和重大事项的主要决策人，负责主持公司使命、理念及整个企业文化的建立和实施；建立、完善组织并监督运行；审查各部门提出的各项发展计划及执行结果，考察、任命干部，对外开拓维持公司的主要关系，直接管理公司的重大事件，对所承担的工作全面负责。

因此，在办公风水布局中，最为重要的是总裁的办公室的位置及方向，因为总裁作为企业的领导核心，他的办公环境至关重要，其办公室的风水格局，对企业的整体发展起着决定性作用。

总裁室要在财位上

总裁办公室一定要独立，不可敞开办公，因为公司业务有一定的机密性，不可不加以注意。

总裁办公桌的放置方位很重要，必须放在室内的最重要方位上，办公室才能完全和自然界的气场相辅相成，事业就有自然助力。而室内的最重要方位就是办公室的财位，坐于旺气的财位，才能加强领导统驭能力，财位对事业发展有锦上添花的效果，因此办公风水学很讲究财位效应。

一般而言，办公室财位是在进门的左前方或右前方对角线处，此处必须是很少走动之处，不能是通道，否则财运会守不住。

如果右前方财位刚好是门位，就要换找左前方财位了。有些办公室因先天格局或设计的关系，而找不到财位，或是刚好在财位的角落是大柱子凹进或凸出，都是风水不佳的地方，那么最好是运用走道隔间，造出一个后天财位。

在配合财位的大原则下，再根据九宫飞星的原理，选择总裁室的理想位置。

总裁室的理想位置

坐北朝南的写字楼，应以正北方或西南方的方位为总裁室。

坐南朝北的写字楼，应以正南方或东北方的方位为总裁室。

坐东朝西的写字楼，应以正东方或西北方的方位为总裁室。

坐西朝东的写字楼，应以正南方或东南方或西北方的方位为总裁室。

坐东北朝西南的写字楼，应以西北方或东北方的方位为总裁室。

坐西北朝东南的写字楼，应以正西方、西北方和正北方的方位为总裁室。

坐西南朝东北的写字楼，应以正东方或西南方的方位为总裁室。

坐东南朝西北的写字楼，应以东南方及西南方的方位为总裁室。

总裁座位的五大忌讳

总裁座位摆设的忌讳，主要是指摆设的方位不适宜，使总裁在工作时会产生种种困难，导致经营不利，总裁座位摆设的忌讳，主要有五种情况：

1. 忌座位背门

将写字台与门正对面摆设，人背门而坐，这是写字台摆设第一大忌。背后为门，是很重要的办公禁忌，因为背后是门，人进人出，容易背后受攻，又易造成在心理上产生不安全感，会时时觉得有人在背后，所以心神无法静定，当然会对工作妨碍极大，影响决策，不利事业。

2. 忌座后有窗

总裁写字台座位后方是窗户，这样也是放置写字台的大忌，因为没有得到坚实屏障的依托，就很容易犯小人。如果窗台过矮，甚至还会有不慎而跌落的危险。开窗时，风常背后袭人，长此以往，容易使人生病；窗外的光线从背后射入，亦有碍视力。背后有门窗，则内气会从门窗散出，气就无法聚集，因此座位后面最好是整面厚墙，才能坐得安稳。

如果办公大楼外立面是用玻璃幕墙装潢，恰好总裁座位的背面是玻璃幕墙，虽空虚但不开窗且很安全，不怕有人从窗外偷袭，那么应该在背后靠窗处做一排矮柜，上置吉祥盆栽进行缓解。

3.忌座侧对门

将写字台摆在办公室进门的右侧,写字台与门呈斜状,就犯了座侧对门的忌讳。这样工作会受到干扰,工作效率低下,更会影响身体健康。

4.忌走道近窗

如果将写字台摆设于走道窗之下,就等于将写字台置于煞气之下,而且还时常受到往来的他人窥视。除此之外还要察看窗外是否有走道,如果有走道,最好是放弃而另择佳位,因为走道上人来人往,各种声音都会影响到此间处理公务的人的情绪。

5.忌被冲射

总裁写字台要注意座位左右,是否被离身边很近的柱角冲射,若有此种内煞,必须以大盆景进行化解,不然会影响身体健康且导致工作不利。

办公台摆放三要素

其实无论是政府官员或是基层领导，无论是小店老板或是大公司总经理，领导者的办公台摆放都至关重要。因为办公台的吉祥方位的气场对领导者的胆略、智慧提升都有一定的帮助，进而会影响到生意的兴衰，事业的成败。总裁的写字台摆放，有三点要注意：

第一，写字台不能正面对门。避免将写字台正对着门，主要是为了使领导者在工作时，不容易受到来自门外噪音的干扰和受到他人的窥视。

第二，背后要有靠。避免写字台后部空虚，主要是为了使坐在写字台办理商务的经商者，减少来自身背后的不安全感，增加可靠性。写字台的座后是一堵坚实墙，因为墙壁如同山脉一样给人以坚实感，又使写字台有所依托。

第三，要有明堂。写字台前应有一个比较宽阔的空间，形成一个小明堂，可使人的胸襟开阔。同时，写字台距离门较远，而且门又是位于写字台左前方的斜角上，可以避免他人从门外的直接窥视和来自门外的噪音。因此明堂，亦即办公室正前方的位置，可说直接指涉及总裁的前程吉凶。所以如果办公室的明堂狭窄闭塞，势必象征总裁前途有限，阻碍众多，开发艰难。反之，如果办公室的内外明堂均开阔清雅，则意指总裁前途似锦，顺利而成功。

布局十细节

总裁办公室除了要遵循以上的基本法则之外，还应该注意以下的布局细节：

1.方位

总裁办公室的位置最重要，是企业成败的重要决定因素。根据办公室风水的伦理规则，总裁办公室宜设在公司的后部，才可高视阔步，犹如统帅在后面指挥千军万马一样。如果总裁室在公司前部，则总裁总是事必躬亲，员工们会比较被动，对公司没有认同感。

2. 面积

总裁的办公室宜适当，不可大而无当，空间过于虚阔，则显得处处露风，太大则气不易聚，有孤寡之象，业务会衰退。当然太小也不宜，代表业务拓展不易，格局发展有限。

3. 路线

进入总裁办公室的路线应顺畅，虽然总裁的办公室设在后边，但从门口走到房间的动线不可弯弯曲曲，或有杂物阻碍，使人只能绕道而行，或者路线幽深、阴暗，这样会使财气不易进入房间，令业务困难重重。

4. 门向

总裁办公室房门开在写字台前方右角上，则不易受门外噪音的干扰和他人的窥视。而如果办公室的门开在左上角，写字台也可以相应调整一下位置，效果一样好。

5. 套间

总裁办公室往往设有单独的套间，并配有洗手间。这时就要注意，办公桌左右不可对着洗手间的门口，也不宜面对洗手间的墙壁。

6. 隔屏

总裁室如有隔屏，就不可以用夹板全部密封隔断，最好以玻璃来透光，以达到监控外部人员的作用。若总裁室是密闭的格局，则无法达到监控作用，整个领导统筹方面会出现断层现象。

7. 前后

为防止是非，并且避免对健康不利，总裁办公桌坐位不可压梁，不可在厕所或厨灶、机房之上下方，进门不可安镜子照门，桌前不可被屏风遮挡，办公桌前不要放酒橱。

总裁座位附近也不可有大型电器设备，如大冰箱、空调、影印机、抽风机、变电器等，这些大型电器产生的磁场，会严重干扰身体，对健康大有影响。

8. 金库

总裁室的金库、保险柜宜藏不宜显，最好将金库安置在隐密之处才不易破财，而且最好收在靠近自己座位的后方。

9. 桌面

总裁的办公室内应该使用木质办公桌，格调会很高雅，且有益健康。办公桌面自然要比员工大，这是顺理成章的事，如果由于种种原因而不够大的话，那么就要在办公桌旁边安置几个柜子，以增加气势，如此一来才能够顺利地领导指挥员工。

10. 颜色

总裁办公桌的质地一般都以木质的为主，但颜色要和命理属相配合，选择有利于自己的办公桌。

生肖属猴、鸡，五行属金。办公桌宜金色：白色、金色、银色。

生肖属虎、兔，五行属木。办公桌宜木色：绿色、青色、翠色。

生肖属鼠、猪，五行属水。办公桌宜水色：黑色、蓝色、灰色。

生肖属蛇、马，五行属火。办公桌宜火色：红色、橙色。

生肖属牛、龙、羊、狗，五行属土。办公桌宜土色：黄色、咖啡色、茶色、褐色。

总裁室内摆设写字台最理想的布局是：写字台之后是踏踏实实的墙，左边是窗，透过窗是一幅美丽的自然风景，窗外的环境没有任何不祥物。这就形成了一个景色优美，采光良好，通风适宜的工作环境。在这样的环境里工作，绝对才思敏捷，工作热情大、效率高。

总裁增权力四法

无论怎样的老板,都希望自己拥有无可置疑的权力,令到属下对自己的说话言听计从,忠心不二,做到令行禁止。如果上下抗衡,必定对公司产生不良影响。要增强自己的权力,则一定要借助风水布局。

第一,后有靠山。最好的是总裁座位后方要有墙壁作为靠山,则能够增强自己的权力,否则,亦可以摆放大型文件柜作靠山。

第二,辅弼从主。总裁办公室的左方及右方都要有办公室,则老板便如有左右护卫来保护。

第三,忌坐山穷水尽办公室。山穷水尽者,即是位于公司最角落位置的办公室,凡坐于此位者,除了下属阳奉阴违外,亦会导致退财。

第四,运用权力星布局。八宅风水派的星曜,以延年星最具权力性,亦最利布置增加权力运的格局,因为延年星另一个名称便是武曲,此星执掌权力,所以总裁办公桌适宜摆放在延年位上。

天医位招贵人

许多公司的总裁,虽贵为公司之尊,在致力于公司业务时,事无巨细,经常要亲力亲为,自己独力承担解决,却没有他人的助力,此之谓为缺乏贵人命。

而有贵人命的公司领导者经历往往会是这样:公司需要资金时,便会出现也合作者入股或轻易得到资助如银行贷款等;在需要技术支持时,便出现各种技术人员来应征;需要职员加班时,职员除了效尽全力外,并无半句怨言。换句话说,自己在需要帮助时,贵人便会自动出现。

在八宅风水中,生气星为财星,而天医星却属于贵人星,只要办公室大门开在生气星财位,办公桌在天医星贵人位,则财与贵人兼得,自然会招致贵人出现来帮助自己,或者将办公电话摆放在自己命卦的天医方位,都可以招贵人来相助。

掌控你的黄金宝库

财务的职能是对外提供企业经营报表

对内部管理者提供报告和分析

以辅助决策

使企业形成和保持健康的财务状态

管理筹资和投资决策

以及资本运营

公司的财务办公室是公司的财神驻地

资金及账务是企业的经济命脉

企业的盈亏与财务状况休戚相关

财务室的位置和装饰有诸多宜忌

掌控好你的黄金宝库

亦是现代办公风水的要务

第四章 PART FOUR

财务室的风水

> 财务的职能涵盖了会计、财务和管理，财务部的职能通常分为三部分：第一是会计核算和报表，这是会计的信息系统部分，主要是依据会计准则对外提供企业经营报告。第二是财务管理和控制，实际上是管理会计的内容，主要是对内部管理者提供报告和分析，以辅助决策，使企业形成和保持健康的管理状态。第三是财务运作职能，主要是筹资和投资决策，以及资本运营。处于公司重要地位的财务室，其风水考量也很重要。

财务管理的基本任务

财务部是在总经理的直接领导下，严格履行财务职责和应尽的财务职能，负责核算和监督后勤财产管理和财务收支管理工作。财务管理的基本任务是：做好各项财务收支的计划、控制、核算、分析和审核工作，建立并完善集团财务管理的会计核算体系，及时、准确、全面、真实地反映集团的财务状况和经营成果。依法合理地筹集和使用资金，促进增收节支，监督执行国家财经政策、法规和财务会计制度，加强资产管理，确保资产保值、增值，防止资产流失，促进公司各项资产的有效利用，努力提高经济效益，完成公司下达的各项经济任务。

财务室的风水宜忌

1. 财务室不可太接近电梯间

由于电梯是吸气的重要载体,并且人来人往,干扰极大,因此,财务室应该避免太接近电梯间。

2. 财务室的装饰

由于财务室的五行属金,因此在装饰上应该尽量用白、银色,呈现出招财进宝的格局特色。

3. 财务室门位置要隐密

一个公司的财务部门是非常重要的,财务室宜静不宜动,俗话说"财不露白",因此这个部门的办公室要有隐密性,最好单独一间,并紧挨着董事长室最为理想。

4. 财务室最好设在财位

财务室的工作就是与金钱打交道,所以,最好就要设在财位,并将保险柜位置设在旺财位置,确保公司财源广进。

5. 财务室的保险柜

财务室里设置落地式保险柜,里面放贵重金饰、珠宝、存折等,但应该秉承财不露白的原则,保险柜应隐密,不可显摆着让外人看,以免漏财。因此将保险柜加以遮掩装饰,使人不知道里面是保险柜,外观似橱柜或书柜才好,并且要注意柜门的开向和朝向不要犯冲。

6. 保险柜勿设于梁下

公司的财务办公室实为企业的"活财神",现金及账务是企业的经济命脉,企业的盈亏与财务状况休戚相关。

所以财务室要注意存放现金的保险柜勿被大梁压顶,否则易令财局受困。

7. 财务座位不可犯冲

财务主管、会计、出纳人员的座位不可直对大门,因为如果犯冲,会导致事业不顺,身体不佳。而且这些人员座位的后面,绝不可留出走道,让人来往流动,那样会失大财。

8. 财务室可放盆景

在财务室里摆常青树盆景,有助于财源滚滚。最好的做法是选高度超过室内高度一半的大花瓶,盛水养殖万年青,或摆铁树、秋海棠、发财树、开运竹等的盆景,而且要选叶片圆大的树种,可以纳财入局,不可选针叶树种,因为会形成刺煞。

如果财务室靠窗,那么,在落地门窗前的阳台上摆一排盆景,或在窗台上做盆景花台,可以接气,看起来又能满室生春,有助健康和财运。

财务室要放盆景,就一定要天天细心照顾,让它能长得很茂盛,一有叶子枯黄,一定要尽快剪除,否则宁可不放。当然,更不能在财务室上放置人造花和代表死亡的干花,因为这些花不会接气,并无益处。

9.财务室不可放鱼缸

财务室宜静不宜动,因此,财务室里不可摆流动之物,如有流水的盆景,或鱼缸等等。因此如果有需要用水调节,则可以选择摆放开运竹。

10.财务室的其他禁忌

财务室不可胡乱堆置物品,或不加清理,布满灰尘。财务室里不可放置会发热的电器,如电视、电扇、电炉、电源线等等。

财务室上方的天花板不可漏水,墙壁或地板油漆不可脱落或磁砖斑驳。

秘书旺主命

秘书是以"为领导服务"为宗旨

以近身、直接、综合、辅助为核心内容的重要员工

是领导的贴心助手

秘书位的风水对领导的事业影响至巨

绝不能轻视

秘书是领导的重要助手

可以促进领导事业上的大力进展

如果能巧妙运用风水布局

让秘书提升自己的运气

在工作、事业上就更会如鱼得水

如虎添翼

第五章 PART FIVE
秘书室的风水

公司的秘书是以为领导服务、为各部门服务为服务宗旨，以"近身、直接、综合、辅身"为核心内容的重要员工，是领导的近身助手，秘书总是在其领导的身边，直接为领导服务的，而不同是于许多部门的间接服务，因此综合领导的全面性决定了秘书工作的综合性，秘书为领导服务的较高要求是辅助领导正确决策。因此，公司秘书位的风水对领导的影响非常重要，绝不能掉以轻心。

秘书的十二项日常工作

秘书的日常工作大体包括以下十二个方面：公司的行政事务管理、文书撰写、文书处理、信息工作、调查研究、督促检查、综合协调、会务工作、档案工作、公共关系事务、保密工作、秘书部门自身建设等等。

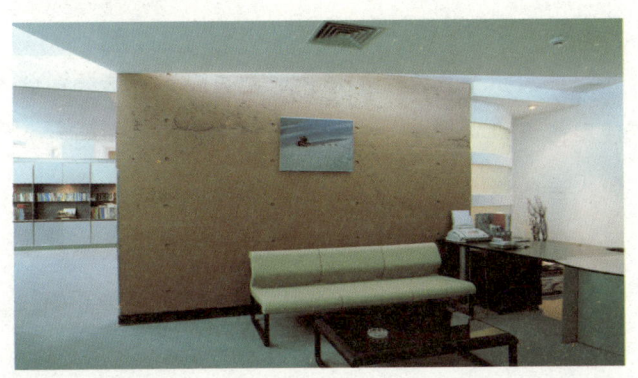

秘书旺主命

当公司发展得愈大的时候，业务必愈十分繁忙，而秘书的座位位置，在风水学上更是不容忽视，因为秘书是领导的重要助手，亦可以促进领导事业上的大力进展，因此如果能够聘请到得力的秘书，在生意上更会如鱼得水、如虎添翼。

如何运用风水布局，令秘书能够提升自己的运气呢？首先应该根据领导的办公室的方位，找出旺位，如生气位及延年位便是旺位。然后，把秘书的办公台放在自己的旺位内，由于现在一般的秘书桌多是设在领导的办公室外，那么秘书位置便要以领导的办公室作中心，然后将秘书安排在领导的旺位之中，自然能够催旺领导的财运而后带动公司的业务发展。

电话催财法

现代的办公电话是公司的必需品,每一间业务繁忙的公司每天所接电话的次数,是多至无可估计的。办公电话亦是联络公司与其他公司或顾客的桥梁。

而作为公司的要员,秘书的电话使用频率会占据很重要的位置,而从办公风水出发,秘书可借电话来催旺财运。

利用电话催财,最好先找出自己命卦中的财位,而财位便是生气位及延年位,电话便尽量放在这些财位内。

传真机也应放财位

在秘书办公工作方面,与其他公司及生意伙伴之间的生意洽谈协商,并不需要时时见面,传统的通讯工具除了电话外,传真机也随时都肩负着重要使命,如报价单、订货表、合约等,经常都要利用传真机来作为往来媒介。

传真机在风水上的应用非常重要,一些公司会使用传真机来接单、签合约,那么其对公司的办公风水吉凶衰旺的影响力会更大,而传真机的摆放位置,便应该放在全公司的财气位,如果单属秘书使用的传真机则以个人命卦的财气位为主,才能正确。

秘书位的风水布置

秘书位与领导之间有重要依托关系，要综合考虑进行布局。

1. 秘书可为领导挡煞

如果由于写字楼先天格局方面的关系，写字楼有一定的先天性的缺陷，而且正好领导办公台的位置处于煞位，可以把秘书办公台位置放在领导办公台同方位的前方，这样让秘书为领导挡煞并分解部分煞气。

2. 秘书办公台面可摆水种植物

秘书除了按时完成公司领导交办的各项工作外，还要为公司领导撰写文稿，因此启迪文昌对秘书的作用非常大，在秘书办公台面，可以摆放柔和的水种植物，如水仙、富贵竹等，可以催动文昌、启迪思维，让秘书一帆风顺、妙笔生花。

3. 秘书与领导不可背对背

领导办公台与秘书办公台位置不可背对背，因为这样会造成二者工作、事业理念不统一，背道而驰，经常产生歧见，造成公司局面被动，此为办公风水上的大忌。一定不可掉以轻心。

4. 秘书座位后靠领导有助力

秘书座位如果能够后靠公司老板，则事业亦会有强大助益，对老板而言，秘书可为其先锋，阻挡过滤不必要的外来干扰，而对于秘书而言，背靠公司最大靠山，获得巨大保障，两者可谓相得益彰。

承上启下抢先机

在公司政策的框架下

作为公司的高级主管

经理级别的人员由于是公司的政策执行人

起着承上启下的重要作用

经理执行公司的经营政策

必须具有精确的决断能力

和高效的执行力

才能抢得先机

不利的办公风水影响经理的能力

势必造成公司很大的损失

所以应该为其创造良好的环境

与公司的高级领导

形成君臣配合的和谐之局

第六章 PART SIX
经理室的风水

在公司决策的框架下，作为公司的高级主管，经理级别的人员由于是公司的政策执行人，在公司起着承上启下的重要作用，因此其办公室的风水布局也不可小视。

公司经理执行公司的经营政策，须具有绝佳的决断力，和精准的判断能力，才能抢得先机，如果不好的办公风水影响经理的决策力，势必造成公司很大的损失，所以应该为其创造良好的环境，才能具备最佳能力。

办公环境的伦理秩序

任何事物都有轻重主次之分，办公室风水的布局也不例外，应该重视办公环境的伦理秩序，因此总裁办公室乃至办公桌的朝向要以大气场来考虑，而无需决断大事，只需将某一具体项目完成的中层级别干部，他们的办公桌则只要以小气场来考虑就够了。

为了发挥部门负责人的积极作用，就要考虑重要部门负责人的办公桌位置，事业由人来做，处于重要位置的负责人，位置亦不可忽视。注意以下的座位原则，可达到事半功倍的效果。

办公室内部布局

办公室风水的布局应考虑重要部门负责人的办公室办公物品及办公桌位置的摆设。

1. 经理室布局九不宜

①经理室的门,不要正对大门。经理需要冷静安静,来思考公司的决策,如果正对大门,会被人来人往的气场冲到,容易分心。

②不要正对老板或会议室的门,经理室的门,如果正对冲老板或会议室的门,会造成彼此的不信任,容易彼此有歧见。

③窗外不能有角煞,经理室窗外,能看见对面建筑物的锐角,会形成煞气,无形中容易消耗能量,精神无法集中,脑波的磁场也会被干扰,时间一久,精神容易失衡。

④办公室上方不能有梁柱:如果经理室上方有梁柱,容易工作进行不顺利,或是沟通不良,造成冲突和争执。

⑤不能直冲厕所门:厕所内有秽气,经理室直冲厕所门,会吸入过多的秽气,容易造成脑中含氧量降低,思考能力也容易下降。

⑥不规则状和缺角屋是禁忌:不规则状的房间,因气场分布不均,磁场也不是很稳定,容易精神也不稳定,有这种情况,可能会无所适从。

⑦在现代的办公室,经理坐位的背后可以为落地窗,但是窗外不可对着其他建筑的墙边,也就是说墙角呈一直线在眼前划过,则不利工作。

⑧经理办公室内不可设有水龙头及洗手台,会严重漏财。

⑨经理室的位置不可在员工最前面。最好的摆设方法是将经理室移到员工桌的后面,一来可以避免员工因长期面对所产生的不良后果,二来也能达到监视员工的作用,让员工不敢有所懈怠。

2. 办公桌背门多是非

办公桌的一个重要摆设原则是切不能背门,否则便会招致灾祸。

办公室的门为来气位,亦是风的入口,办公桌背门,则风煞从背后袭来,最常见的影响便是招来无数是非,无论是哪些同事,都会以自己为攻击目标。所以办公桌确实不宜背门,否则,便应该在后方做一个屏风,但也只属于聊胜于无的化解方法。

3. 办公桌向门主当权

从风水的室内格局角度出发，经理办公室办公桌最好是向着门的。在现代风水中以前方为明堂，宜较空旷，而办公室向门，便符合前方空旷的道理。不过，仍要看该办公桌是否放在吉方，这是理气与格局的配合。

办公桌在财位内而又向着门，自然旺财，同时，又可以拥有一定的权力，这便是配合之道。

4. 经理室内不可有厕所

有些经理为了显示气派，会要求在自己的办公室内设置一个专用的洗手间，不过这对长期在这里面工作的人而言，却有很不良的影响。

经理办公室内如有厕所，虽然方便，即使没有直冲厕所门，但随着时间一长，容易被厕所的秽气所影响，造成运势施展不开，身体也不是很舒畅。

5. 太师椅格局

办公室的椅子有很多种，一个企业经理办公桌椅与其事业的发展有相对关系，经理的办公座椅必须有靠背及扶手，形成太师椅的龙虎砂手辅弼格局，绝对不可以用没有靠背及扶手的椅子，否则事业是无法有好的发展的，容易在外贵人不明，得不到助力，而公司下属成员也都无法尽心尽力工作。

6. 辅弼从主局

所谓辅弼，是指左辅右弼，亦即是君主的朝臣及得力助手。办公风水必须严格恪守尊卑有分，上下有别，长幼有序的原则，实现和谐空间的法度和秩序，由于自古就有君臣佐使之分，因此总裁室必须有辅弼才合辅弼从主局。

总裁室左方及右方的房间便是左辅右弼。总裁室左方有房间，右方却没有房间，属于有左辅而缺右弼局，是为有龙无虎，即有辅缺弼；总裁室右方有房间，左方却没有房间，属于有右弼而缺左辅局，谓之有虎无龙或有弼缺辅，两种格局之中，以后者最为不利，盖白虎强则欺主。

住宅的居住者，都是家人，自以本人为尊。而公司的职员甚多，如君主般有宰相将军等方成气候，所以总裁室左右的房间，必须供仅次其下的高级行政人员采用，如集团其他的经理等，才显君主之尊贵。

7. 君臣互相配合局

许多公司由低级职员至高级职员的职位，相距很多的级别，在布局时便要特别仔细地进行配合。大型公司当以总裁为最高级，所以他的办公室必须是全公司内面积最大的。其次便应是董事总经理等职衔者，他的办公室应该比总裁的房间略小，要比其下属的房间略大。如此类推，一般职员当然没有个人的办公室。

凡大型机构的室内布局，房间大小都要依此原则来层层推进，否则便烦事多矣。

写字桌要立旺向

为能让读者简明地找出自己的办公桌吉位，现以十二生肖属相分类，只要以自己的生肖，便可对照个人的经理办公桌坐向吉方。

1. 生肖为鼠

1912年出生宜坐东南向西北

1924年出生宜坐东南向西北

1936年出生宜坐西向东

1948年出生宜坐北向南

1960年出生宜坐东向西

1972年出生宜坐东南向西北

1984年出生宜坐东南向西北

2. 生肖为牛

1913年出生宜坐南向北

1925年出生宜坐东南向西北

1937年出生宜坐西向东

1949年出生宜坐北向南

1961年出生宜坐东北向西南

1973年出生宜坐南向北

1985年出生宜坐东南向西北

3. 生肖为虎

1914年出生宜坐东南向西北

1926年出生宜坐西向东

1938年出生宜坐东向西

1950年出生宜坐东南向西北

1962年出生宜坐西向东

1974年出生宜坐东南向西北

1986年出生宜坐西向东

4. 生肖为兔

1915年出生宜坐东南向西北

1927年出生宜坐西南向东北

1939年出生宜坐北向南

1951年出生宜坐东向西

1963年出生宜坐南向北

1975年出生宜坐东南向西北

1987年出生宜坐西南向西北

5.生肖为龙

1916年出生宜坐北向南

1928年出生宜坐北向南

1940年出生宜坐东向西

1952年出生宜坐东南向西北

1964年出生宜坐东向西

1976年出生宜坐北向南

1988年出生宜坐北向南

6.生肖为蛇

1917年出生宜坐西向东

1929年出生宜坐北向南

1941年出生宜坐东南向西北

1953年出生宜坐南向北

1965年出生宜坐东南向西北

1977年出生宜坐西向东

1989年出生宜坐北向南

7. 生肖为马

1918年出生宜坐北向南

1930年出生宜坐东向西

1942年出生宜坐南向北

1954年出生宜坐东南向西北

1966年出生宜坐西向东

1978年出生宜坐北向南

8. 生肖为羊

1990年出生宜坐东向西

1919年出生宜坐北向南

1931年出生宜坐南向北

1943年出生宜坐南向北

1955年出生宜坐东南向西北

1967年出生宜坐西北向东南

1979年出生宜坐北向南

1991年出生宜坐南向北

9. 生肖为猴

1920年出生宜坐东向西

1932年出生宜坐东南向西北

1944年出生宜坐东南向西北

1956年出生宜坐西向东

1968年出生宜坐北向南

1980年出生宜坐东向西

1992年出生宜坐东南向西北

10. 生肖为鸡

1921年出生宜坐东南向西北

1933年出生宜坐南向北

1945年出生宜坐东南向西北

1957年出生宜坐西向东

1969年出生宜坐北向南

1981年出生宜坐东南向西北

1993年出生宜坐南向北

11.生肖为狗

1922年出生宜坐南向北

1934年出生宜坐东南向西北

1946年出生宜坐西向东

1958年出生宜坐北向南

1970年出生宜坐东南向西北

1982年出生宜坐南向北

1994年出生宜坐南向北

12.生肖为猪

1911年出生宜坐东向西

1923年出生宜坐南向北

1935年出生宜坐东南向西北

1947年出生宜坐西北向东南

1959年出生宜坐北向南

1971年出生宜坐东向西

1983年出生宜坐南向北

1995年出生宜坐东南向西北

步步高升的职场秘诀

以办公室为家

已经成为现代都市人的真实生活写照

现代社会的激烈竞争

令人十分关注自己周围的风水效应

从工作场所的格局

到摆设办公桌的位置、周围的环境

都具有奥妙的玄机

巧妙运用风水布局

就可以趋利避害

在每个人座位的咫尺方圆的天地之内

营造出有利于自己的空间

让自己平步青云

事业亨通

千万不可马虎大意

第七章
PART SEVEN

职员的办公风水

"以办公室为家"已经成为现代都市人的真实生活写照，从事脑力工作的人群每天大部分时间都在办公室里，办公室的风水环境布局自然就会影响到个人事业的兴衰。

在竞争激烈的现代社会的背景下，怎样才能让自己左右逢源、事业亨通，成为每个职员都十分关心的问题。其实，在公司里，平步青云的人除了本身的实力外，办公室的风水也显示了重要作用。因为吉利的气场方位对人的谋略、胆识、智慧、财运、仕途都有正面帮助，从而更有利发挥自己的才能与才华，所以办公人员必须十分注意运用风水效应来帮助自己，以达到趋利避害的功效。

由于当今社会的职业种类繁多，每个人的命局组合又不同，办公室风水布局，自然也不是千篇一律，我们就办公室的风水格局归纳一些应遵守的原则。

办公好风水22原则

营建良好的办公室风水环境首先要保证让身心不受干扰，并能让思维快速集中、头脑清晰思考；增加身体与环境接触时的稳定感，就等于提高了工作效率。其实，在每个人座位的咫尺方圆的天地之内，都可以打造出有利于自己的空间。

1.座位四周的环境要整洁

办公场所和居家一样，都必须要有一个整洁的环境，良好的环境才能让四周的气场顺畅，也才能

有好的财运和事业运,秽气和煞气都会对人有所伤害。

所以,如果发现座位四周有堆放杂物、放置垃圾箱,或出入的动线不顺畅时,应该将环境整理干净,也可以在原放置垃圾箱的位置摆一些绿色植物来转化气场,效果也不错。

2. 座位上方无压梁或吊灯

长期坐在横梁或吊灯的下方,也会受到下压的气场所干扰,容易心神不宁,头昏出差错,更会有损健康,让人在工作中产生压力,受到上司的责难、小人的中伤,甚至会颈椎疼痛,阻碍事业发展。因此办公桌若刚好在横梁或吊灯之下则要特别注意,若压头顶要立即将桌位挪移避开。

座位不正对大门,大门是一间办公室的进出气口,所以气场的对流最为旺盛,除前台外,如果座位正好对着大门,就会受到气场的影响,思绪会变得比较紊乱,情绪也会较不稳定。

座位正好对着大门,可以将座位往旁边挪开,若不能移动,可以在座位前用屏风或资料柜来遮挡。

3. 座位四周无大电器

现代科技的发达,各种电器电子产品为生活带来许多便利,如空调、电视机、电脑等,但这些电器在使用的过程中会产生强大的电磁波和场波,这对人的身体健康和思维都有很大的影响,应该尽量避免靠得太近。更不能被诸如计算机、复印机、传真机和冷气机等大型电器团团围住。

4. 座位不背门而坐

如果办公桌靠近门摆放,人背门而坐,这是办公桌摆放第一要避免的基本点。门是人进入的必经之处,是办公室的气口,也是纳气之所,包括生气和煞气。人如果背着门口而坐,座后没有依靠,背后有人来人往的杂气冲击,长期如此,坐于此位的办公室人员会时常都处在一种潜意识的紧张状态之中,有时总觉得似乎有人窥视,导致思绪混乱,工作上容易遇小人、易生是非等。

化解方法一是调整办公桌的摆放位置,换到不是背门而坐的方位;或者选择一张有高靠背的椅子来坐,这样背后不但有靠,还能阻挡杂气的冲击。

5. 背后要有靠山

办公桌后最好要有墙一类的依靠，因靠山主贵人多，支持力大，行事稳当，后继力足；如座后空虚，则往往形成实力不足、心神不定、身体虚弱、贵人不显、人事稳定度不足，甚至严重地影响到在公司的立足空间。座位后面如果不是墙壁，那么应该尽量配置固定不动的桌子、矮柜作为依靠作用。

6. 座位前方要开阔

办公桌前方正面要开阔，不可逼仄，这样在公司前途才开阔。如果是面对墙壁，前途也会像被墙阻挡一般，运气无法展开。

7. 座位无镜子照射

现代建筑经常用玻璃幕墙作为外立面，容易产生光污染，这也是最厉害的光煞，被照射的办公人员会出现很多不吉之事，甚至会招致血光之灾。如果办公座位被镜子照射，久而久之就会发觉自己经常会患头晕眼花、思维混乱、睡眠不好等等毛病，所以当经常被大镜子照射时，还是避开为妙。

8. 座位正面不对柱

座位的正面有柱子，就如同受到当头棒喝，必然在工作上容易出大错，平常也容易患头痛的毛病。

9. 座位不距门太近

座位安置在门边办公效率较差，办公室内，职位越高要离大门越远。

普通职员也应该相同，依照职位高低，作相当的调整配置，争取将座位移到后部。

10. 座位不冲门、路

办公桌冲到门或路，影响身体健康，容易有意外灾害，工作及升迁都会有很大的阻碍。办公桌的正、侧面最好不是走道，这样的室内路冲也会有不

良影响。座位后面也应该无走道,桌后有人走动,会心神不宁,影响工作效率。

11. 办公桌后不靠窗

办公室有窗子,既可以采光、通风,又可以欣赏美景。但办公桌的摆放要考虑到与窗的关系。办公桌的左边宜有窗,这样可以一边欣赏美景,一边工作,又可以有充足的光线,利于工作效率的提高。办公桌的背后不宜有窗,因为窗外的光从人背后照射,得到的是背光,背光有碍视力;而且背窗而坐,没有得到坚实屏障的依托。

12. 不坐靠走道的窗边

窗是办公室的又一个进气口,会纳入生气或煞气,但是窗外有行人走道的窗,不但会纳入来来往往的杂气,还会有行人的脚步声、喧哗声,以及其他他的噪音一类的声煞,干扰自己的工作。如果需要研究公司的机密,自然会担心有一些闲杂之人窥视。在这种靠近窗口的办公桌上工作会安不下心来做事的,因此写字台要尽量离窗户稍远一些,远离窗口的距离,令过道之人看不清楚办公桌上的文件。同时也要利用窗帘,经常用窗帘遮住窗口,避免窗外来回晃动的人影响工作思维。

13. 窗外不能冲大楼的墙角

如果在窗外正好能够看见其他大楼尖锐的墙角,向自己冲射过来,这就是所谓的角煞,则无形中会受到煞气的干扰,造成能量的流失。

14. 座位不逢切角

座位不可被不对称的走道及座位切到。如果坐在这个地方办公,会比较不顺利,同事之间也容易发生摩擦与误会。

15. 座位不正对着主管

主管象征着权威,员工在面对主管或老板的时候,情绪往往会处在比较紧张的状态,如果长期与主管对桌而坐,一定无法集中精神,而且容易与人有口角冲突。而且面对主管房门的位置,最容易成为裁员的首当其冲者。

16. 座位前方最好无人

如座位前方也有人面对面,就没有自己的隐私空间,不仅会造成彼此的视觉冲突,还会因分散注意力而影响工作,遇到这种情况,最好的解决办法是两人之间用盆栽或文件隔开。

17. 出入的动线没有阻碍物

座位的出入口代表对外的联络通道，如果出入线摆太多大型物品，走路常常要左躲右闪的，会导致工作交接和人际关系不顺利。

18. 座位旁不设水龙头

有水流出来的地方，就会影响气场，因为水本身能聚气，也能扰乱磁场。长期坐在水龙头旁边的人，会有神经系统失调或运势反复的现象，最好是避开。

19. 座位上方光线充足

座位上的光线如果太弱，会造成阴气重现象，久了会让人怠惰消极，也比较容易悲观。

20. 座位前方不能紧贴墙壁

人的眼睛长在前面，就是要捕捉比较多的讯息，如果座位太贴近墙一面，由于缓冲区不够，反而看不见四周的人事物，会造成潜意识的不安，也会影响到情绪稳定。

21. 座位不能正对厕所门

厕所是秽气聚集之地，而厕所门就是秽气排出之处，长期在厕所门附近，或正对着厕所门的人，会因吸了过多的秽气而生病。如不能避免，可以在厕所和座位间加装一道屏风或大型阔叶植物，多少可以挡掉一点秽气，而且厕所门也必须随时关上。和厕所一样，垃圾桶或杂物堆，也是秽气的来源，避之则吉。

22. 座位正前方不能作为动线

座位正前方如是主要的动线，作为公司全员进出之路，那么一整天总会有人在自己面前进进出出的，这种来往流动的气场，也会干扰到磁场，让人精神不集中，久了也会感到心浮气躁，做事常出差错。

办公桌上三类不当的摆设

为了要使工作更有效率，办公桌上尽量避免不必要的摆设，应该将不必要的东西收进抽屉内，保持桌面的整洁。

桌上适当的小装饰品可以稳定工作的情绪，如摆上几张家人朋友的照片、有励志小语的纸条或饰品、一个小盆栽等等，都有激励人心的作用。但是切忌在桌上摆放以下几种东西：

①尖锐的金属饰品：金属的尖锐部分会让人产生很大的压迫感，在不知不觉中，会让人情绪紧绷，无形中会使自己消耗掉许多的能量，应该尽快移除，以免产生负面作用，无形中浪费很多能量来保护自己。

②枯萎的盆栽：植物象征着人的生命力，植物越是欣欣向荣，人的运势就会跟着发达，相反地，若植物开始枯萎衰败的时候，就应该立刻丢掉，否则会影响到人的运势。

③藤类植物：室内的植物以阔叶类为主，因为叶子大可以挡煞，又可以吸收天地的能量，如绿萝等就可助旺风水提升。而小叶或是会缠绕的藤类植物，基本上都属阴，会吸收能量，最好不要摆设。

提拔加薪的九大风水秘诀

在竞争激烈的现代办公环境的背景下，想让自己左右逢源、事业亨通，就要掌握办公室的潜规则，并且运用以下的提拔加薪的九大风水秘诀，有效催旺财运，并且获得升迁。

1. 座位在后

办公座位越向后越好，因为后方的座位属于既可看清别人的一举一动，又可充分保护自己的隐私的位置，可以先发制人却不受制于人，是办公场所中最好的风水。这也符合兵法上"进可攻，退可守"的战略。

2. 水晶启运

水晶有开运作用，不仅仅因为水晶美观，而且它汲取了岩石的精华，并且能够改变光线的方向，折射出多种颜色的气能，因此更可改善运势，如黄晶球有助扩大财运，特别是在股票及地产行业方面；绿幽灵石则有助于积聚正财及遇到贵人，因此在桌面上摆放与自己生肖五行相合的水晶制品有助旺作用。

3. 风扇运气

桌子上摆个小风扇，可以令座位附近的气场更加畅通，气通人心爽，久而久之，人气攀升，会很快受到上级领导的善意回应。

4. 加强龙方

办公台面的左手方向是个人的龙位所在，应该予以加强，把重要的办公用品如电脑等放在左方，让自己的办公桌也呈现龙强虎弱之局，才可以在事业上胜人一等。

5. 催旺桃花

桃花运代表异性缘和财运，桃花运不旺的人可以在自己的桃花位加强布局，从而催旺自己的异性缘和财运，而不正确的摆设会给自己带来桃花劫。希望旺桃花的人可以在自己的桃花位放一只装满水的花瓶，花瓶里养鲜花，有桃花的季节最好插桃花枝。

生肖属猴、鼠、龙的桃花位在西方。
生肖属虎、马、狗的桃花位在东方。
生肖属猪、兔、羊的桃花位在北方。
生肖属蛇、鸡、牛的桃花位在南方。

6. 玉带缠腰

现代办公桌的款式大多以长方形为主，而在办公条件许可的情况下，就应该选有利于自己风水格

局的办公桌款式，比如办公桌呈圆弧状，如同腰带缠绕着自己，这就是"玉带缠腰"型的办公桌，这种环抱自己的办公桌不但有利于让吉气得到聚集，而且还能化解自己面对的煞气。

7. 主命文昌

现在很多公司的职员大部分都有一部属于个人使用的电脑，而这电脑便属于用来工作及替公司赚钱的工具，所以从风水角度出发，电脑摆放在何方都会出现一定的影响力。

由于每人的命理中除了八宅的生气星以外，还有文昌星及文曲星，其歌诀云：

"甲岁亥巳曲与昌，乙逢马鼠焕文章。丙戊申寅庚亥巳，六丁鸡兔贵非常。壬遇虎猴癸兔酉，辛宜子上马名扬。"

因此电脑最适宜摆放的位置便是以出生年份来推算的文昌位，亦为财位，是可以摆放电脑进行催财的。当知道自己命中的文昌位后，在办公室可以将自己的电脑放在本命文昌位内，则自然能够令工作效率提高、获得升迁。

8. 吉祥挂图

办公室的气场一般来说会比较生硬，所以可以摆张柔和的图，在工作量大时，才能从容以对。不要在工作墙上挂一些诡异的图画，尤其是一些阴森恐怖的画作，因这些画会导致风水不利，影响情绪的稳定，最好是线条较柔和、吉祥富贵的图画，才能有起到正面的作用。

9. 灯光上照

买个可以往座位上方照的迷你型灯座，上班时就打开，既可弥补日光灯的照明死角，又能增加视觉上的温暖效果，柔和上方的高速流动能量，让你的座位可以因人聚而财聚。

开放式办公室的布局之道

开放式办公室意味着所有的人在同一个大房间里工作，有的公司里，只有高层管理人员有私人的办公室。在开放式的办公室里，个人没有决定办公桌朝向的权利，因为开放的办公室使用的是放置好的隔断和桌子，而且桌子还是面对面的，利于合作，但是也需要有个人的空间和隐私。在开放式的办公室里要遵循以下原则：

1. 建立保护墙

应该在桌子上通过电脑、灯具、植物建起一座保护墙来保护个人的空间和隐私。如果办公室很冷清，缺少活力，尽量添加些色彩、植物和可爱的形象，把这些东西放在眼前，让它们激励并且保护自己。

2. 合理摆放电脑

如果喜欢坐在电脑前打字、上网、传送文件和图片，或者每天数小时不断使用电脑，电脑产生的电磁辐射会导致头疼和注意力下降。尽可能离屏幕远一点，并且在不用的时候把电脑关上。不要坐在电脑荧屏的后方，因为电脑辐射背面最强，其次为左右两侧，屏幕的正面反而辐射最弱。

调整好电脑显示器和座椅的相对高度，以能看清楚字为准，这样可以减少电磁辐射的伤害。当人的视线与向地心垂线的夹角为115度角左右时，人的颈部肌肉最放松。普通的写字台为人低头书写而设计，作为电脑桌高度就不合适，使用电脑时长时间昂着头颈椎会很快劳损。如果没有条件更换专门的电脑桌，可以将座椅逐步垫高，直到颈部感觉放松为止。办公室人员面部中衰老

最明显的地方就是双眼，注意用眼习惯，尽量不要在黑暗中看电脑。

3.细节布置

必须要清除办公室里所有无用的物品，为工作创造前进的动力并且刺激新鲜的感觉。把全新的计划放在红色的活页和笔记本里，加快目标实现的进度。清除杂物；擦掉桌面上的灰尘，把文件、办公用具放在合适的位置。定期清理所有的抽屉，把钢笔、铅笔、橡皮、剪子和纸夹有条理地放进抽屉里。

及时修理破损的物品，净化箱柜书架和壁橱，只保留手头有用的文件和计划，不经常用到的东西在办公室之外保存。把纸张、记事本和手提电脑整齐地放进公文包里。

在办公室里，电脑、打印机、电话、传真机的电缆线不应该引起注意。把它们放在一个塑料线槽管里面，还可以用丝布包起塑料管来隐蔽起来，也可以在桌子前面放一株植物进一步遮挡电线。

家居化布局

如果由于行业的关系，希望让自己的办公室看起来不像工作场所。那么可以把电脑、传真机、打印机、扫描仪等其他的电子设备放在一个漂亮的壁橱里，或者当不使用它们的时候用布罩住，这样办公室也显得干净。为了保持办公室整洁干净，可以购买各色的容器、杯子、篮子和盒子安放纸张和文具，不要零散地到处摆放，还要放置一个档案柜。关上档案柜门，办公室就不会显得混乱，看起来也比较顺眼。还有一种选择是购买有轮子的档案柜，可以在不用的时候把它放到储藏室里。

1. 金属用品尽量少

现代办公楼大都是使用中央空调系统，办公室用塑料屏风做隔间，也流行使用铁柜、金属办公桌，并配合电脑、传真机、影印机等多种事务机器，使得室内金属制品很多。其实这是极不符合健康的办公室布局，因为金属制品易导电及感应磁场，使室内磁场变得很杂乱，容易干扰脑波，使身体不适，对工作就会有影响，家居式办公就应该减少使用金属制品。

2. 办公桌椅的形态

从事静态工作，都离不开桌椅的配合，所以办公还要注意选择适宜的办公家具。办公室内应该使用木质办公桌，格调会很高雅，且有益健康。办公桌上应该有足够的空间安放电脑、电话、文件以及其他个人物品。

办公桌与工作环境及工作心态息息相关，一张稳定舒适的桌子会带给办公人员信心；而一张混乱的桌子则能导致使用者焦虑和缺乏自信。倘若一个人每天都使用方正的办公桌工作，其处世原则必然刚正不阿。有边柜中空并用组合严谨的办公桌，能够带动使用者的事业心。应尽量避免使用尖锐棱角的矩形办公桌，而椭圆形的办公桌则比较好。

同心协力创大业

会议室是提高公司向心力

凝聚人气的重要地点

是群策群力

进行重大决策和体现公司民主的地方

也是公司里经常人气最旺的地方

因此会议室的风水非常重要

掌握好会议室的布局方法

才能让会议收到成效

令公司上下

协手同心

共谱美好的未来

第八章 PART EIGHT

会议室的风水

会议室是能够提高向心力、凝聚人气的重要地点。是群策群力，进行重大决策和体现公司民主的地方，也是一间公司里经常人气最旺的地方，因此会议室的风水也非常重要。

会议室的筹划

从公司总裁到秘书，每个人都可能会参与会议的筹划，只不过有人只专职从事这项工作，有的是兼任此职，无论是专职还是兼职，最终结果，是使会议顺利完成，他们的工作效率代表着主办单位或公司的工作水平。

会议筹划者的职责和任务是制定计划，确定必须要做的事项以满足会议的需要并达到会议确定的目标，制定会议议程，布置会议场所，检查并比较各项设施安排事宜，制定可行预算或按既定预算安排有关工作。

召开会议是要达到一定的目的和目标，因此会议有各种类型，不同的会议需要不同的环境。

会议目的和目标

确定会议的目的和目标、制定会议议程是会议的重心所在。会议的目标和目的有如下范畴：培训、通知、教育、探讨问题、做决策、引入新项目或介绍新人员、激励、开发、展示、促进与改善、解决问题、讨论如何赢利、赢利总结等。

会议的七大性质

①销售会议：一般是为了宣布开始销售某种产品或销售期限。例如季度销售会议，或者是对前一个销售期间进行总结和表彰。

②年会：是公司股东大会，也可是行业协会每年一次的会员大会。

③产品发布会：是为了向专业群体和消费者介绍和推广某一新产品。

④研讨会：是为了提供信息和讨论该信息而举办的会议。研讨会一般让与会者相互交流并有意见反馈。

⑤专业会议：是就某个领域的问题进行讨论、咨询和交流信息而召开的会议。一般包括主会和讨论问题、解决问题的小组会议。

⑥表彰会议：是为了员工、分销商或客户的出色工作表现进行表彰奖励。

⑦培训会议：一般要用至少一天，多则几周时间开展培训活动的会议。

这类培训内容高度集中，由某个领域的专业培训人员教授，而且通过培训要实现某些目的和目标。

如何规划会议室

会议室有一个整体的互动关系，很多公司的会议室附带有样品展示的空间，既是会议室也是样品展示间。所以从大格局来看，宜把会议室设在公司的前面部分，进出有了基本动线。比如从外面来公司开会的人，不需经过公司内部就能进到会议室，这样公司的机密不会轻易流失，也不易干扰到在办公的工作人员，外面的经销商来公司谈判时，也能有个很好的空间进行谈判。

布置好一间会议室能够促进会议成功的举行。会议室的大小直接影响会议的气氛，而会议室的大小又取决于会议室的布置，会议室的布置又以桌椅的布置最为重要。

会议桌的选择也是需要下点功夫。圆形或者椭圆形的会议桌便于达成共识，启发创意和发挥团队精神，因为圆桌可以让团队成员之间无障碍地交流。而椅子的摆设方式能够鼓励合作和促进亲密关系，更能加强领导体系及权威。

如果将尖锐的桌角进行打磨处理的话，矩形或者正方形的桌子也能提高工作效率。U型会议桌让人们很容易看到其他人，同时，对于U字顶端的会议陈述人能提供很好的聚焦作用。

除了选好会议桌之外，不妨在会议室的角落里放上植物来保持在员工和潜在客户之间的和谐，打开窗户让新鲜的空气和阳光进来，在墙上挂上能启发人的艺术品以及公司取得的成就和相关门标的图表，营造出一个积极向上的氛围。

会议室布置的八大类型

会议室的布置有多种类型,以下介绍常见的八种类型:

1. 教室型

这种布置与学校教室一样,在椅子前面有桌子,方便与会者作记录。桌与桌之间前后距离要大些,要给与会者留有座位空间。这种布置也要求中间留有走道,每一排的长度取决于会议室的大小及出席会议的人数。这种摆设让参加者可以做笔记与参加小组练习。一般要求每个座位上放有垫子,或者每个座位放置一个水杯或用托盘提供水杯服务。

2. 主席台U型

很多小型的会议倾向于面对面的布置和安排,"U"形是较常见的,即将与会者的桌子与主席台桌子垂直相连在两旁。

如果只有外侧安排座位,桌子的宽度可以窄些;如果两旁安排座位就应考虑提供更大的空间来呈放材料。

3. 方框形

将主席台和与会者桌子连接在一起,形成方形或圆形,中间留有空隙,椅子只安排在桌子外侧。

这种布置通常用于规格较高、与会者身份都重要的国际及讨论会等形式。这种会议人数一般不会很多,而且会议不具有谈判性质。

4.讨论会型

用两张长桌并列成长方形讨论桌的形式,一般有方形,圆形和椭圆形几种,多用于讨论会,也可用于宴会等。这种布置可以鼓励小组讨论,也能让参与者在活动中扮演主要角色。

会议桌上一般要求有台布,而椅子应与台布接近。

5.圆桌型

这种摆设形式在以与会者地位都平等的会议中使用会有最好的效果。

圆型的自助餐型的桌子布置多用于有关酒会等与饮食结合在一起的会议。在中间的圆桌上可以放上鲜花或其他展示物。

自助餐型还有很多的变化形状,可根据具体场所和时间来安排。

6.马蹄型

此种适合小型聚会而较不拘束的摆设让参加者能做笔记和参与小组讨论,这种布置能鼓励更积极的参与。

7.交叉型

此种布置会改善坐在会场后面参加者的视线,并使其在训练中更有参与感。与所选定的会议室工作人员沟通以确保场地能配合所想要的布置。事前勘查将要用来做各种不同活动的场地,要记住在全会与训练会议中所要使用的视觉辅助及器材。

8.剧场型

此种形式对于大型团体的演讲以及全体会议较为适合。

会议室基本设施的布置

音响、讲台、幻灯机、录像机、多媒体投影仪、VCD/LCD/DVD等都属于会议室的基本设施，在设置时也有其风水考究。

1.音响

音响系统是大多数会议室内所有的视听设备的一种。音响必须保证声音逼真，所有与会者能听清楚，麦克风架、音近代台和音箱是会议室最基本的音响设备之一，高质量的扩音系统是办好会议的关键，以保证演讲者在使用时出现不应出现失真或发出尖鸣等现象，当音响设备和放映设备一起使用时，音响和屏幕应放在同一地点。研究表明，当声音和图像来自同一方向时，容易增加人们的理解程度。

音响必须保证所有观众都能听清楚。要事先检查室内音响系统的质量和可调性。音响系统通常能够将讲话声音传得足够大，但是，有时候音响也会出现问题，应提早解决所有可能发生的问题。将一个大厅分隔成若干小间的通风墙通常不是太合适，因为这样不能隔音，另外，要检查室内有无死角。

2.讲台

讲台即演讲人的讲坛，可以放置文件材料，并配有适当的照明。比较现代化的讲台有供演讲人调节照明和视听装置的控制器。

会议室应配有桌式、立架式和其他一些配有音响系统的优质讲台。讲台面应足以放置水杯和书写文具如笔、纸、粉笔和镭射笔，讲台高度适中容易接近，走道要有一定照明，防止演讲者被电缆和其他障碍物绊倒，讲台的正面中央一般写有会议的名

称，这样在新闻媒体报道尤其是电视转播时便于向社会宣传。

3.幻灯机

会议室中的幻灯机，除了更换灯泡外，基本不需要其他的维修和服务。备用的灯泡、保险丝和延伸线应备齐。幻灯机可以两台同时使用；有时可用幻灯机配录音带播放，放音节奏应与幻灯节奏一致。

4.录像机

许多观众可以离开会议室，到有接到装置的地方收看电视。录像磁带在培训会议中广泛使用，这是声音图像的一种新结合体。

录像机能将演讲稿、事件等录下声音和图像，然后播放，并且可以重复播放。

5.多媒体投影仪

多媒体投影仪是一种可与电脑连接，将电脑中的图像或文字资料直接投影到银幕上的仪器。其特点是：

一方面，无须将电脑中的资料打印出来制成幻灯、胶片，再使用幻灯机、投影仪放大给会议观众看，从而做到节约成本、减少中间环节，使用快捷。

另一方面，具有动感，可以通过电脑播放DVD/CD-ROM，通过录像机放映录像带等。电脑中资料需要更改时，可使电脑直接操作，如书写、画图、制表等，观众可以立即在银幕上看见，对于需要强调的部分可以通过在电脑上进行局部的字体放

大，提示与会观众，再者，多媒体投影仪体积小，搬运、安装、储藏方便。

但是，要使用多媒体投影仪必须要有与之相配的投影银幕和电脑设备。在会议开始前，一定要做好电脑的连接，与银幕的距离调试，保证投影效果清晰、不变形。因投影银幕的大小有限，多媒体投影仪不能使用于大型会议。

6. VCD／LCD／DVD机

用于放映光盘，取代录像机。自身体积小，操作方便，所放的光盘小而薄，可压缩进大量图文、声像信息而且清晰、保真，制作价值也不贵，比录像带好携带。

从以上的布置中选出与训练会目标、参与人数、活动内容和视觉，所使用的训练辅助器材或数据最一致的一种。

让创富之地绿意盎然

作为每天至少有八个小时处于工作状态的空间

创造一个充满绿意的生态办公环境很重要

有了植物

就有了生机之气

就能调节生态

并且可以阻挡化解外煞

植物

能影响办公室的能量与方向

不仅仅只有观赏价值

而且有灵性、有生命

亦象征着生命与心灵的繁荣与滋长

并且能够降低压力

提供自然屏障

对人类的精神、情绪、健康、长寿

均有十分重要的影响

第九章 PART NINE
办公植物的风水

作为每天至少有八个小时处于工作状态的空间，办公室需要创造一个能够支持并且激发创造力的工作环境，所以设置一个充满绿意的生态办公空间很重要。

有了植物，就有了生机之气，就能调节生态。植物可吸收过滤空气中有害物质，降低粉尘，清除噪音，涵蓄水分，并且可以阻挡化解外煞，因此绿化植物对办公空间和办公人员都十分有益。

植物的功用

植物与花卉不仅仅只有观赏价值，而且有灵性、有生命，它们亦象征着生命与心灵的繁荣与滋长，并且能够降低压力、提供自然屏障、免受空气与噪音的污染。其构成的生物场对人类的精神、情绪、身体健康、长寿等均有十分重要的影响。植物所产生的气场会产生非常大的作用，它能影响办公室的能量与方向，它亦可帮助大气回复平衡状态。

植物可净化空气

人们在办公室装修时讲究美观的较多，而经常对装修带来的室内空气污染问题未加以充分警惕。其实室内污染害人不浅，因为装修所用的材料如密度板、胶合板、刨花板、复合地板、大芯板及新家具等很大部分都是化学合成物品，这些物质可逐渐释放出有毒气体，如甲醛、苯、放射性气体等。这些污染对人的危害是最直接的，它与噪音、辐射等对人的危害相比更为恶劣。长期工作生活在空气被污染的环境中的人会处于亚健康状态，主要表现是情绪低落、紧张不安、心情烦燥、忧郁焦虑、疲劳困乏、精力分散、胸闷气短、失眠多梦、腰背酸痛等，后果非常严重。

而要消除污染，除了注意通风之外，最方便实用有效的方法，是放置适当的植物。

办公室三大类型吉祥植物

办公空间的绿化应该摆设一些植物，室内的植物最好是阔叶木本植物，如铁树、万年青、发财树等，因为叶大才能挡煞，吸收不好的能量，调节室内的小环境，叶子小及藤蔓性植物反而会吸收人的能量，容易造成口舌纠纷。而竹树青翠高雅，既能陶冶性情，更是平安的象征。

办公室内植物摆设应充分发挥人与植物相生之要素，达到人与植物和谐。住宅内部各部位摆放植物的品种如下：

1. 吉祥聚财型

发财树、富贵竹、龙血树、宽叶榕、蓬莱松、罗汉松、七叶莲、散尾葵、棕竹、君子兰、球兰、仙客来、柑橘、虎尾蓝、巢蕨等，这些植物在办公风水中有吉祥如意、聚财发福的功效。

2. 宁静温和型

百合、吊兰、玫瑰、马蹄莲、晚香玉、郁金香等，有宁静致远、心平气和之功效。

3. 壮旺文昌型

文竹、菖蒲、富贵竹、香雪兰、凤尾竹、山竹花等，这些植物可加强人的思维能力，宁神通窍，能够壮旺文昌。

办公室首选植物

具有吸收空气中有害物质，杀菌除尘作用的办公室常用植物，有万年青、铁树、薄荷、龙舌兰、月季、玫瑰、桂花、雏菊等。而以下四种植物因为功效强大，而且易种易养，因此成为办公室首选的风水植物。

1. 百合

百合是多年生草本植物，因为在地下由数十个瓣片，紧密抱合，有"百片合成"之意，象征团结，因而得名"百合"。其花色洁白、晶莹剔透、芳香幽雅，加上易于控制花期，被称为世界名花之一。南北朝后梁宣帝曾这样赞美百合花："接叶多重，花无异色，含露低垂，从风偃柳。"百合具有清热、解毒、润肺、宁心等特效，非常能够提振精神，是办公风水植物的上乘之选。

2. 吊兰

吊兰，又名鸭跖草。虽然不是名贵花卉，但它具有的吸收空气中有毒化学物质的能力，在花卉中却是首屈一指。在新装修的办公室或是空调房里摆上一盆吊兰，在24小时之内，它便会神奇地将室内的一氧化碳和其他挥发性气体吸收精光，并将这些气体输送到根部，经土壤里的微生物分解成无害物质后，又作为养料吸收。

3. 芦荟

大部分植物都是在白天吸收二氧化碳释放氧气，在夜间刚相反。但芦荟、龙舌兰、虎尾兰、红景天和吊兰等都是一直吸收二氧化碳释放氧气的，有的还能够吸收甲醛等有害物质，并且这些植物都非常容易成活。

4. 肉桂

肉桂也叫平安树，自身能释放出一种清新的气体，让人精神愉悦。如果想尽快驱除办公室的刺鼻污染味道，可以用灯光照射平安树。平安树一经光的照射，光合作用也就随之加强。生命力就特别旺盛，释放出来的氧气比无光照射条件下多几倍。

植物间也存在相生相克

植物本身就有阴阳之分，植物间也存在相生相克、互相制约，人与植物也存在相生相克的现象。吊兰有过滤空气作用，与人相生，有旺宅化煞之功效，室内可以多摆放。而如喜树蕉、苋金葛，晚上呼出二氧化碳，会与人在室内争氧气；夜来香放出的气味，使室内有血压高和心脏病的人，感到不舒服，这些植物就与人相克。

九类办公室内不宜植物

人与植物也存在相克的情形，下现简单介绍九类不宜在办公室种植的植物：

①夹竹桃：可以分泌出一种乳白色液体，接触时间长会使人中毒，引起昏昏欲睡、智力下降等症状。

②含羞草：其体内的含羞草碱是一种毒性很强的有机物，人体过多接触后会使毛发脱落。

③紫荆花：所散发出来的花粉如与人接触过久，会诱发哮喘症或咳嗽症状。

④月季：所散发的浓郁香味，会使人产生胸闷不适、憋气与呼吸困难等症状。

⑤天竺葵：所散发的微粒，如与人接触，会使人的皮肤过敏而引发瘙痒症。

⑥郁金香：花朵含有一种毒碱，接触过久，会加快毛发脱落。

⑦黄花杜鹃：花朵含有一种毒素，一旦误食，轻者会引起中毒，重者会引起休克。

⑧接骨木：松柏类花木的芳香气味对人体的肠胃有刺激作用，不仅影响食欲，而且会使人感到心烦意乱、恶心呕吐、头晕目眩。

⑨夜来香：在晚上会散发出大量刺激嗅觉的微粒，闻之过久，会使高血压和心脏病患者感到头晕目眩、郁闷不适，甚至病情加重。

办公植物布置五要素

适合在办公室中摆放的植物很多，品相方面应该选择枝叶茂盛的植物，颜色以常绿常青为上选，有花朵的亦可，这些植物可使人活力充盈、工作顺心。但是由于办公室内空间有限，因此放置植物不是多多益善的，况且放置植物并不可良莠不分。因此植物布置有以下五要素：

1. 协调空间

要注意植物与空间的协调性，植物的色彩和姿态必须和空间取得协调，让人观感舒服，并且使植物与办公的人产生密切关联，创造温馨、充满生气勃勃的祥和高效的办公环境。

2. 布置方便

办公空间的绿化应该讲求布置方便，常绿常青，而不必介意所种的植物品种是否为奇花异草，也不必在意能利用的空间有多大，办公室内的每个空间，都可以进行各种规模的绿化工程，绿化的关键是种些容易生长并且能令视觉愉悦的生旺植物。

3. 位置正确

普遍来说，办公空间的重点都在办公室的财位上，即办公大门的对角线位置，在此可以摆放个花盆，种植花期长、又具有吉祥意味的植物，在外形上花卉应呈现直上形，以营造出素雅朴实、生机勃勃的办公风貌。

而有刺的植物，如仙人掌、龙骨、玉麒麟等，只适宜放在花槽、露台等室外的地方，并且对面存在尖角的物体，如墙角尖射之类的外煞，则才有化解之用。这些植物，在公司内部就不宜摆放，否则会形成内煞，大门若对楼梯，可用鱼尾葵、棕竹摆放在相冲处化煞。另外，在卫生间等地方不宜摆放一些爬藤类的植物，否则会导致内部人员矛盾，并且影响肠胃健康。

4. 明辨真假

丝带花、塑胶花也可放于室内，因为这些假花其实并没有生命，对于室内的风水影响亦不大。但要注意的是，如果用假山去衬托植物，千万不要选择形状嶙峋的假山，因为凡是嶙峋之状的假山也是煞的一类，放在室内会使人容易受伤或生病。而在办公风水布局里，最好不使用干花，因为其象征死亡与没落。

5.及时打理

办公室摆放着郁郁葱葱、生机盎然的花草盆栽，一方面可以愉悦视觉感官，更重要的是，盆栽会在这个相对独立的空间里，形成一个充满生气的场，可以增加欣欣向荣的气氛，这个状态会蔓延至整个办公空间，相得益彰，从而促进公司的财运态势，无形中为公司增旺。

但是办公植物要小心呵护，切勿以为只要布置了便可坐收其利，如发现有花枝枯萎时，应尽快修剪、及时打理，否则会导致工作上阻滞重重，运气不顺。

总之，植物的功用很大，可以治病防煞，可以调心养性，旺宅旺人。但是，如果办公空内绿化布局不当，选取植物品种不对，也会给工作事业带来诸多不良后果，只有在合理利用的情况下，才会为人类带来各种助益。所以在公司绿化的设置上，如果能认真参考以上的建议，就会打造一个高雅美丽并且吉祥健康的办公环境。

光彩耀门庭

写字楼的光线明暗度

与公司事业的成败有绝对的关系

写字楼采光充足

明亮宜人

才可以提振士气

而员工们各尽所长

通力合作

公司业绩方能蒸蒸日上

出人头地

而幽暗阴森的写字楼

则经常会有阻碍与不顺

导致小人当道

士气委靡不振

工作效率低下

均有十分重要的影响

第十章 PART TEN
办公照明的风水

写字楼的光线明暗度，与公司事业的成败有绝对的关系。写字楼宜采光充足，明亮宜人，才可以提振士气，而员工们各尽其所长，负责尽心，如此公司业绩方能蒸蒸日上，出人头地。反之，幽静阴森的写字楼，则往往带来阻碍与不顺，造成小人当道、失职懈怠、员工们士气低落的运势。

采光应接近自然

采光越接近自然，越容易调动人体基因，使其调整成最佳状态。当然，写字楼很难做到处处都有自然光，即使是四面都有大玻璃的写字楼，也不见得人人都能分到靠窗的位置，即使坐在窗边，如果角度不好，阳光从背后照在电脑屏幕上，反而不利于工作，因此，我们可以用一些人工的方法来弥补这方面的不足。

人工补光，以尽可能模拟自然光为好。由于日光灯光度明亮、价格便宜、用电节省，写字楼内多半使用日光灯照明，但日光灯会有肉眼看不见的闪烁，易造成慢性视力损伤，所以最好多盏日光灯同时使用，以减少对眼睛的伤害。另外，日光灯色调偏冷，可以在桌面放置一盏小台灯，既可弥补日光灯的照明死角，又能增加视觉上的温暖效果。

有光入室不是很好吗？这里就有一个度的问题了，采光是以自然柔和的阳光为宜，若是太强烈的光射进来则会让人不舒服，所以三面都有玻璃的房子是不宜作为写字楼的。

防止反光煞

过去的反光多是建筑物外的池塘、河流而造成的,当晃动的光影映在室内时,就形成了反光煞。反光煞会给人带来灾难,这是为什么呢?如果是河水的反光入室,则产生不稳定的晃动的波影,在室内天花板上形成这种晃动的光影,必然会对人的精神产生刺激,使人不自觉产生一种紧张情绪。时间一长,人就会时常产生恍惚的错觉,这就是灾难前的征兆了。

现在都市中有许多建筑采用玻璃幕墙,从而会对邻近的建筑形成反光,这种玻璃墙的反光十分强烈,射进室内的光线非常刺目,这种强烈的光线最易破坏室内原有的良好气场的,会使人产生烦躁冲动的情绪,并且心神不宁。

我们知道写字楼的风水的优劣主要是由地理环境、采光、通风等条件构成,因此写字楼防止反光煞非常重要。

若是办公室有强烈反光入内,就只好用厚窗帘挡住,也可以用绿色盆栽置于窗台,既美化了室内环境又可以化去反光煞,一举两得。或者有一排鱼缸之类的东西,挡一挡冲煞,让运势借着鱼缸的鱼游水,带动出风生水起的好运兆。

若是一般写字楼,则不可用透明玻璃,最好是贴上汽车玻璃用的反光纸,或换用暗色玻璃,或装上百叶窗。总之,不要让人在外侧看到室内情形。

眼睛健康依赖光源

眼睛健康依赖光源,因此光源最好是从工作者左后上方射过来。而坐位不可对着窗,这也是因为整日对窗,光线强烈,对视力会有不良影响。

现代大楼都在窗子加装窗帘或百叶窗,然后室内开灯,这是错误的使用法。最好的光源是自然光,所以不宜拉上窗帘再开灯。因为人工光源和自然光源波长总有不同,久之对眼睛会有影响。

大楼天花板习惯用吸音板,然后间隔数个吸音板处,装设内嵌式日光灯,尤其是开放式大楼写字楼,通常可以看到成排的天花板日光灯,因此一定会有人的坐位正好在日光灯下,实在不宜。

采光和通风的关系

写字楼的格局宜整齐而雅致，布局要紧凑、和谐、自然、温馨。最忌讳的是稀松、闲置、凌乱，一定要确保写字楼明亮舒适。因为写字楼是一个做重大决定之处，光线一定要充足，以自然光线为佳。采光越接近自然，越容易调动人体基因，使其调整成最佳状态。除了采光以外，写字楼还应尽可能创造条件保障适度的通风，因为良好的通风可以帮助保持写字楼的整洁舒畅。

写字楼一般已经安装了中央空调，往往自己不能开窗换气，事实上，人在换气量不够的写字楼里工作，往往头昏脑胀，很难发挥好的工作状态，而升迁发财则更不要奢谈。

由于办公时间几乎都是白天，因此人工照明应与天然采光结合设计而形成和谐的照明环境。

头顶上方不可有大吊灯

头顶上方最好不要有灯，更不可有大型吊灯。一则会在桌面上产生反光，不利眼睛；二则万一装修或不牢而掉下来，会打到头，平常头上有灯，也会在潜意识中产生危机感，会导致心神不宁，精神恍惚。若因光线不足，可在桌上加个台灯较好。

写字楼照明设计

写字楼照明灯具宜采用荧光灯。办公时间几乎都是白天，因此人工照明应与天然采光结合设计，从而形成舒适的照明环境，视觉作业的邻近表面以及房间内的装饰表现宜采用无光泽的装饰材料。

写字楼的一般照明宜设计在工作区的两侧，采用荧光灯时宜使灯具纵轴与水平视线平行，不宜将灯具布置在工作位置的正前方。在难于确定工作位置时，可选用发光面积大，亮度低的双向蝙蝠翼式配光灯具。

写字楼照明要考虑写字台的照明度、会客空间的照明度及必要的电气设备。会议室照明要考虑会议桌上方的照明为主要照明，使人产生中心和集中感觉。照明度要合适，周围加设辅助照明。会议为主的礼堂舞台区照明，可采用顶灯配以台前安装的辅助照明。

在有计算机终端设备的办公用房，应避免在屏幕上出现人和杂物如灯具、家具、窗等的映像。会议室照明要考虑会议桌上方的照明应使人产生中心和集中的感觉。照度要适中，周围可以加设一些辅助照明。

灯具的配置

办公室是工作的场所，应讲究灯光的局部照明效果，灯具的选择不仅应充分考虑到亮度，而且应考虑到外形的色彩和特征，以适合于平静、雅致、高效的工作环境。一般工作和学习照明可采用局部照明的灯具，以功率较大的白炽灯为好。位置不一定在中央，可根据室内的具体情况来决定。灯具的造型、格调也不宜过于华丽，以典雅隽秀为好，创造出一个供人们阅读工作时所需要的安静、宁谧的环境。

台灯的造型

台灯的造型应适应工作性质和需要，不宜选用有色玻璃漫射式的或纱罩装饰性的工艺台灯，因为工艺台灯较少考虑照明功能，过多注重装饰效果。这里应选用带反射罩、下部开口的直射型台灯，也就是工作台灯或书写台灯，台灯的光源常用白炽灯和荧光灯。白炽灯显色指数比荧光灯高，而荧光灯发光效率比白炽灯高，它们各有优点，可按各人的需要或对灯具造型式样的爱好来选择，而节能新光源荧光灯，不仅兼有白炽灯与荧光灯的优点，并且外形的设计非常新颖紧凑，节能效果显著，是制作台灯的最佳光源。

如果可能的话，避免坐在日光灯光下，卤素灯和白炽灯对于眼睛更合适，当然，自然光是最好不过的选择。

高下研判用五行

写字楼选好一个正在行旺运的坐向之后

还要选好旺财楼层

这也是公司经营发展至关重要的环节

因为楼层与五行密切相关

必须与公司的特征一脉相承

结合五行与五子运的关系进行研判

楼层的特性就一目了然

楼层吉凶就尽在掌握

第十一章 PART ELEVEN
办公楼层的风水

写字楼选好一个正在行旺运的坐向之后，还要选好旺财楼层，这也是公司企业经营发展至关重要的环节。因为楼层与五行有关，必须与公司的特征一脉相承。

楼层谨防脚下虚空

选择办公楼时一定要注意架空层建筑的设计，因为如果办公楼在架空层的第二楼，那么公司下方就是人来人往之过道，气流很杂乱，气场也常受干扰，并且犯了脚下虚空的大忌，因此决不可当做重要的办公场所。

上下楼不可是污秽场所

上下楼如果是污秽场所，夹在不洁之地中，则办公风水容易受污，对经营、决策非常不利。

河图洛书与楼层五行的关系

五行的每一元素不是独立存在的,而是互相依赖,也是互相制约的。

这就是五行相生相克的道理,以下是五行的相生相克:

金生水(水泄金)　　金克木金助金

水生木(木泄水)　　水克火水助水

木生火(火泄木)　　木克土木助木

火生土(土泄火)　　火克金火助火

土生金(金泄土)　　土克水土助土

"河图洛书"的天地生成数口诀:

"天一生水,地六成之;地二生火,天七成之;天三生木,地八成之;地四生金,天九成之;天五生土,地十成之。"

"一六"共宗为"水"居居北

"二七"同道为"火"居南

"三八"为朋为"木"居东

"四九"作友为"金"居西

"五十"居中为"土"居中

一楼和六楼属于北方,属水。因此楼层逢一、六即属水,如十一楼、二十一楼、三十一楼等。

二楼和七楼属于南方,属火。因此楼层逢二、七即属火,如十二楼、二十二楼、三十二楼等。

三楼和八楼属于东方,属木。因此楼层逢三、八即属木,如十三楼、二十三楼、三十三楼等。

四楼和九楼属于西方,属金。因此楼层逢四、九即属金,如十四楼、二十四楼、三十四楼等。

五楼和十楼属于中央,属土。因此楼层逢五、十即属土,如十五楼、二十楼、三十五楼等。

六十甲子与五子运

了解楼层的五行后,还要知道办公楼层在什么时期是最兴旺的,这样,在选择楼层时,便知道什么行业在什么时期应该选择什么楼层。

先贤教化万民生活,对于生命与大自然环境产生信息的预测,发明了天干、地支组成六十甲子,配合宇宙与人类生活的标志,六十甲子,宇宙的五行与人出生年月日时的五行,发生互动生克制化的信息标志。

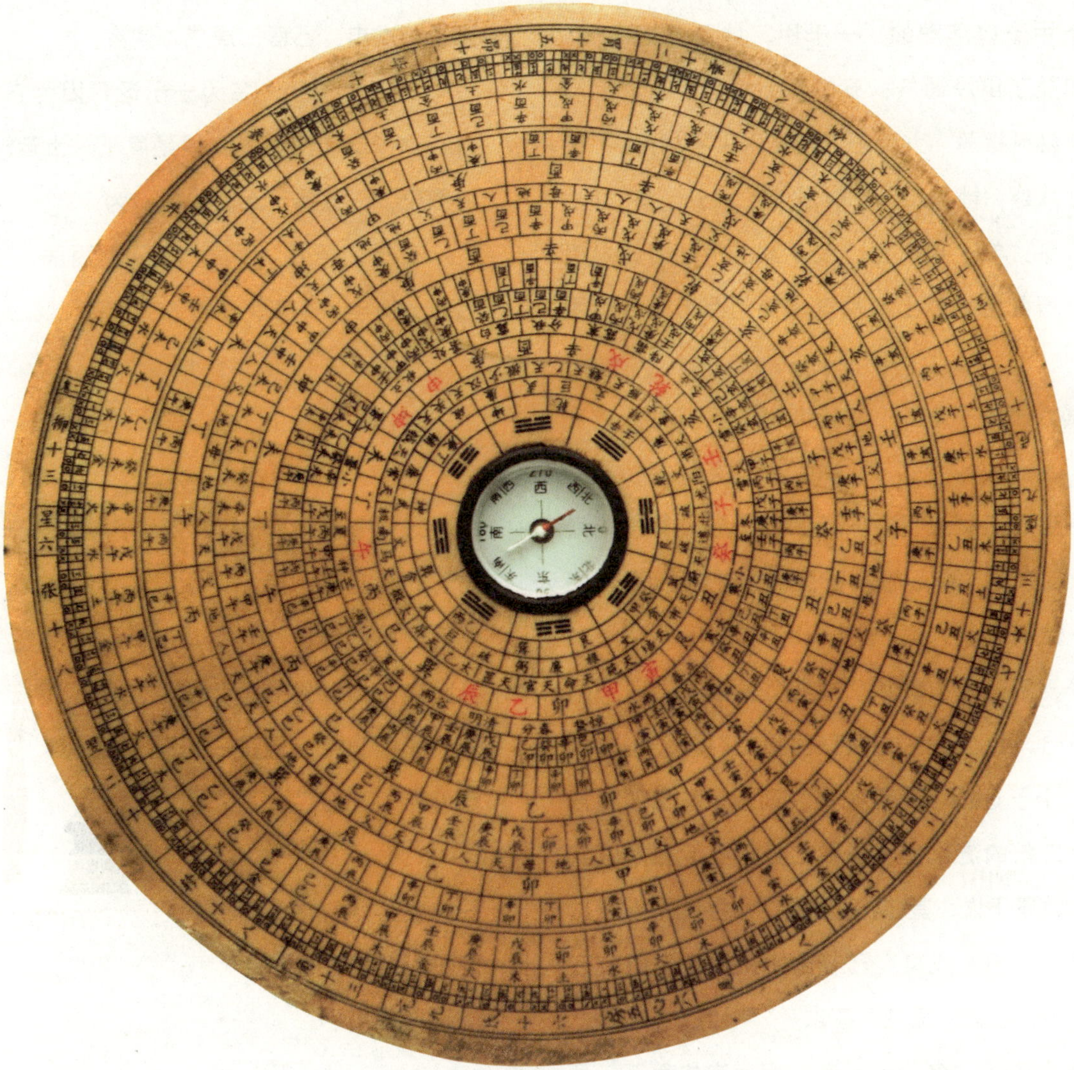

六十甲子以河图的"一干甲二坤乙天地定位，三艮丙四兑丁山泽通气，五戊阳土六己阴土，七震庚八巽辛雷风相薄，九离壬十坎癸水火不相射。"和洛书九宫八卦，地支曰十二时辰的子、丑、寅、卯、辰、巳、午、未、申、酉、戌、亥，相配而成，以天干五行配合地球上四季气候变化而组成六十甲子。

根据六十甲子理论，在流年运数内，可分成五子运：

第一个子运，名为甲子运，因为它排第一，所以在这十二年的流年，便属于"水运"，原因是在河图里，一数属于水。其年份为：

甲子、乙丑、丙寅、丁卯、戊辰、己巳、庚午、辛未、壬申、癸酉、甲戌、乙亥。

第二个子运，名为丙子运，因为它排第二，所以在这十二年的流年，便属于"火运"，原因是在河图里，二数属于火。其年份为：

丙子、丁丑、戊寅、己卯、庚辰、辛巳、壬午、癸未、甲申、乙酉、丙戌、丁亥。

第三个子运，名为戊子运，因为它排第三，所以在这十二年的流年，便是属于"木运"，原因是在河图里，三数属于木。其年份为：

戊子、己丑、庚寅、辛卯、壬辰、癸巳、甲午、乙未、丙申、丁酉、戊戌、己亥。

第四个子运，名为庚子运，因为它排第四，所以在这十二年的流年，便是属于"金运"，原因是在河图里，四数属于金。其年份为：

庚子、辛丑、壬寅、癸卯、甲辰、乙巳、丙午、丁未、戊申、己酉、庚戌、辛亥。

第五个子运，名为壬子运，因为它排第五，所以在这十二年的流年，便是属于"土运"，原因是在河图里，五数属于土。其年份为：

壬子、癸丑、甲寅、乙卯、丙辰、丁巳、戊午、己未、庚申、辛酉、壬戌、癸亥。

五子运与五行的关系

一九八四年——一九九五年，属于水运。（甲子运）

一九九六年——二零零七年，属于火运。（丙子运）

二零零八年——二零一九年，属于木运。（戊子运）

二零二零年——二零三一年，属于金运。（庚子运）

二零三二年——二零四三年，属于土运。（壬子运）

二零四四年——二零五五年，属于水运。（甲子运）

二零五六年——二零六七年，属于火运。（丙子运）

以后每隔十二年便互相循环。

五子运的五行生楼层的五行、助楼层的五行，吉；克楼层五行、泄楼层五行，凶。而楼层的五行克运的五行，中等。

例如从事地产行业，五行属土，则在1996年到2007年丙子运属于火运当旺。而如果选择在五、十五、二十五、三十五、四十五楼办公则会特别吉利，因为火运的五行火，可以生楼层的土，又得楼层可旺本行业。而到2008年至2019年，则属于戊子木运，则既克行业，也不利楼层五行土。

将美好的一切收入囊中

城市环境错综复杂

高楼大厦鳞次栉比

外环境对内局的影响巨大

内局再完美

外局如果有冲煞

就会大打折扣

想要财运兴旺

就应目光如炬

仔细对写字楼四面八方进行研究

有好环境配合

才能因地而启运

夺得先机

进而使企业经营成功

第十二章 PART TWELVE
写字楼外局的风水

与住宅一样，写字楼所处的周围环境也要精心选择。写字楼是公司运筹帷幄的重地，想要财运兴旺、生意兴隆，就得有好环境配合，环境对人的影响极为巨大，选择好风水就能创造生财的利器，让人产生正面影响，进而才能因地而启运，令公司夺得先机，进而使企业经营成功。

写字楼最好应该选址于周围视野宽阔、空气清新、光线明亮、清静无噪音的地方。风水中讲究生气、旺气，除此之外，还要注重人气。这里的人气不仅要考虑周围环境的人气，还要考虑这个地域的人气。在一个人烟稀少的地方，再努力也难以创办一个成功的大企业。所以选择写字楼，首先要选择周围人口密集、流动快的地理位置为宜。

由于外环境对写字楼内局具有重大影响，因此外局如果有冲煞，内局再完美，经营成功的效果也非常有限。城市环境错综复杂，尤其是繁华地段，高楼大厦鳞次栉比，选择空间有限，所以，写字楼对周边的环境要求更高，选择时必须仔细研判。

影响外环境的四大因素

外部环境对写字楼也有较大的影响，不仅要考虑近邻因素、污染因素，还要考虑辐射因素和建筑因素。

1.近邻因素

写字楼所在的办公大楼处于何种区域，对办公大楼的影响甚大。所谓"近朱者赤，近墨者黑"，各种场所区域对办公大楼的功能及工作效率都大有影响。

2.污染因素

污染因素是指向办公大楼排放有害物质或产生有害影响的场所、设备和装置。城市和人口密集的居住区是主要的生活污染源，污染物产生于人们的日常生活、商业活动、公共设施之中。污染源还可以按所排放的污染物的类型分为水污染源、大气污染源、固体废物产生源、噪声源等，它们具有移动性、间歇性排放污染物等特点。

3. 辐射因素

办公大楼附近如果没有变电站或高压电机房、移动电话基站、卫星雷达等辐射源，那么对办公室环境将会造成严重的影响。

4. 建筑因素

城市里高楼大厦林立，在这样的环境中选择办公大楼时，要注意研判前后左右四方的建筑群布局，以及本大楼在建筑群中所处的地位。

理想办公大楼的五大条件

选择写字楼时,要注意楼后是否有较高的建筑物,才能有个靠山,发挥稳定公司的作用,而建筑物前要有空地,视野要广阔,市场才能远大。左右建筑最好能对称,员工的情绪才能稳定,沟通互动良好,彼此团结合作,有利事业的发展。

1. 来路纳气

在挑选大厦的时候,首先要看其是否能纳来路之气。有一条总的原则是办公大楼以开中门为吉,但很多楼宇的入口是开在前左方或前右方,并且大门向着马路,这种大厦,究竟怎样才算吉相呢?关于这个问题,有以下四点原则:

办公大楼入口在前方中央朱雀门,就不用理会汽车的行走方向,最好在入口前方,有一平地或水池、公园等,这样的格局就是上吉之相,主旺财。

办公大楼前方,车辆由右白虎方向左青龙方驶去,则办公大楼前方靠左开青龙门纳气为吉。

办公大楼前方,车辆由左青龙方向右白虎方行驶,则办公大楼于前方靠右开白虎门纳气为吉。

办公大楼入口前方并非马路,全是平台,便以开前方中门及前左方开门为吉。

2. 背后有靠

选择办公大厦要它的背后有山,即是玄武方要有山,是为有靠山。座后有靠,有不少好处:自己容易拥有权力,别人容易接受自己的意见,容易得到支持、提拔。

窗对穷山的缺点:势力薄弱,身旁很多竞争对手与己为难,更要提防敌人暗下毒手。上级部门对自己有所顾忌或诸多刁难,员工身体容易产生毛病,尤其是皮肤、肠胃等等方面。如果窗门不是向着穷山,只是大厦背靠着,问题就不会很大。

山形千变万化,优劣在于仔细的观察,简单而论,可把山形根据五行分为五类:

金形山 —— 山形圆润饱满。吉。

木形山 —— 山形高瘦秀丽。吉。

水形山 —— 山形波浪连绵。吉。

火形山 —— 山形尖锐嶙峋。凶。

土形山 —— 山形方正稳重。吉。

3.坐实向虚

大厦背后有山，当然属于坐实，如果大厦后方没有山，便要从以下几点进行判断：

1.写字楼大厦后方，若有一座楼宇是比本身高大广阔的，便属于坐后有靠，亦属于坐实之格局。

2.写字楼大厦后方，有几座楼宇高度与本身大厦相同，因为几座楼宇群集在一起，力量亦汇集起来，足够支撑本大厦，亦属于座后有靠之格局，即是坐实也。

3.写字楼大厦后方，有一座小山丘，但高度却很低，本大厦比它高出了很多。本身虽然属于靠山无力之格，但由于此山是天然的，所以亦可以作为靠山，因为天然的环境，对风水之影响力很大，这座大厦亦属于坐后有靠。

4.写字楼大厦后方虽然有楼宇，但却比写字楼矮了一大截的话，则就属于靠山无力之格。如果背后没有其他的大楼依靠，那就形成孤阳写字楼了，不吉反凶。

4.龙强虎弱

办公大楼之左方称为青龙方，右方称为白虎方，在风水学上，最佳的格局是龙强虎弱。由于主有贵人相助，辅弼有力，因此是大吉相。反之，如果虎强龙弱，主办公大厦内多是非、犯小人。

龙强虎弱有四种类型：

龙昂虎伏型：办公大楼左方的楼宇较高，而右方之楼宇较低。

龙长虎短型：办公大楼左方的楼宇较为宽阔，右方的楼宇较为狭窄。

龙近虎远型：办公大楼左方的楼宇距离较近，而右方的楼宇距离较远。

龙盛虎衰型：办公大楼左方的楼宇较多，而右方的楼宇却较少。

5.朱雀争鸣

办公大楼的门前最好应有明堂或朱雀池，一是有对外扩展空间，表示前途宽广，其次能引入财气，如有水池或喷水池的比较好，朱雀池水状要有情，流水或圆形或半圆形地围缠于前方形成金带环抱水，这就是主聚财的朱雀争鸣格，而不是反弓、三角形等主财帛不聚的失运无情水。

环抱水格

流动的水就是钱财,而水需要不断流动,才能创造财富,而都市大楼都是临街而建,车水马龙的车流方向就等于河水的流向。而弯曲的流水,流动较缓慢,才能留住钱财,但一定要在弯路之内侧,才能护卫着办公大楼,进而留住钱财。办公大楼前有路或河水弧形包围着,俗称玉带环腰或抱身水,主财动大顺及容易积聚外财。

之字路格

古云:"九曲入明堂,当朝宰相。"指办公大楼前方有道路迂回曲折,主大利财动。

楼前三要

写字楼不同于家居、宜选在热闹繁华处,窗外有车水马龙。但选择写字楼要注意以下几点:

1.办公大楼前不可有复杂的车道

大楼门前如果有很多车道,容易分散工作人员的注意力,日子久容易感受到疲劳,工作效率降低。

2.大楼不要在死巷内

办公大楼如在死巷内,则前途受阻,无法开阔视野,人生事业无法施展身手,主发展大不利。

3.远离高架路

都市中道路空间有限,以致建筑容易和高架桥、地下道比邻,在两旁的建筑物,会因车来车往及桥冲形成煞气进入,气动频繁,旺气无法聚集,因此办公大楼应远离高架桥。

办公大楼的外形三大忌讳

要选择一个能够使公司的营业状况一帆风顺、事业飞黄腾达的写字楼，就必须重点考察大楼的外形，因为大楼外在的形体对内部办公格局有很大的影响。从风水格局的角度研判，办公大楼的外形最忌讳为L形、U形和回字形。这些外形格局会使工作人员时常感到不顺心，事业有伸展不开的感觉，而大楼的外观格局最好的形状是方正形。

1.L形的办公大楼

L形的办公大楼由于形如菜刀，因此会产生很大的不平衡感，室内采光会很不均衡。假设光从上面投射下来，那么实心的一边能接受到光，但缺角的部分就没有光源了，故在此办公必有所缺失。此大楼的内部人员易有各种身体疾病的侵袭，也会使得人心不安。

2.U形的办公大楼

U形的办公大楼显得整个大楼的后靠单薄，必会令公司基础薄弱，在经营上，会有不顺心、后靠无力、贵人不明、事业有不易发展的现象。

3.回字形的办公大楼

回字形的建筑物在整栋大楼的中间部分完全透空，虽能加强整个大楼的采光，但是一栋写字楼如同人的整个身体，大楼建筑中心留着大天井，却没有中心。因此公司设置在这种大楼里，必定出现老板心性不定、股东不和、业务推广举步维艰的情况。

办公大楼外墙颜色与朝向的关系

办公大楼外墙的颜色,也与朝向有很大的关系。

坐北朝南:宜选白色系、暖色系为主,若为单一南面,则亦可选用浅灰或浅黑色系。

坐南朝北:宜选红色系、绿色系。

坐东朝西:宜选绿色系、黑色系。

坐西朝东:宜选黄色系、白色系。

坐东北朝西南:宜选黄色、红色系为吉。

坐西南朝东北:宜选黄色系、红色系,以暖色系为主。

坐西北朝东南:宜选白色系、黄色系为吉。

坐东南朝西北:宜选绿色系、黑色系、白色系均吉。

办公大楼的二十一种典型外煞

写字楼的外局不宜对着一些不规则建筑物的尖角,其正前方不宜逢各种冲煞如路冲煞、电杆煞、大树煞、尖角煞等,否则单位内的员工或主管等不但容易诸事不顺,阻碍频生,疾病不断,怪事连连,官非口舌多,甚而人事异动频繁,向心力不足,留不住员工。外煞不但会给公司带来压迫感,甚至会破坏写字楼的事业稳定度,产生时好时坏的运势,颠覆原来风水气局本该拥有的优点,更会使员工丧失伦理。

1. 穿心煞

办公大楼位于"丁"字形路口,大门对着一条笔直的马路,这就是穿心煞,实质上,所有车辆行人都笔直地朝着办公大楼的大门而来,到了门口才向左右转弯,对办公大楼的运道会有不良影响。此外,在被路冲的办公大楼中办公的人,也易性格急躁。而门前有桥直冲,或在大桥出入口的两旁作为

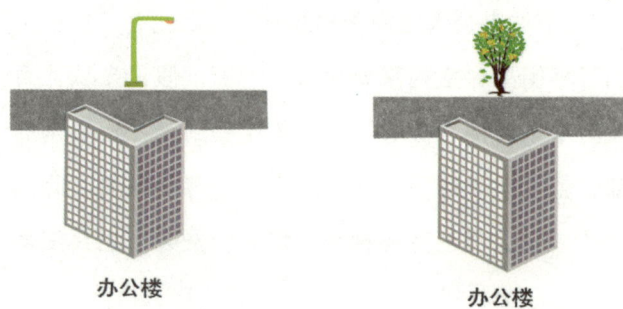

写字楼均不吉，易导致破财。

2. 对窗煞

有一些楼宇会出现这种情况，写字楼的窗与其他公司写字楼的窗是对着的，而且距离很接近，这样两个公司的运气都会反复，因为两写字楼的风水未必同样的好或坏，两写字楼的内气会从窗门交流，故呈运气反复的现象，而初步的化解方法是各在窗位设一窗帘。

3. 尖射煞

写字楼的窗子外，如果冲着隔楼的尖角，这就是尖射煞，好像一把利刃切削过来，会令人在心理上感觉不舒服。若是无法避免的，就要装上窗帘遮起来，或是用柜子挡住。

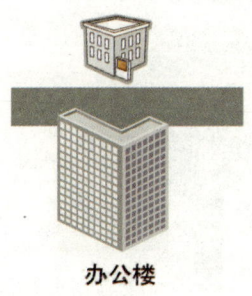

办公楼

4. 天斩煞

两座大厦非常贴近，而在两者之间，只形成一条小空隙，这种情况，便称为天斩煞。天斩煞不论在大门的前、后、左、右方出现，皆以凶论。经云："地有四势，气从八方"。所以大厦的八方，不可犯"天斩煞"。

5. 镰刀煞

由天桥反弓向着本写字楼劈来大镰刀，犯之主血光之灾或运气反覆。而写字楼前见反弓路则为犯小镰刀煞。

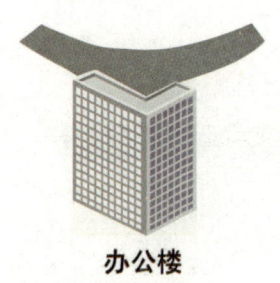

办公楼

6. 冲天煞

正对办公大楼门前，有一座大烟囱，是为冲天煞。其最恶劣者被称为"香煞"，其三条烟囱并排，意指它似插在香炉上的三条香。大厦犯此煞，主身体多病，写字楼运气反复。

办公楼

7. 刺面煞

办公楼门前或者窗前有一些小山丘或是悬崖峭壁，上有很多石头突起，有嶙峋之感，犯此煞主血光之灾，写字楼容易被盗窃，而员工容易犯法。

8. 天刀煞

办公楼窗门被一个大招牌对住，招牌有如菜刀的刀身，故名天刀煞。通常在较低的楼层才会犯此煞，犯此煞，主员工的身体多病。

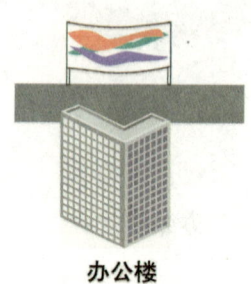

9. 独阴煞

有些办公大楼太近树林，而这些写字楼又多是一座至三座，很显孤单，这便属于犯阴煞。如果失运，则主有阴灵作祟，一般情况下主写字楼内的人，较为情绪化，身体会有暗病。门前或在窗前见到殡仪馆，亦为犯独阴煞，主员工身体不健康、运气时好时坏。门前或在窗前见医院，亦属于犯阴煞。

10. 直枪煞

写字楼前见一直路相冲，则犯直枪煞，主写字楼内员工健康日渐恶化，犯血光之灾等。

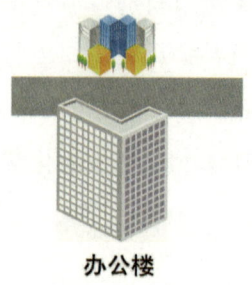

11. 冲背煞

直路不冲前而冲后为冲背煞，主小人缠绕，无论工作如何勤奋努力，有多好表现，也得不到上司的欣赏。

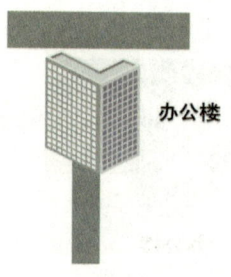

12. 斜枪煞

写字楼旁有条道路斜冲着本写字楼，犯之主容易发生意外、破财。左斜枪伤青龙，主伤男性。右斜枪伤白虎，主伤女性。

13. 尖冲煞

写字楼前方由左右两道路交会而成三角形冲射着本写字楼，犯之主因财失义、破财、身体亦多病。

14. 剪刀煞

由三条或四条道路相交形成，如一把剪刀要把本写字楼剪掉似的，主破财、损丁、意外受伤。

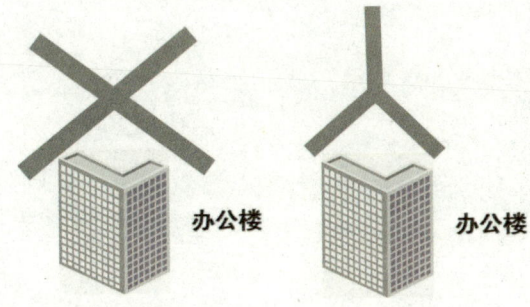

15. 割脚煞

写字楼非常接近高速公路，形如写字楼基础被公路所割，主写字楼内住客运气反复、财帛难聚。

16. 刀斩煞

马路如刀劈着本写字楼，煞气比之镰刀煞较轻，但犯之亦主伤人、多意外。

17. 井字煞

写字楼四方皆由道路所包围，主写字楼内住客运气反覆，财来财去。

18. 擎拳煞

写字楼前或窗前见对面大厦一单位凸出，本大楼如同受人当胸重击，犯之主血光之灾及胸部有毛病。

19. 火煞

写字楼附近见电塔、发射塔或一些尖锐之物件，犯之主血光之灾、火灾及健康状况恶化等。

20. 探头煞

写字楼面前对一座大厦，而该大厦后方有一座更高之大厦，顶部凸出，犯之主写字楼内易犯盗窃。

21. 光煞

写字楼面对霓虹灯招牌，晚上被照射着，犯之主写字楼内人精神差，脾气暴躁。

吉祥妙品巧催财

办公吉祥物，种类繁多

功效各异

安放于特定的环境中

既可以增加美感

又可以改善风水，以利趋吉避凶

吉祥物可以起到调节环境气场

化煞挡煞、旺财之功效

把吉祥物布置于旺财位置

就能改变宅运

令财运亨通

生意兴隆

第十三章 PART THIRTEEN
办公吉祥物的风水

办公室的格局里，通常都会有一些用玉石、宝石、桃木、朱砂、黄铜、黄金、水晶等天然物质经过特别加工，精工细作而成形状各异的吉祥物，安放于特定的环境中，一则可以增加美感，二则可以改善风水，以利趋吉避凶。

吉祥物的主要作用

吉祥物可以起到调节环境气场、化煞挡煞、旺财之功效。把吉祥物布置于旺财位置，催动财星，就能改变宅运，使财运亨通、生意兴隆；放在文昌位，则可以推动文昌星，使人头脑聪明，出类拔萃；放在旺丁位置，推动旺气，可使一家大小身体健康，家庭幸福，使后代英姿质丽；才识卓越，智慧超人。

八大吉祥图画

太极图象征活力不断、生生不息；金鱼图象征年年有余、左右逢源；奔马图象征效力十足、活力充沛；牡丹图象征花开富贵、繁荣发财；飞鹰图象征高瞻远瞩、掌握大局；金橘图象征大吉大利、招财进宝；竹图象征祝福连连、竹报平安；松鹤图象征志趣高雅、待客如宾。

吉祥物可旺财

在办公室中，适当摆放吉祥物可催旺财运，驱邪化煞。

1. 貔貅

辟邪招财的瑞兽貔貅，分有雄雌两性，雄性名为貔，雌性名为貅。在古时这种瑞兽是分为独角或两角的，独角称为"天禄"，而两角称为"辟邪"，亦有人将它称之为"四不像"，是中国古代神话传说中的一种神兽，龙头、马身、麟脚，状似狮子，毛色灰白，会飞。

貔貅凶猛威武，它在天上负责巡视工作，阻止妖魔鬼怪、瘟疫疾病扰乱天庭。古时候人们常也用貔貅来作为军队的称呼，它有嘴无肛门，能吞万物而从不泻，又喜欢闻钱的味道，以财为食，能掌管财禄，有纳食四方之财的功能，对招财镇宅驱邪化煞有神效，可招财聚宝，只进不出，神通特异，现在很多人配戴貔貅的玉制品也正因如此。

貔貅特别会旺五行属金的行业，如外汇、股票、金融、赛马、期货等。如果公司生意欠佳，放置一对貔貅，则可令财源滚滚而来。制造貔貅像的材质主要有铜质、木质、瓷质、玉质四类，而貔貅又以玉制的催财力量最强。当然，不同材质制造的貔貅，都可摆放在风水的吉位上。

而在八个不同的方位上，摆放铜质制造的貔貅，催财力量都会很强。

貔貅护主心强，所以貔貅佩件只对它的主人才有最佳的佑护效果，貔貅对于正财或偏财都会有利的。不过，利用貔貅来催财有一点要留意，作奸犯科的人，貔貅未必有催财之力，这便是灵兽的特性。

2. 麒麟

麒麟与龙神、凤神、龟神，在古时被称为四灵兽，麒麟用途非常广泛，摆放时麒麟头向外即可，

其势甚劲。宅主财运必以麒麟佳,在办公风水的应用上,麒麟的造型以细腻纤巧为宜。

3. 龙龟

龙生九子,而龙龟是龙的其中一子。众所周知,龙的力量很强,它是旺财的瑞兽,而龙龟是其子,力量亦偏重于财运方面,摆放龙龟也是可以催财的。

龙龟放在财位可催财,放在三煞位或水汽较重的地方最有效,龙龟在位能化解口舌争端兼加强人缘,有部分龙龟的背部是活动的,可以掀起放入茶叶及米粒五谷,增强吉祥效果。

4. 金蟾

金蟾是最佳旺财吉祥物,催财金蟾只有三只脚,背上有北斗七星,嘴衔两枚铜钱,头顶太极两仪,脚踏元宝山及背负写有"招财进宝、一本万利、二人同心、三元及第、四季平安、五谷丰登、六合同春、七子团圆、八仙上寿、九世同居、十全富贵"

等字的铜钱。催财蟾蜍并非普通蟾蜍,它拥有三只脚,与其他四条脚的蟾蜍不同,很会吐钱,所以被当作旺财瑞兽。

而蟾蜍的制品以玉器及铜制品为最常见,其次是瓷制。玉及瓷制的三脚蟾蜍适宜摆放在五行属木及土的方位。铜制的三脚蟾蜍适宜摆放在五行属金、属水及属火的方位,这样便能够使财运好转。

貔貅、麒麟、龙龟、金蟾都是催财很快的风水用品。但是在摆放上有区别,前面三者摆放时要头面对门口或者窗口,而金蟾却恰恰相反,它的头要面向室内,因为貔貅、麒麟、龙龟都是吸四方财回来的,而金蟾却是吐钱的,所以它们的摆放要注意。

5. 元宝

办公场所喜欢把金光灿灿的元宝放在容易看得见的地方,取抬头见喜,生财招财的彩头。元宝一般是一对并用,可以将一对金元宝放在全屋最大的窗口或窗台上,左右角各放一只。象征着把窗外的财气吸纳进来,窗口越大财气越旺;也可以放在大门入屋斜角的角落,此处地方藏风聚气,亦是财位,放上一对金元宝可以加强招财进宝之气。

6. 狮子

狮子是瑞兽的一种,如果现在窗外的环境不好,可放一对小石狮子面向窗口化解,这样还有生权的力量。而凡是以口维生的行业,如律师、艺员等,可在办公室内摆放一对石狮子以振声威,有助于生财。

铜狮子也一样,一般放在面向大门的位置,

凡是有路冲或开门见灯柱者皆可用。铜为金属，可克制木，如果打开窗户的正对大树，就可以用。如有属水之人，更适合摆个铜狮，因为金能生水，可旺财。

7. 铜羊

因羊取"赢"之意。羊属平和之物，此物还可化解工作中不如意，减除小人口舌。

8. 铜风铃

风铃声音悦耳，风铃的摆动可加强金气，启动和刺激气能，有助于化解不良的环境。

9. 关公

民间尊关公为武财神，原名关云长，是三国时代的著名武将，与刘备及张飞结义兄弟，形象威武，义胆忠心，既可避邪，又可护佑平安、招财进宝、财源广进，摆放时必须面对大门外。

10. 文财神

又名财帛星君，是面白须黑而长之文神，身穿锦衣玉带，号称金神，是天上的太白星君，专职掌管天下之财，若能安装得益，求财者自能得财。摆放时必须面对自己室内，方能财源广进。但应该注意不可向厕所和鱼缸，否则会见财化水。

11. 水晶

在办公室里也可以把水晶饰件摆放在桌上，同样能带来好运气。水晶蕴藏着庞大的神奇力量，可令每个接触水晶的人受惠，在健康、事业、爱情、财富方面都有助益。

水晶是含有放射性的，其磁场亦很强，而水晶以天然水晶的效力为最强，人造水晶的效力比较低，因此在选择水晶时要多加留意，最好是使用天然水晶。而以水晶来比较，一般以紫水晶的催财力量较大。

好的水晶，只要把手掌贴近，但不必要接触水

晶，便会有如下的感觉：有一股压力压向手掌，这是表示水晶能量强盛；手掌有少许麻痹的感觉，这是表示磁场强劲。

如果将手掌靠近水晶，以上的感觉很微弱，这表示那水晶的能量是偏低或素质不算高档，而如果是人造水晶则作别论。

子母水晶：如果是子母水晶，应该把两块水晶都摆放在吉位内。母水晶可以摆放在公司的吉位，子水晶可以摆放在公司财务室的吉位。

紫水晶：适宜摆放在五行属火或土的吉星方位，自然有催强财运的力量。

水晶杵：是一条柱形而其中一端是尖形的水晶，原则上不可以随便摆放在屋内，必须要星卦配合方可，但一些八字喜火土的人则可以随身佩带，有改进命运的力量。

水晶球：水晶球的五行属于土金，可摆放在五行属土或金的八卦吉位内，亦有催财力量，尤利正财。

水晶石：一块不规则的水晶石，只要不怎么碍眼，都可以放在五行属土的吉星位内，可以加强财运。

新的水晶最好用盐水来洗涤，这是清洁的一个程序，这样便不怕有阴灵藏在水晶里。

12. 龙

龙在中华文化中占据着至高的地位，也是中华文化所特有的文化图腾。它集结着中华几千年文化精髓，具有吉祥、生旺、化煞等作用。摆放时要注意龙宜摆在北方，宜与水结合，朝向海、河的方向。

而公司安奉地主神牌的，都可见上面写着"五方五土龙神，前后地主财神"，龙神便是财神，其实地主是阴财神，属于主位，五方五土龙神为臣。而在风水用品中，青龙是可以加强青龙方的力量，而金龙也是可以加强财运的。利用金龙来加强财运，必要在公司中安奉地主，只要将地主摆放在吉位内，然后在地主的青龙方即左手方摆放一条金龙，这样便可以催财了。

13. 五帝钱

五帝钱是清朝五个最强盛的皇帝统治时代所铸制的铜钱，而五个强盛的皇帝分别是：顺治、康熙、雍正、乾隆、嘉庆。

国运强盛时代所铸的钱，气场特别强，再加上铸造日子与现代相距多年，这是"天气"，而大多数的古钱都曾埋在土中，这是"地气"，曾经有很多人使用过，这是"人气"，天地人三气皆存，加上铸造时代国运强盛，因此，五帝钱已产生了一股能量气场。

只要将五帝钱串在一起，挂在催财物品上（如貔貅、三脚蟾蜍），会加强那催财物品的力量，财运自然更好更强，当然，不要忘记将瑞兽摆放在吉位当中。

把五帝钱放在公司门坎内，可挡煞，放在身上可以避邪，或用红封包装着，可增加自己的运气。

室内动水三大催财法

风水轮中主财帛运,水的不断循环是制造川流不息之意。在办公室最好养一缸开运的风水鱼,这样不但有观赏价值,还能带来财运。

1. 风水轮催财法

风水轮是颇为流行的催财用品,它的装置以铜盆为主,然后中央引一条铜管,围绕铜管有多个小杯盆,而水由中央的铜管引到顶部,当顶部的小盆盛满水后,便会流到下一层的小盆,这样形成一个循环的水系,最后有水便又是从铜管流回在盆内,而又继续开始一个新的循环。

铜是属于五行中的金,而水主财帛运,水的不断循环是制造川流不息之意,而铜盆为盛水之用,这便是聚水,因此风水轮便是聚财盆。

在动静阴阳法当中,以水合动诀为吉论,故风水轮正合这一点,有些风水轮再加灯盏灯泡,以灯光合阳诀,以强盛的阳气来加速催财。

另外要注意的,最好风水轮只有六个小水盆,这是合乎风水规则的,因为在河图当中,六的数目是属水的,有加强水气的力量。

当然,如果小水盆的数目属于九个或四个,因为四数及九数的五行属金,金能生水,故水旺财运的力量又胜一等。

2. 雾化盆景催财法

现代的风水用品愈来愈进步,有一款新的风水晶,便是雾化盆景。雾化盆景是一个盆栽,四周有水围绕,中央才是山水草树的盆景。而利用一些先进的科学仪器,将水激射而引至雾气弥漫于盆景的四方八面,如果伸手接触那些雾气,会有冷凉潮湿的感觉。

经云:"山主人丁水主财。"雾化盆景放在写字楼内的水位吉方,自然会令财运加强,但要切记,不可放在忌见水的方位,经云:"山上龙神不下水,水里龙神不上山。"犯之则要破财。

3. 养鱼催财法

"山主贵,水主财",鱼缸有很强的催财作用。办公室附近若有水塘或泳池、清澈小溪,可营造舒适的气息,若水池在旺位,还可以使室内的运势随

之而生。可是，现在不可能每个写字楼的外围都能有自然的水塘、泳池或者清澈的河流，所以就得在办公室内养缸风水鱼。

在办公室养一缸开运的风水鱼，不单有观赏价值，而且还有增运的作用，但要注意养鱼的种类和摆放的位置，并留意鱼缸的形状和养鱼的数目、鱼的颜色。

鱼缸的摆放不要接近电器用品：如计算机、电视机、音响旁边，避免放在日光可直射的场所，而那种假的鱼缸摆设，其风水作用不大。

养鱼催财，要留意鱼缸的形状，养鱼的种类，养鱼的数目，及鱼的颜色。鱼应选色彩鲜艳易生长的鱼类，绝不可让鱼生病死亡。

(1) 鱼缸形状与五行的关系

①圆形的鱼缸，五行属水，可以生旺水，故为吉利之论。

②长方形的鱼缸，五行属木，虽然泄水气，但是有相生关系，亦可作吉论。

③正方形的鱼缸，五行属土，土能克水，出现互相克制的力量，故选择金鱼缸不宜选择五行属土的正方形。

④六角形的鱼缸，以六为水数，故其五行属水，但多角形的五行属火，为水火驳杂，故亦不宜用之布局催财。

⑤三角形或八角形的鱼缸，五行属火，遇水成为互相克制之象，亦不宜选用。

据以上五行的分析，最吉利的形状为长方形及圆形。

(2) 养鱼的种类

办公人士很多都喜爱饲养金鱼，而金鱼的类别是非常多的，宜养种类最好是一些比较祥和的品种，例如：锦鲤、金鱼、七彩神仙鱼和热带鱼等。这一类鱼，可以使房间充满平静的气息，同时又带有吉利兴旺的意味，而带有戾气煞气的鱼，如：鲨鱼、食人鱼、斗鱼等，最好不养。办公室风水鱼一般可分为两大类：

咸水鱼：咸水鱼是用接近海水咸度的水来饲养，其颜色鲜艳，令人赏心悦目，是可以怡情养性及作催财之用，但要留意咸水鱼颇难照料，是很容易死掉的。

热带鱼：热带鱼的饲养比较困难，必须悉心照料，否则这些鱼很快便会死去。而办公室中的生物常常死去，不是一个好兆头。

金鱼：金鱼的生命力普遍都比较强、比较耐养，容易打理，一般家庭适宜饲养这类金鱼来催财。

一些做偏门的行业则可以饲养杀气较大的金鱼，而这些金鱼多是口部阔大，尖牙利齿，例如龙吐珠，有利于纳偏财。

(3) 养鱼的数目

在办公风水中，应该把鱼的数目用河图来配合或以洛书来配合，两者才可相得益彰。

以洛书数来配合养鱼条数有以下的对应关系：

一条：一白贪狼星，为吉星，可以旺财。

二条：二黑巨门星，为凶星，不利财运。

三条：三碧禄存星，为凶星，不利财运。

四条：四绿文曲星，为吉星，可以旺财。

五条：五黄廉贞星，为凶星，不利财运。

六条：六白武曲星，为吉星，可以旺财。

七条：七赤破军星，为凶星，不利财运。

八条：八白左辅星，为吉星，可以旺财。

九条：九紫右弼星，为吉星，可以旺财。

而十条作一条论，十一条作二条论，十二条作三条论，余此类推。用河图五行来配合养鱼条数有以下的对应关系：

一条：河图五行属水，可以加强水的力量，水为旺财之气，吉。

二条：河图五行属火，会损耗水的力量，水气被损耗，平。

三条：河图五行属木，会泄耗水的力量，水气被泄，凶。

四条：河图五行属金，可以生旺水的力量，水气加强财旺，吉。

五条：河图五行属土，可以加强水的力量，水气旺财之气，吉。

六条：河图五行属水，可以加强水的力量，水为旺财之气，吉。

七条：河图五行属火，会损耗水的力量，水气被损耗，平。

八条：河图五行属木，会泄耗水的力量，水气被泄，凶。

九条：河图五行属金，可以生旺水的力量，水气加强财旺，吉。

十条：河图五行属土，可以加强水的力量，水气旺财之气，吉。

从河图与洛书的配合来研判，办公养鱼最有利的数目便是一条、四条、六条及九条，希望利用养鱼作布局催财者要多加注意。

（4）鱼的颜色

不同颜色的金鱼，都有不同的五行所属，对风水上或多或少都会带来影响。

鱼类颜色是金色或白色，便是五行属金，金可以生水，故催财力量较强。

鱼类颜色是黑色、蓝色或灰色，便是五行属水，水能旺水，故催财力量亦很强。

鱼类颜色是青色或绿色，便是五行属木，木会泄水，故催财力量较弱。

鱼类颜色是红色、紫色或橙色，便是五行属火，火会损耗水的力量，故催财力量会较弱。

鱼类颜色是黄色或咖啡色，便是五行属土，土能克水，故催财力亦很弱。

吉祥物品的布局方位

西方及西北方行属金：摆放属土金的物品可以增加财运，如瓷制品、玉石制品、铜貔貅、铜麒麟、五帝古钱等。

东方、东南方五行属木：摆放属水及木的物品，可以增加财运，如摆放植物、金鱼缸等。

北方五行属水：摆属金水的物品可以增加财运，如用五帝古钱、铜貔貅、铜麒麟、风水轮等。

南方五行属火：摆放属木火的物品可以增强财运，如摆放植物、发出红光的灯或发出紫色光射线的镭射灯。

西南方及东北方五行属土：摆放属火土的物品可以增加财运，如摆放镭射灯、瓷制品或玉石制品。

驱邪化煞吉祥物

吉祥物在风水中的功效很多，而"驱邪化煞"是其最重要的功效之一。"煞"是指遇上不良的形状或者阴邪的能量场，会影响到人们的运势，或者会给身体健康带来伤害。一些吉祥物化煞能力极强，但如果摆放不当，则反会伤及自身，需谨慎使用。

1. 泰山石敢当

"石敢当"，亦名"泰山石敢当""石将军""石神"等，四川人称之为"吞口"，是我国民间常见的一种建筑风俗。通常是在家宅的大门或外墙边，或街道巷口、桥道要冲、城门渡口等处立一块石碑，也有嵌进建筑物的，碑上刻有"石敢当"三个字。旧时人们认为其作用有三：一是辟邪，二是镇鬼，三是祛除不祥之气。在山东一带，还传说这块石碑有"能暮夜至人家医病"的神通，所以又称其为"石大夫"。

2. 朱雀

凤凰在中国，是一种代表幸福的灵物，它的原形有很多种，如锦鸡、孔雀、鹰鹫、鹄、玄鸟（燕子）等，又有说是佛教的大鹏金翅鸟所变。凤凰神话中的凤凰有鸡的脑袋、燕子的下巴、蛇的颈、鱼的尾。凤有五个品种，是以颜色来分的：红是凤、青是鸾鸟、白是天鹅、另有黄和紫的凤凰，可称为朱雀或玄鸟。朱雀是四灵之一，它是出自星宿的，是南方七宿的总称：井、鬼、柳、星、张、翼、轸。朱为赤色，南方属火，所以它有从火里重生的特性，和西方的不死鸟一样，故又叫火凤凰。

3. 玄武

玄武是由龟和蛇组合而成的一种灵物。玄武的本意是玄冥，武和冥古音是相通的。武，是黑色的意思；冥，就是阴的意思。玄冥起初是对龟卜的形容，龟背是黑色的，龟卜就是请龟到冥间去询问祖宗带回来，然后以卜兆的形式显示给世人。因此，最早的玄武就是指占卜。以后，玄冥的含义不断地扩大。龟生活在江河湖海（包括海龟），因而玄冥就成了水神；乌龟长寿，玄冥又成了长生不老的象征；

最初的冥间在北方，殷商的甲骨占卜即"其卜必北向"，所以玄冥又成了北方神。

4. 风水葫芦

风水葫芦象征化煞转运、吉祥。风水里经常在葫芦的下面铺垫上铜制的古钱或八卦，使其变成"八卦化煞转运葫芦"，可以除去所有自己厌恶的东西。它可以阻止财气化散，其"止泄耗财气"的用法是非常有名的。在使用时，可在葫芦中放入水晶和七宝等物，然后将葫芦放在自己所处的环境空间中。

5.虎

在中国，白虎是战神、杀伐之神。虎具有辟邪、祛灾、祈福及惩恶扬善、发财致富、喜结良缘等多种神力。虎是四灵之一，象征二十八星宿中的西方七宿奎、娄、胃、昂、毕、觜、参。所以虎是西方的代表，因为西方在五行中属金，代表颜色是白色，所以管它叫白虎。

6.巴西水晶簇

巴西水晶簇最大直径约23厘米，为天然白晶簇，又称晶王，经开光道教文化特殊处理，是珍贵的风水极品，适合常使用电脑者摆放。

7.天然葫芦

葫芦是人们喜闻乐见的一种吉祥物，它形态优美，线条柔和而灵动，且有增进身体健康、增强夫妻感情的作用。葫芦的"蔓"与"万"谐音，每个成熟的葫芦里都有很多葫芦籽，令人们联想到"子孙万代，繁茂吉祥"。葫芦谐音"护禄""福禄"，人们认为它可以祈求幸福，增添财富。用红绳串绑五个葫芦，称为"五福临门"。在书房、客厅、卧室均可摆放葫芦，象征祛病、强身、多子多福。

8.东海水晶簇

东海水晶簇称晶王，最大直径约18厘米，由天然白晶簇所制，经开光道教文化特殊处理。

第三部分 商业现代风水

大门风水
玄关风水
客厅风水
卧室与洞房风水
儿童房与婴儿房风水
女房风水
厨房与餐厅的风水
卫生间的风水
窗户的风水
阳台的风水
庭院的风水
发住宅的潜能
庭办公格局

【青囊海角经】

"山厚人饥，山浊人迷，山清人秀，山宁人驻，山走人离，山雄人勇，山缩人凝，山顺人孝，山逆人亏。"

引 言

健康生活的完美指引

博大精深的中国历史文化,为瑰丽的东方文明留下了极为宝贵的财富。中国的传统风水文化在21世纪的世界文明殿堂里已经占据了崇高的地位。风水学在中国源远流长,几千年来,在这个充满智慧的国度里,中国人结合地理环境、山川河流的变化,提炼出五行、星相知识,吸收儒、释、道学说的精华,打造了"风水学"这门伟大的艺术。

现代风水学讲究布局合理、灵活,令人置身其中可以感觉到舒适、自然、健康。中国的传世建筑,全部都是严格遵循风水的原理来设计和营造的,其优美的空间形式和生态环境,流传千年盛而不衰,吸引了全世界无数关注的目光。

人类文明的发展史上,一直存在着双重关系,除了人与社会的关系外,还有人与自然的关系。伴随着现代科学技术日新月异的发展,人类获得了前所未有的物质文明。然而,在工业社会中,人们往往没有认识到人与自然应该和谐地共生共荣,而是在享受高度物质文明理念的驱动下,一味地向自然宣战,不惜以破坏生态环境作为代价,于是,自然资源日渐枯竭,生态环境急剧恶化,这些都极大地威胁着人类的生存与发展。

人类社会的发展不应该以经济增长为单一目标,而是应该建立一个和谐的生活环境。在饱尝生态环境恶化的苦果之后,人类才觉得有必要改弦更张、自我反省,发出回归自然的呼声。因此,在不断反省、重新认识人与自然关系的思潮中,源远流长的中国风水理论引起了人们的高度重视。

现代风水学的兴盛是又一次回归自然思潮的体现。由于人类赖以居住、生活的空间脱离不开天地的承载,人类存在的与生俱来寻求安全的本能受到磁场、经度、纬度、方位、天候的深刻影响,因此,在现代风水学的指导下,人们可以通过对最佳空间和时间的选择,因地制宜、依形就势、扬长避短,使人与自然和谐相处,让人类获得最大的助益,进而取得工作的进步,享受健康、安宁的生活。

我们生活在这个世界上,会受到天、地、震、巽、离、坤、兑、乾、坎、艮十种气场的影响，这些气场又在山脉、河流、道路、建筑、装潢、颜色等环境因素的影响下，发生增强、减弱、弯曲、变形等各种情况。同样，一个商铺门店也都有它的环境命运，那就是风水对它的影响。了解了这些风水影响，接下来就是如何调整的问题了。

同一个人开的几个商铺门店，风水不一样，盈亏结果也就不一样。商铺门店风水直接影响人的财运，也就是说，人要改变命运，其中首要一点就是要找一个风水好的地方，其次再来考虑调整和改变风水，这是必不可少的，我们不可忽视风水对财运命理的影响。

首先，店铺风水要讲究的是，命铺相配，即老板的命格要与店铺的五行相辅。其次，是业铺相配，即你在店铺中所从事的行业之五行要与商铺之五行相配。此外，还有命业相配，即命运之五行要与自己所从事的行业之五行相配。如果以上几点均能相配的话，那么就已经有60%的胜算了，而剩下的40%则是努力和诚心了。

风水讲究有风有水，有水才有生命，有风才能播种，做生意的环境一定要让人感觉舒服，从善如流、和气生财，需要与环境相适应。如果风水不适应自然，就要去改变、去把握好的风水，才是生意成功的要件。

商人身处急促变化的环境之中，对每项重大的商业决策都感受到压力，传统的占卜结合现代天文经济占星学问，可揭示未来决定的吉凶结果，从而减轻商人的压力。风水讲究的是一种环境观，讲究人与建筑、环境的关系。

商业风水学作为周易科学的分支，其理论基础就是八卦和阴阳五行。祖先仰观俯察，远取诸物，近取诸身，发明了八卦。卦虽为八，却包罗万象。五行平和则祥瑞生，五行交战则不吉，完全符合要求的店铺风水是不多的。店铺风水调整的目的就是针对店铺的具体情况，利用科学的化解方法进行综合调整，最大限度地化解店铺的先天缺陷，化不利为有利，使店铺经营者不仅能享受到商业环境的舒适，更能享受到商运昌和、事业旺盛的喜悦。

好的店址营造好风水

正确选择店址

是保证商家精力旺盛、招徕顾客

和利于买卖、生意兴隆的首要条件

在开店选址时

应该明确所处的场所

查看好周围的环境

若选错了店址

则会影响生意兴隆

甚至导致关门大吉

因此

开店选址十分重要

第一章 PART ONE
现代商铺择地的风水

> 好风水商铺能创造良好的经商环境,赢得最佳的天时、地利和人和,达到商业经营的至高境界。商业经营成功的首要条件就是选个风水宝地,商铺的风水选址,主要在于选择一个能保证商家精力旺盛、招迎顾客、利于买卖、能让生意兴隆的好环境,选择经商的店址,俗称"选码头","码头"的好坏,直接关系到商铺经营的好坏,对经商者来说十分重要。

现代商业择地理论要点

日本商业专家声称的要想发挥商业优势,必须形成"商业磁力吸引点"的说法,就是中国人"天人合一"理论的翻版。因为只有"天时、地利、人和"三个因素具备齐全的商业区,才会形成商业吸引力,才会促成供需两旺的商业市场。因为"新风水理论"的核心,就是选址要"人财两旺"。

1. 占据人群汇集场所

新风水理论认为:人烟稠密的街坊、大量旅客汇集的车站和旅游观光的胜地等,都是人气最旺的地方。只要有大量的人流通,就有"财气"。如:上

海的南京路，广州的北京路、上下九等处，都是人烟稠密的地方，是好风水。

2.靠近人流必经之地

城市中的主要街道、重要马路的地下通道、廊桥等处，整日有大量人流通过，也是选址的重要对象。如北京西单商业街的地下通道和过街桥两处周围的商店就很火，人气也很旺，财气也很高。是中、小型商铺选址经商的好地方。

3.利用人群集中之时机

城市中利用转换车等候，大型体育比赛和影剧院候场休息，早晚上下学或上下班，以及午休就餐后的休息时间，是设店摆摊的最好时机。如：在车站、体育馆和影剧院周围，开设冷饮店、热饮店、报刊亭、小书店和快餐店最为适宜。

现代商业选址标准

选择经商地址，要考虑的因素很多。按风水说法，有人就有生气，有生气才可能生意兴隆，因此商铺选址首要的一点就是选在人多气旺的地方。屋前开阔，才能接纳八方生气，故商铺门前应开阔。此外，商铺应坐北朝南，这样可以减轻夏季暴雨和冬季寒风的袭击。

1.取繁华避偏僻

在市镇上，人流密集的地方就是繁华的地段。按照风水的说法，有人就有生气，人愈多生气就愈旺，有生气就能带来生意的兴隆。从经济学角度来说，市镇上的繁华地段就是商品交易最活跃、最频繁的地方，人们聚集而来，很大程度上就是为了选购商品。将店铺选择在市镇繁华的地段开业，就可以将自己的商品主动迎向顾客，起到促销的作用，将生意做得红火。相反，若开设在偏僻地段，就等于回避顾客。商铺开张经营，而顾客很少光顾，就会使商铺冷冷清清，甚至门可罗雀。按照风水的说法，人代表生气，没有人光顾，商铺就缺少生气，生气少，就是阴气生。生意不景气大多是阴气过盛，于风水不利。

在我国的大多数城镇，繁华的地段往往都是集中在"T"字形和"Y"字形的路口处，如果选择在此开店，就会受到来自大道上煞气的冲击，若不在此开店，又避开了有利于发财的生气。在这样的情

况下，需要采用风水上的化解方法。一是要求在"T"字形和"Y"字形路口开设的店铺前加建一个围屏或围障，或是将商铺门的入口改由侧进，以挡住和避开迎大路而来的风尘。二是在店前栽种树木和花草，以增加店前的生气、消除尘埃。三是尽管采用了以上的方法对商铺门前的生气与煞气进行了调整，但在此路段经营，还有很大的风尘。因此，还要注意多在门前洒水消尘，以保持店前空气的清新。另外，还要勤于清扫，及时擦洗店面的门窗，以清除沉积的尘土。

总之，在"T"字形和"Y"字形路口处经商，要保持店内外的清洁，特别是对于要求讲究卫生的饮食、水果类生意尤为重要。

2.取开阔避狭窄

人们在选择宅址时，讲求屋前开阔，能接纳八方生气，这与经商讲究广纳四方来客是契合的。按照这一原则，在选择商业地址时，应考虑店面正前方是否开阔，不能有任何遮挡物，比如围墙、电线

杆、广告牌，等等。店面门前开阔可以使商业面向四方，不仅视野广阔，也使较远的顾客和行人都能看到店面，这种信息的传递叫做"气的流动"。有了气的流动，就会生机勃勃。从经商的角度来说，顾客和行人接收到了商品信息，就可以前来选购。在商品经营活动中，可以说没有商品信息的传递，就没有顾客，没有顾客就没有生意。如今商品广告的盛行，就是看中了在商品经营活动中商品信息传递的重要性。利用店面作为商品交易的场所，是一种有固定经营场所的经营活动，这种经营缺乏一定的灵活性。因此，要使顾客上门，设计一个引人注目的门面是最基本的。门前有顾客，就有了生气。顾客愈多，生气愈旺，其结果就是生意愈好。选择在一个狭窄的地方开店，或者是店前有种种遮掩物，亦不利于商品的经营。店面狭窄，或是将商品经营活动局限在小地域和小范围之内进行，这种有限的经营空间不可能有大的经济收益，应该搬迁或改造。对于店面狭窄或者受遮挡的商铺，改造的对策有四点：一是拆除店前的遮挡物，使店面显露出来；二是如果店面狭窄无法改变，就把店牌加大高悬起来，使较远地方的人抬头就能看到；三是通过电视、电台、报纸、广告牌等媒介广泛地进行介

绍宣传，尽量做到使顾客知道店铺的地址、经营的商品以及商品服务的特点；四是积极参加各种社会赞助活动以扩大知名度。

3.取南向避东北向

店铺在选址时，力求坐北朝南，其目的是为了避免夏季的暴风雨和冬季的寒风。经商地址的选择，也同样需要考虑避日晒和寒风。那么，最佳的取向则是坐北朝南，即取南向。

作为经商性质使用的店铺，在进行经营活动时需要把门全部打开。如果店门是朝东西开，那么，夏季火辣辣的阳光就会从早晨照射到傍晚，风水将此视为煞气。这股煞气对商业的经营活动是不利的。煞气进入店内首先受到干扰的是店员，店员在烈日的暴晒之下，很难维持良好的工作情绪。处在这样境况下的店员，必定心火烦躁，因而也就势必对经商者视为"上帝"的顾客简单应付，甚至粗暴对待。如此这般，当然也就谈不上做买卖了。

受到煞气干扰的还有商品。商品在烈日的暴晒之下会严重影响其质量。如果商品存放不久即能卖掉，其影响还不大，倘若商品是久销不动，就非得报废不可，结果是直接影响了收入。

顾客也会受到煞气的干扰。店铺内热气逼人，对顾客来说，不到迫不得已是不会登门的。商铺没有顾客，煞气就更重。如果店铺朝北方，冬季来临也不堪设想。不管是刮东北风，还是刮西北风，都会朝着门户大开的店铺里钻。风水视寒气为一种煞气，寒气过重，对人、对经商活动均不利。只要商

铺选择坐北朝南，即取南向，就可避免少受朝东西向和西北向所带来的一切季节性的麻烦和不利，其生意就有可能比前二者更好。如果是迫不得已，商铺非要选在朝东西向和西北向的地址，就要采取措施来制止住夏冬两季所带来的煞气。在夏季，可在店前撑遮阳伞、挂遮阳帘、搭遮阳篷等等，以避免烈日的直接暴晒。在冬季，则需要给店铺挂保暖门帘，在店内安装暖气设备，使店内温度回升，以造就一个适于进行正常经营活动的环境。这种调节寒暑的办法，风水上叫做"阴阳相克"，或曰"五行相胜"。

选择经商地址要考虑的因素还有很多，比如考虑选择一个带有吉祥意义的街名，或者是选择一个认为能给自己带来好运的门牌号码等来作为店铺的地址。这样的选择，除了能给经商者和顾客在心理上以某种安慰之外，还具有吉祥兴旺的寓意。

发挥地区有利条件促成优势

新风水理论认为，好风水是人促成的。适应环境、发挥优势、发现机会，是现代营销观念的基本战略，也是促成好风水的主要思路。故此，注意发挥商店所在地的有利条件，形成优势，生成市场机会，是影响商店成败的重要因素。地区优势存在于多方面，大致就选址而言，可以考虑如下几个方面的优势：

1. 交通优势

如你的商店处于交通线的起终点、交叉点、转乘站，你就要研究和发现商机，为这些过往人群服务。

2. 领域优势

如你的商店处于历史名胜地或风景旅游区，就有"人文"和"自然"的优势，你如果在其地开店，就要想旅游者所想，千方百计，为来这里观光的人服务好。

3. 传统优势

如你的商店开设在少数民族地区，你就要抓住这一"特殊"的优势，把此地、此民族的特色物品，展现给来这里的人们。要记住"民族的才是世界的"。

4. 建立营销特色

从经营产品本身的特性考虑选址。

如从产品的独特性、专门性、时效性及服务方式、价格、宣传广告等方面着意开发，树立营销个性，形成独一无二的特色，促使顾客登门。如：天津王朝葡萄酒的广告词是："酒的王朝，王朝的酒。"日本在华丰田汽车的宣传广告词是"车到山前必有路，有路必有丰田车"。

总之，上述四点是"新风水理论"的主要框架，对于建立具有吸引力的商业区位是有重要作用的。

不同地域的商业风水

不同地段的商业风水均有所不同。例如靠近天桥口的商铺，因天桥属水，天桥口的商铺如同水口位，故财运比一般位置的商铺要好。而位于隧道口的商铺则不利积财，这是因为隧道为向下凹的地方，为引水走之地，商铺门向着隧道，在风水上不利。

1. 接近天桥口的商业风水

在人口稠密的大城市，天桥与隧道的建设都是不可避免的，而这一类疏导交通的建筑，以天桥风水的影响最为直接。从风水角度而论，阳宅以动为主，动则属水，天桥便属水，天桥口的店铺则如水口位，可以接水，财运确实比一般位置的店铺要好。不过，在选择店铺时还要考虑到的是，这等水口位较其他位置财运要旺、要强，但若租金与其他位置相差太远，亦不可选。另外，水口位的店铺，除了最接近的第一家可作为首选外，在水口位附近的其

他位置也可作次选。很多店铺都会向着天桥，而天桥对店铺会造成什么样的影响，便要视店铺的高度而定，高度越高，越有利。至于商业大厦，公司居于较高的位置一般都较为有利。因为低层不论天桥反弓或抱身，都以不吉论，都属于犯"贴压煞"。

2. 接近隧道口的商业风水

位于隧道口的商业风水又如何呢？由于隧道为向下凹去的地方，亦为引水走之地，所以店铺门向着隧道，在风水上不利。店铺向着行人隧道，不利积财，向着汽车进出的隧道，更加不聚财，因此在选择时要留意。但是，行人隧道若是通往地铁站的话，此隧道为疏导聚水局之气，店铺接近之，亦收到此气。水者管财，所以如店铺处在通往地铁隧道处，作吉论，主旺财。

3. 接近天井的商业风水

有很多大型商厦的商场部分设计成一个类似天井的造型，二楼以上的数层可围绕着栏杆凭栏俯望。从风水来论，不论店铺是在二楼也好，还是三楼或四楼也好，只要门前向着一个天井，便谓之聚财铺。下方的平台便等于风水上的明堂，明堂便是聚水之堂，所以在挑选店铺时，能够向天井的比向着走廊的要佳。因为走廊只是窄长的水，亦等于只能够收得小小的财运。

按商品类型择地

现代商业专家按顾客的购物行为把现代商品分成以下四类，大致如下：

1. 日常用品

人们日常生活中的必需用品，如食品、粮食、蔬菜、副食品、烟酒、饮料、杂粮等。因每日使用消耗必不可少，故须经常购买补充，属短期商品。这类商品因顾客在平时反复购买中，对所购商品品种、质量、包装、厂家、价格等方面已较为熟悉，一般不愿意花费过多的时间去挑选、比较。日用品商店需要一定的商业环境和位置，以保证方便购买，这是日用品业务的特点。故此，商店的位置，应离居民区很近才对，也适合小型超市和便利店的发展。

2. 选购品

这种商品一般是购物周期较长的商品，如鞋袜、帽子、服装和床上用品等等。消费者在购买时比较注意挑选。对品种、式样、花色等有不同的需要，且往往在购买前，就形成预想或特定的要求，愿意花一定的时间去挑选、比较，并从反复挑选中，寻找自己满意的商品。因此，需要商业中心、百货商场和大中型超市，来满足其需要。这种商业环境往往是人群汇集的商业区，且交通便利发达。

3. 特殊品

特殊品，即在人们生活中一次购买后，可以较长时间使用的高档耐用品，如高档家具（红木或硬木

家具）、家用电器（电视机、冰箱、洗衣机、空调等）、高档录像机、数码相机、手机，以及电脑、手提电脑等等。这些商品因价格高和技术含量大，购买者一般在选购时相当慎重，并且非常重视商品的厂家和品牌，以及商家字号，相信那些具有声誉的名牌老店和有名气的专营店。

4. 高贵品

高贵品，也是人们一次购买后，使用时间较长的商品，因价格昂贵，往往在选购前经过多次咨询和比较，才能下决心购买，尤其是首选名牌产品，并对厂家、品牌、性能、质量，要求苛刻，如汽车产品即是。

这些产品往往购买前要仔细挑选并且要试用，故场地要大，因此汽车行业的选址一般在城市与郊区的结合部为最合宜。此外，购车后还要有更多的服务，以汽车4S店的形式最好。因为4S店既有场地、技术，又有资金，维修服务又很到位。所以购车者最好的去处，应是汽车"4S"专业店。

通过上述四类不同商品的购买活动规律，可以看出人们的购物周期、购物心理、购物活动范围，以及购买活动范围所要求的基本市场环境。因而，按不同的购物需求来组织相应的市场环境和商业服务设施，就是"新风水理论"的选址原则。

各行各业中小型店铺选址和经营要点

1. 中式小餐厅

①以写字楼、办公大楼为销售对象者，宜设在同一大楼的三、四、五层，方便各公司员工的用餐及老板们宴请客人。

②以一般老百姓为消费对象，宜设在交通要道或知名的娱乐场所附近，例如：知名的影剧院、台球中心、儿童娱乐园等。

③中餐的消费者，多属于中、老年者，不宜设在学校附近。

④中式餐厅的店铺设计，以华丽为主，颜色主体可采用金色和黄色搭配，具有富贵之气。既适合中、老年就餐，又适合商业上的应酬。

2. 西式餐厅

①西式餐厅最适合设在商业闹市区。以二楼为最佳。因为闹市区流通量大，极需要一个歇脚场所。西餐厅的消费额，当是大多数人所能负担的，如此生意一定会很不错。

②西餐厅的顾客多为年轻的一辈，应当设在学校附近，尤其是专科以上的学校附近会更好。西餐厅应以薄利多销的方式经营，这样，一定会成为学生们课余的聚集场所。

3. 小吃店

①小吃店宜设在夜市的首尾或火车站附近。夜市中的基本客户属于中、低层人士；而火车站附近，大多数是等火车的人士。这些小吃店无论日市或夜市，生意都会很不错。

②也可以设在中、小学校附近，以面食馆等最为适宜。

③还可以设在办公楼、写字楼林立区，作为一般职员的用餐场所。

4. 水果店

①水果店是一项小本经营的行业，最适合的地点应该是火车站、长途汽车站，以及轮船码头。

②需要看望病人的地方，也是开设水果店的好地方，如：医院、疗养院，以及养老院附近。

③经营高档水果的水果店，宜开设在高档小区的进出口附近以及繁华马路的巷子口。

5. 中小型副食蔬菜自选商场

中、小型自选商场，是指建筑面积800平米至3200平米的综合性生活商店。主要经营：加工精肉、乳制品、熟食、饮料、小食品、干咸品、土产品、水生植物、青菜、水果，及干菜制品等。选址条件，应该是城市区域性的商业区。居民街区与居民街区相接的区域，其中心位置都可以设置中型的自选商场和小型自选商场。

6. 食品店

目前，食品店最热门的品种就是保健食品，冷冻食品和儿童食品。这些店铺应选在人口密集的住宅区内，开办这类食品店比较辛苦，从早到晚，并要与各类顾客打交道，利润虽然不大，但收入稳定。

7. 小型超市

小超市一般设在居民区,以食品和日常生活用品经营为主。由于商品具有"自取"式的购买特点,刺激了人们的消费,相应扩大了商品的需要和消费量。

8. 便利店

便利店的选址,应该在居民社区,消费群体比较稳定。它的服务内容包括:销售各类日用品、冷热饮料食品、代售彩票、演唱会票、体育比赛票、代销报纸、杂志、各种充值服务、设立公用电话、邮票、电话卡、免费打气、代充煤气等业务。

9. 咖啡店

①闹市区的中心位置。以逛街的群众为主,在经营上可采取中等经营方式,面积不宜太大,但环境要雅。

②闹市区中"闹中取静"的地方,且有较大的停车泊位,可以经营大型咖啡店。一般长期客户为洽谈业务的商户,以及情侣会面的场所。这种咖啡店还经营西式快餐和西式点心,年轻人也可以选择就餐。如:星巴克和上岛咖啡就是这种咖啡店。

③大学或专科以上的学校附近,可以设置有别于闹市区的咖啡厅,主要为学生和教师提供一个休闲的场所。价格要适中,环境氛围要讲究。

10. 金银珠宝首饰店

这类行业的商品,有保值、增值和储蓄的作用,故销售对象多为高收入的女士,以及中产阶级以上的人士。

①繁华的商业区中段位置,是金银珠宝首饰店的首选位置。金字招牌和光亮灿烂的门面,以及美仑美奂的店堂,都会使人驻足观赏,易于打开商店的知名度。

②同行业聚集之处,也是开店的好地方。尤其新开的店,知名度尚不足,最好能在同业较多的地区展示营业,吸引顾客。

③低价值工艺品首饰的主要销售对象,是无经

济能力爱美的女学生或低收入女士。主要形式为精品店，因此这种店铺也应当选在闹市区，尤其是时尚女孩爱逛的街上。

11. 服装店

目前，服装店多选择专业市场的铺位、大型商厦的专柜，以及服装一条街上。一般营业面积不需太大，小型服装店一般地说15～35平米即可，中型的在45～100平米，大型的也不宜超过350平米。

服装店经营好坏关键在于进货。进货时看款式，看价格，看流行，看面料。一般款式新、价格低、面料好的流行时装才能卖得好。不少老板实行前店后厂，自己生产加工服装，利润更高。如果经营得当，在众多从事经营的个体户中，赚钱最快。

12. 鞋店

鞋店是专门卖鞋的商店，有综合鞋店和专营鞋店两种。鞋店应该首选在繁华、热闹的商业区开店，最好与流行时装店相邻，这样可以形成互补。鞋店的店面设计要典雅、清新，陈列商品要整齐划一。另外，鞋店还需要有质量和式样较好的试鞋椅，以及全身镜等设施。大致还要有一半的空间作为储藏之用。还要注意一点：过时的鞋子和样品要及时降价出售。鞋子和时装一样，有很强的流行性。

13. 箱包店

箱包店一般都是专卖性质的商店，商品比较单一，而且许多商品都是名牌。它的店址选择，应该是繁华的商业街或商业中心大厦的二、三层楼。箱包店应该有自己的特色。箱包店分成两类：第一类是高级箱包店，第二类是一般箱包店。

①高级箱包店，经营的品种偏重于女式用包，如：坤包、女挎包、女手包、女式背包等；另外还有为白领阶层准备的高级文件包，公文箱，男用手提包、旅行箱、旅行包、高档的横式背包及手提包。这种商品定位必须在繁华区内寻找店址。高级箱包店往往还经营进口的名牌箱包。

②一般的箱包店，价格中、下等者，店址还有一个选择，那就是长途汽车站或火车站附近。

14. 洗衣店

洗衣店的店址选择是否合适，直接关系到利润水平甚至经营成败。好的店址可以使生意兴旺起来，反之可以使生意萧条下去，甚至倒闭。所以选择一个恰当的店址非常关键。理想店铺应具备如下条件：

①繁华商业区的商圈范围比较广泛，地址的辐射力强，人流量大，营业额必然很高。可以开设较大型的洗衣店，但必须有技术力量和先进的设备作为前提。

②大、中型新建居住小区，一般人口集中，对洗衣需求量要求很大，有稳定的客源，可以开设中、小型洗衣店。

③城市中人流量最大的主要大道，较大的停车场旁边，可以考虑设立洗衣中心，将干洗、洗染、修补、改色等复杂项目合成一体，形成全面的服务系统。

15. 小奶茶吧

奶茶是一个冷热均有的行业，是小白领和高校学子们的最好休闲场所。最好在写字楼和办公楼，

以及涉外商务机构的附近开设。它的经营品种和蒙、藏的奶茶不一样，是全部西方化了的。如：西瓜奶、赤豆南瓜奶、多维奶、灵芝奶、猕猴桃酸奶、豆浆酸奶、赤豆酸奶等等。这些品种被时尚人群所喜好。

16. 婴儿用品店

现在独生子女家庭越来越多，对孩子的健康成长越来越成为父母的头等大事，开一间婴儿用品店是个很不错的选择。店铺应当选在大、中型居民小区和儿童医院、幼儿园及儿童游乐中心附近。婴儿用品现在大约有30多个大类，上千个品种，有各种奶粉、奶瓶、纸尿裤、衣物、玩具、童车、童床、洗涤用品、睡袋、背带，以及保健品和儿童用非处方药品等等。从这一点看，开一家婴儿用品店，是一件有意义的事。

17. 药店

①居民区人口稠密的地方，或城镇中心位置，是设置药店的好地方。

②闹市区中的药店，应以高档药品或补养品为主，而且，大多数人会把这些商品当礼品送人，故此种药店店面装饰要讲究豪华，但药店的营业面积不一定太大。

③药品超市的经营面积要大，最重要的是要有较大的停车场。往往药品超市的药品价格都低于一般的药店，故每日的人流量很大。这种超市最重要的问题是通风和防火，必须着力解决好。

18. 装潢公司

为新房装修、旧房整饰的行业称为装潢公司。一般而言，装潢行业只是一个门面而已。因为装潢公司所应允的工程，很多都是发包给专业的工程队伍施工，而从中赚取管理费和设计费用，以及相应的佣金；或者自己找一批工人来完成工程。所以装潢公司的地点，只不过是管理人员和设计人员所工作的地点，而施工队大都在工地。所以装潢公司的地点愈醒目愈好，愈醒目就愈能收到好的效果。

装潢公司应该选在市区"闹中取静"的区域。而且周围不能杂乱。如市区写字楼、办公大楼、文化区域内，是最好的选址。这些地点既相对安静又非常醒目。装潢公司门面设计，最好是"羊群里出骆驼"，与周围的建筑物不一样为好。这种"过头"的门面设计，往往会加深人们对公司的印象。另外，新社区中，首批开张营业的行业，莫过于装潢公司或装饰材料行了。

19. 电器店

开办电器专卖商店，必须有较丰富的专业知识，因为需要给顾客提供技术和使用上的指导。经营大件电器的商店，最好提供送货及安装服务。

①综合电器商店，最好选在繁华的市区或商业街上，门前必须具备较大的停车场。而且商店的面积要求比较大，一般中型规模在300～500平米，最少也要200平米左右。大型综合电器店商场要求的面积更大。如：家电城等等。

②单项的高级电器商店和音响器材专卖店,应设在繁华的商业街上,或有较高信誉度的名牌商厦内。

③一般的小家电商品,面积不大,老百姓经常有所需求,可以选择在成熟的大、中型居民区内,以及新建的大片区域的新居民区内。

20. 文具店

文具店出售的物品,有特定的消费对象,所以它的存在,也以特定的地区为重点。

①选址在大、中专学校附近。文具店出售的商品重点,可随学校之特性而做机动的更改。例如:在艺术学校旁,可出售美术和书法用具;在工业学校的附近,可以出售制图工具等等。

②选址在写字楼和公司集中的地区。因为办公室需要办公用品,故在其附近经营文具和办公用品,可以有固定收入。

③选址在小学集中的地区。因为小学大都离居民区较近,学校的路旁和临近小学校的街首,是开文具店的好地方。只不过商品比较小型化和复杂化。

这些店还可以考虑经营一些开发智力的小玩具,这是一种投资少见效快的小型行业。

总之,文具店的经营目标是文化人,学生和用户需要什么就供应什么;所以充足的商品,机动的广告陈列,弹性快速的进货,是文具店所不可缺少的。

21. 书店

①书店是文化经营场所,一般应选在城市的主要街道上。例如:北京的西单图书大厦,就设在繁华的西单商业街和西长安街的交汇点,书店的销售额一直很不错。

②文化教育区域是书店的另一选择。因为年轻的学生,正在求知阶段,是书店的基本客户。

切记，书店的消费群体为社会的中、上层，不可设在工厂附近和一些偏远的地区。

另外，餐饮者的地下室，最不适合开书店，这种地下室会给人以杂乱和污秽的感觉。

22. CD与DVD商店

CD与DVD商店，以青少年朋友为消费群体，由于它的销售对象比较固定，故其设立的地点，也以"据点式"商铺为主。

①设在娱乐场所附近。年轻人精力最旺盛，对于娱乐的需求自然比中年人更甚，因此各类娱乐场所出入的年轻人特别多。

②电影院、演艺厅与音乐厅的附近，是CD与DVD销售量比较大的地方。因为那里喜欢文艺的人多，而且中、青年在其中居多数。

③西餐厅、肯德基、麦当劳，以及学校附近，也是青少年常出没的地方，可以在那里开一个小型的CD与DVD专卖店。

④电器城附近也是开设CD与DVD专卖店的好地方，因为CD与DVD，必须靠CD与DVD机器的辅助，才会发出应有的功效，这两种产品兼有某些程度上的互补性。

总之，听觉和视觉某一方面的满足，常会刺激另一方面的需要，因为和文艺、戏剧、音乐场所相毗邻的CD与DVD专卖，它的营业额通常都很好。

商铺选址和商业街布局是商铺风水中最活跃、最具特点的因素。随着生产力的发展和人们消费结构的改变，商铺选址和商业街布局也在不断地更新，以适应人们习惯的演变和心理上的反应。新风水理论认为，变化和发展就是"好风水"，是"活水一潭"；反之不变化不发展，就是"死水一潭"，不是好风水。风水的观念，亦随着时代的变化而更新进步。

23. 建筑材料行

建筑材料行开设的地点，首要在于道路的便利和经营场地的宽大。因为材料需要搬运，故交通工具的援助量需要很大。就行业而言，建筑材料行不需要设在市区，而以城市与郊区的结合部为最好。周围道路要通达，交通状况良好。为了业务上的方便，可以在市中心设个联络点，有个展示商品的门面为好。一般较大的建筑材料行，可以送货上门。

24. 照相馆

照相馆的营业，有一个特点是其他行业所没有的，就是顾客一到店里，只要看到设备先进、加之服务到位、价格合理，钱就自然会到了老板的腰包里。在这个基础上，地址选择显得尤为重要，较适合的地点如下：

①风景区：这种地方的照相馆大多为小型照相馆，以拍摄为辅、扩印为主。故拥有先进快速的扩印设备极为重要。因为游览名胜古迹的人总要摄影留念，有不少人会希望马上扩印，先睹为快。故在其地开个以扩印为主的小照相馆，生意一定不错。

②商业区：商业繁华区适应开设大型高级的艺术照相馆和专业婚纱照的影楼。设备好、技术好、场地大、交通便利、价格适中，是经营好的五个必要条件。

③学校附近和兵营附近：以学生照和士兵照为主，由于学生人数和士兵人数众多，故以个人照和集体照居多。应该采取薄利多销的方式经营，会收到好的效果。照相馆开设也以中、小型为主。

25. 乐器店

乐器行根据乐器种类不同，分为好几类，每一类都有所适应的地点。

①钢琴、风琴和电子琴，是较昂贵的乐器品种，有别于摆列在街头巷尾的便利店。通常消费者都是中产阶级和白领阶层。购买时经常货比三家，在品质上和价格上寻求一个最适宜的购买点，因为店址的选择比较费心思。过热闹或冷僻的地点都不适宜。最好设在音乐院校的附近或高档的社区边；就是选在热闹地区，也要寻求一个"闹中取静"的地方开业。如：市中心区的雕塑公园旁或文化性的展览馆附近等等。

②出售吉他、笛、箫、胡琴、扬琴等乐器的商家，开设店铺的最好地点，应该是戏院、书场和音乐学校附近。也可以设在商业中心的三、四层楼内，因为清静便于挑选。

26. 玩具店

玩具市场，传统上是小孩子的市场；但因科技的高度发展，电动玩具及电子游戏增多，故青少年

人群也成了主要的消费者。因此，玩具店的最适合地点，必须以儿童和青少年为重心，地点的选择原则如下：

①避免在居民社区内设立。第一，市场不大。第二，孩子们的父母会担心孩子贪玩，而持反对态度。

②以经营高级电动玩具及电子游戏为主的商店，宜设在闹市区，如：超级市场内，商业中心内，以及著名的商业街。

③以普通智力玩具为主的店铺，宜设在书店附近和青少年活动中心，及大中专学校附近。因为在青少年购买能力所及范围内的玩具，销售量会很大。

27. 家具店

家具是大件商品，需要一个很大的地方陈列展示，因此大多数老板租用场地经营。家具店最好的位置应该是商业街的首尾部位，因为这种部位便于进货、卸货和为顾客送货。

28. 洗车店

洗车店是为轿车做美容的商店，店址应该选择在高、中档居民社区较集中的区域，因为这里是轿车集中的地方。所以，店铺前面有没有停车位置，是至关重要的。洗车店不能设在繁华街市，只能设在它的边缘地带，应该是相对僻静的地方。

29. 健身中心

健身中心一般设在高档社区内，以利于成功人士和白领阶层的身体锻炼。大型的健身中心有：室内室外游泳池、网球场、室内篮球场、壁球馆、乒乓房、体操房、羽毛球馆、电脑跑台、多功能综合健身器、划艇练习器、健身单车等等。

30. 律师事务所

律师是一种地位较高、受人尊敬的行业。因此选择地点时，应该避免和一些不被老实本分人看好、妨害社会善良风俗的行业相邻，如：按摩院、洗脚房、洗头店、洗浴中心、弹子房、歌厅、酒吧、舞厅等等。因为邻近这些场所太近，会影响律师形象，降低信任度。另外，律师事务所也不应当与法院和检查院为邻，应当尽量避嫌。

①律师事务所所选的办公地点，应该是非闹市区的写字楼或办公大楼，最好选在二三层或高层大楼的四五六层，因为比较高的楼层有"不可亲和的神秘感"，这一点非常重要。往往因为这一点吸引了不少请律师的客户。

②律师事务所不必设在一楼，过往闲人较杂，缺少私密性。既费租金，又收不到效果。

③律师事务所办公的地点，最好有多种类型的交通工具，并且四通八达。又因常常需要交换意见，所以安静的环境和便利的交通都很重要。

31.眼镜店

该行业是一个技术性比较强的行业。售出的商品,不但有矫正眼睛的功能,而且还是一种脸面上的装饰品,故价格较贵。如果是进口货,或是玳瑁、钛金,现代新工艺以及用于医学上心脏搭桥的最先进材质制成的眼镜架,那价格更是昂贵了。故高级眼镜店的选址,必须选在繁华的商业区或著名的商业中心内;一般的眼镜店也应该选在大、中型的高档居住区和社区中心及学校附近。

32.美容理发店

①家庭式理发室。是理发的最简陋的形式。一般可开设在巷底或街底的小门面,理发者多为老人和儿童,以及低收入者。

②普通理发店。往往有一两间较体面的门面,设施较好,卫生条件令人满意,而且理发师的技术较高,大多数有固定的客户,一般设在中、高档的居民区附近,以及机场、码头火车站和长途汽车站附近。

③高级美发美容店。宜设在闹市区和高档居民区,以及涉外区。因为价格较贵,一般人不敢问津。对低收入者来说,相反会有排斥感。

吉祥店名带来滚滚财源

店名是店铺的标志

也是店铺经营特点的反映

店名要简明易懂

上口易记

在笔画上最好能阴阳配合

吉祥如意的店名

更容易声名远播

第二章
PART TWO

取店名、选吉时的风水

店名是一个店铺的标志,也是一个店铺经营的商品特点的反映。在风水里,店名又往往被看成是店铺经营成败攸关的重要名称。店名要简明易懂,上口易记,除特殊需要外不要使用狂草或外文字母。商家取店名,常见有两种方法:一是以文字搭配五行相生相克的原理,二是按用字笔画的阴阳进行选用。

按五行相生相克原理取店名

这种方法是将一些店名的常用字按五行分为五类,然后选择其中的字,按相生相克的原则进行搭配,相生的为吉,相克的为凶,最后选用相生的字为店名。风水认为五行相生的吉利店名用字的组合是:

水+木	水滋养木生长
木+火	木使火更旺盛
火+土	火使土纯净
土+金	土保护金
金+水	金使水宝贵

风水认为五行相克的不吉利店名用字的组合是:

水+火	水使火熄灭
火+金	火使金熔化
金+木	金将木穿透
木+土	土将木覆盖
土+水	水将土冲毁

按照风水的说法,商家一定要避免使用相克的字组合店名,以免风水不利。

按字笔画的阴阳取店名

此方法是选用一些字,按笔画的单与双,附以阴阳属性,然后按阴生阳的定律选取店铺名的用字。具体做法是,笔画为单数的字为阴,笔画为双数的为阳。如果选用作为店名的字是一阴一阳,即一个字的笔画为单数,一个字的笔画为双数,而且这个字是按先单数后双数,即先阴后阳的顺序排名的店名,就是吉利的店名。属于吉利店名的排列还有阴——阴——阳和阴——阳——阳等。反之,不吉利店名的排列是阳——阴和阳——阴——阳。

店铺的字号,除了要突出店铺的特色并配合店主的阴阳命理之外,大多数店主还希望取一个能给买卖带来兴旺发达、吉祥如意的字号。

从购物者来说,采购物品时,多注重店铺字号的吉利性,往往舍近求远。因此,有的店铺就因字号的吉利,大发鸿财而声名远播,买卖兴隆起来。于是,一般商家都喜欢在店铺的字号上别出心裁,大做文章。一般来说,民间店铺字号的用词用字,总在乾、盛、福、利、祥、丰、仁、泰、益、昌等吉利的字眼上打圈子。经营文物、古玩、书刊、典籍、文房用品、医药等行业的店铺字号,多取带有典雅之意的字,其他行业的店铺则多选以吉利的字。

在我国店铺的字号中,除了带吉利意义的字号外,还有些以怪取胜的字号,如天津的"狗不理"、上海的"天晓得",南京的一家著名膏药店,字号为"高黏除",这些店铺的怪字号当然也是为了招徕生意。

还有一些以地名或者老板姓名为字号的店铺。旧时,在一些中外通商口岸地区,如上海、广州、天津、南京,还出现一些带洋化、欧化和半殖民地气息的店铺和厂家字号。

当然,好的字号还得有好的经营管理手段,取得人们的承认和信赖,才能拥有广泛的社会信誉,使店铺得到发展。在我国的许多老字号中,如中药店"同仁堂",帽店"盛锡福",鞋店"内金升"、"载人舟",烤鸭店"全聚德",涮羊肉馆"东来顺",画店"荣宝斋",以及三大笔庄——北京的"李福寿"、上海的"胡开文"、沈阳的"胡魁章"都是以其优异的经营管理方式赢得了人们的世代尊崇。

吉数、吉时

中国人关于吉祥文化的内容十分广泛，不仅对动物、植物、颜色、方向、房屋造型等，附会以吉祥的说法，而且对数字也有种吉祥的说法。

在风水中，数字被认为是含有特殊意义的。2、5、6、8、9、10是吉利的数字，"2"意味着容易，"5"意味着五行的协调，"6"代表财富，"8"意味着致富，"9"是长寿之意，"10"指美满确定。因此，"289"其意义就是"容易长期致富"，或者"生意长期繁荣"。"4"在风水中是不吉祥的数字，特别是广东语，"4"字的发音听起来像"死"字，因此"4"意味着灭亡和死亡。如"744"就是一个不吉利的数字，意指"肯定死亡"或"生意不成"。中国人喜欢数字中的偶数，认为这表示成双成对，避免孤独感。在奇数中，"3"听起来像广东话中的"活着"一词，但不认为是特别吉利。然而，也有些人偏偏喜欢用"3"，如数字"7373"中就有两个"3"，认为有"肯定生存"的意义。其间，大部分数字被附以吉凶含义，多是来源于数字与汉字的拼音，将数字与汉字字音相通，就看成拥有汉字的字意，如常见的"8"被看成是汉字"发"，"9"被看成"久"，"6"被看成"路"和"又"。这几个数字的组合，因与民间发财观念相契合，而最受人们的欢迎，如"168"，汉语的谐音是"一路发"；"8888"，汉语的谐音是"发发发发"，因此，在民间这几个数字的汽车牌、电话号码、门牌号，都被认为是吉利号码，能给人们带来吉祥好运。

人类社会和自然社会有其本身发展变化的规律，从来不会因为某种数字的关系而改变其进程。人们之所以办事讲求吉利日期，只是一种信仰观念，是追求一种对求财欲望的慰藉。所以，对于经商者来说，不必对此加以追求，更不值得花数万元购得这种安慰，只有认认真真地把所经营的商务搞好，才能真正发财。当然，选择一个别具意义的日期为商铺开张，求个吉利，也未尝不可。

对吉利时刻的选择，是人们对吉祥数字的又一种附会，认为选在某一吉利的时刻为落成的商场剪彩，或者为商铺的开张鸣炮，或者为大桥通车剪彩等，就能使生意兴隆，事业发达。

一般来说，人们将新商铺开张的时刻，大多选择在上午。因为在风水看来，上午空气新鲜，太阳从东方升起，对新店开张来说，是一个极好的兆头。

在上午的吉利时刻中，常被选中的数字是"8"和"9"，也就是借喻所经营的商铺能"发"和"久"。如有的商家把新开的商业大厦的鸣炮剪彩，定在上午的8时8分8秒这一时刻，借喻商业大厦从此以后能"发发发"；有的生意人把新商场开张启门的时刻，定在上午9时9分9秒，借喻商场从此时开门，就能生意长久，商场长盛不衰；也有的经商者将新商铺开张迎客的时刻，定在上午的11时8分正，借喻商铺此后"日日发财"。

人们对吉祥数字的追求，特别是商人对吉利日期和吉利时刻的追求，来自于商品经营市场的激烈竞争。

顾客盈门的朝向选择

店铺的朝向是商家十分重视的问题

往往也对经商成败产生重要的影响

商业的兴衰主要取决于顾客

顾客是财源所在

顾客盈门

商铺就会兴旺发达

反之

店铺就要倒闭

所以店铺应做到"门迎顾客"

第三章 PART THREE
店铺朝向与店门的风水

店铺朝向的好坏取决于多方面的因素。首先，应根据店铺经营的生意和所属的行业，找到适宜的大门朝向。同时，应结合经营者的属相来选择店铺朝向。此外，应根据各行各业的吉方位，设计入口、门厅等处的位置。

影响店铺朝向风水的因素

商业的兴衰主要取决于顾客，顾客是财源所在。顾客盈门，店铺就会兴旺发达，反之，店铺就要倒闭，所以店铺应做到"门迎顾客"。

店铺的门向还跟店铺的选址有很大关系，如店铺的选址为坐南朝北或坐西朝东，而顾客的聚集点也在房屋所坐朝的方向，那么店铺的门就只有设在朝北或朝东。如果是这样，那么店铺又犯了"门不宜朝北"的忌讳，在夏季店铺就要受到烈日的暴晒，在冬季店铺就要受到北风的侵袭。在这种情况下，不妨运用阴阳五行相生相克的定律处理。如果是经营旅馆业的，在夏季里，除了在旅馆门前搭遮阳篷外，还可以在旅馆的前厅摆置一个大的金鱼缸，摆上若干盆景。金鱼缸属水，盆景属木，都可以起到使室内热气减弱的作用，而且人在暑天里看到一缸清凉之水，其中又有生气勃勃的金鱼，就会获得清

新之感。

如果有楼层的店铺，二楼用作办公室，店铺的门朝向顾客，那来自店铺门口的噪音就有可能干扰到二楼的办公室。为了避免这种干扰，楼梯口不可正对着店铺大门。按照风水学的说法，将上楼的楼梯口正对着大门，聚集在大门口的煞气（噪音）就会直接顺着楼道进入二楼。理想的做法是将楼梯开置在侧面，楼口避开正门，由侧墙引阶而上。有可能的话，最好还是在大门和楼口之间放置一扇屏风，作为噪音的间隔层。

在街市上，常可看到一些利用原有的沿街房改建而成的店铺。这种店铺的房屋原来大多是作为住宅使用的，大门上方往往没有伸出来遮阳、遮雨的预制板或平台。这样的店铺，门虽然开向了顾客，但也不利于顾客的出入，应在大门的上方搭出一个遮阳篷。有了这样一个遮阳篷，在夏季就可以避免店铺受到烈日的暴晒；在雨季，还可避免店铺被雨淋湿。否则，店铺门前无遮无挡，在烈日之下热气逼人，顾客不耐酷暑，自然止步；在阴雨之下湿气袭人，顾客当然也不会来。

各行业的吉方位

人说"三百六十行,行行出状元",经营生意不同,所属行业也不同,店铺朝向的选择亦不尽相同。现介绍各行各业的吉方位如下,以供参考。

餐饮业:餐厅、咖啡店、酒吧等关键在于北方,若在北方建大堂则吉,东南方有突物则生意兴隆。烤肉店、炸鸡店等用火多的生意,厨房在东或南方为吉,倘只是用火则南最佳。食品店:鱼店、海产物批发店应把厅建在东南、东、南方位,用陈列台或箱子等掩盖正中线、四隅线更吉。加工食品店在南、东南方造突物为吉,南、西摆商品陈列台、客人用的椅子等即可,入口最好设在东南、南、东方。

果蔬业:把新鲜的货品摆在北、南方则生意兴隆,入口设在东、东南、南、西北方为吉。

面点业:西点面包店把入口置于东南、东、南为吉,但开闭门不可在正中线、四隅线。至于糖果公司,则东南与南有突物为吉。

家具业:家具店、木工工厂在东南、北、西方造突物为吉。倘若西南与西面有入口,则应使用陈列台等堵塞。

电器业:电器店、水电店将厅的门建在东、南、东南方为吉。

钟表店:可在东、北、西北方任一处造突物。若规模大则造二方位的突物,即使小店也要造一方位的突物。出入口若在东、东南、南方为大吉位,即使在西亦为吉相。此种行业宜选择东侧与南侧二方位有道路经过的东南角地。

摄影业:东南、东、南、西四方位有入口为吉。从店的中心看照相馆,柜台若是在西北、东南方,则经营稳定。

纸业、制药业:药店的入口若在东南、东、南方为吉,但要避免正中线、四隅线。若在西北造突物,门在东、东南、南为佳。

杂货店:把柜台置于西北、东南、南、北任一方位即可。

经营者属相与店铺朝向

关于店铺的朝向问题，人们常常以经营者的生肖属相来确定，这种方法值得借鉴。

属相	店门朝向宜忌
属鼠的人	宜：坐东向西方、坐北向南方、坐西向东方
	忌：坐南（未山）向北方
属牛的人	宜：坐北向南方、坐西向东方、坐南向北方
	忌：坐东（辰山）向西方
属虎的人	宜：坐东向西方、坐南向北方
	忌：坐北（丑山）向南方、坐西（中山）向东方
属兔的人	宜：坐北向南方、坐南向北方、坐东向西方
	忌：坐西（酉山）向东方
属龙的人	宜：坐西向东方、坐北向南方、坐东向西方
	忌：坐南（未山）向北方
属蛇的人	宜：坐北向南方、坐南向北方
	忌：坐西（辰山）向东方
属马的人	宜：坐东向西方、坐西向东方、坐南向北方
	忌：坐北（子山）向南方
属羊的人	宜：坐北向南方、坐南向北方、坐东向西方
	忌：坐西（戌山）向东方
属猴的人	宜：坐北向南方、坐东向西方、坐西向东方
	忌：坐南（未山）向北方
属鸡的人	宜：坐北向南方、坐南向北方、坐西向东方
	忌：坐东（辰山）向西方
属狗的人	宜：坐南向北方、坐西向东方、坐东向西方
	忌：坐北（丑山）向南方
属猪的人	宜：坐北向南方、坐东向西方、坐南向北方
	忌：坐西（戌山）向东方

商铺大门风水

店门是店铺的入口，也是店铺的"脸面"，因此店门设计的好坏对店铺的经营非常重要。总的来说，店门以宽敞为宜，店门宽敞可使顾客更容易接触商品；门前应避开不吉祥的建筑物，好使店铺有一个空气清新、视感良好的环境；此外，在大门的设计方面应当注意美观和通畅。

1. 店门的风水禁忌

大门前不可有臭水沟流过，门口地面也不可有积污水的坑洞。大门宛如一个人的颜面，如果有污水则会给人肮脏的感觉。形象不佳，生意自然难以开展。开在二楼的店铺楼梯口不可狭窄拥挤，否则会产生压迫感，使客人不愿光顾。理想的楼梯应该宽广，这样不仅看起来心里舒畅，而且还有安全感。店铺的门向还应避免正对着一些风水上不吉祥的建筑物。风水上所说的不吉祥的建筑主要是指一些如烟囱、厕所、牛栏、马厩、殡仪馆、医院等建筑。这些建筑或是黑烟滚滚，或是臭气熏天，或是号哭，或是病吟，由不吉祥的建筑带来的这些气流，风水上视之为凶气。如果让店铺的门朝着不吉祥的建筑而开，那些臭气、号哭、病吟的凶气就会席卷而来，必然是食客少至，旅客稀少。而且，对于经营者来说，常处在这样的环境中，于运气不利。

当然，在店铺的选址时就应避免在这种不吉祥的区域开业。如因其他缘故要设于这种区域，开门时就一定要避开这些不祥之物，选择朝有上乘之气的方向开门，大门后面最好再安放一扇屏风，对煞气进行阻隔。

风水强调阳宅开门应避开不祥物，从另一个意义上讲，就是强调人的工作和生活需要有一个空气清新、视感良好的环境。在良好的环境中，才会精神愉快，智力的发挥也最好，做事的成功率自然就高。

为了方便顾客进出，有些店铺会开两个门，在生意上而论似乎是有利的。但从风水角度而言，除了少数的情况外，"两门相对"主财运不聚，所以即使要开两个门，也不宜相对。店铺门前向着的若是由下层移动的自动电梯时，便称为"抽水上堂"，也属于吉利论，主旺财。反之，店铺门前若是向着通往下一层的扶手电梯的话，则为"退财水"，又名"卷帘水"，即是将门前之财水卷走，为不聚财之相。因此，在设计店铺时，可将店门向着上行的扶手电梯，但不宜将店门向着下行的扶手电梯。

2. 店门宜宽敞

店门是店铺的咽喉，是顾客与商品流通的通道。店门每日迎送顾客的多少决定着店铺的兴衰。因此，为了提高店铺对顾客的接待量，店门不宜做得太小。店门做得过小，按风水的说法就是缩小了店铺的气口，不利于纳气，使气的流入减少、减慢，从而减少了店内的生气。对于经商活动来说，作为出入通道的门做得过小，就会使顾客出入不便，如果顾客还要提商品的话，就会出现碰碰撞撞，很有可能会损坏已卖出的商品。狭小的店门，还会造成人流拥挤，拥挤的人流就有可能使一些顾客见状止步，也会因人流的拥挤发生顾客间的争论以及扒窃事件，最终影响店铺正常的营业秩序。因此，最好是把店铺的店门加宽。店铺的店门加大，也就是扩大了风水上所谓的"气口"，大气口能接纳大财，避免其他不应有的事件发生，从而保证店铺良好的营业秩序，使业绩蒸蒸日上。

大的店门，还可以将商品更好地展现在顾客面前，方便顾客选购。扩大了店门，就等于拆除了店内商品与店外顾客之间的隔墙，使陈设在店内的商品直接展向街市，使街道上的行人举目即可看到，

使陈列于店内的商品形成一个实物广告，既宣传了商品，又做了生意。扩大了店门，柜台就成了宣传的橱窗，而且这个"柜台橱窗"更灵活，既可看又可进行交易买卖。橱窗全部拆除，代之以柜台，将店铺全面向顾客敞开，从店铺投资的效益来说，就是在不用扩建店铺的基础上，扩大了店铺的经营空间和营业面积。

要求店门宽敞的意义，在于使顾客更大范围、更方便地接触商品。按照这个原则来设计，更进一步就是组建让顾客能自己提取商品的自选商场。在自选商场里，众多的商品摆在眼前，顾客接触商品就更自由，可以不需经过营业员之手就可以拿到商品。

实践证明，能让顾客更广泛地接触商品，按自己的意愿自由地取舍商品，可以提高店铺的营业额。这也是"店铺店门宜宽敞"所要达到的效应。

3. 店门的其他注意事项

显而易见，店门有吸引人们视线的作用，并使之产生兴趣，激发"进去看一看"的参与意识。怎么进去，从哪进去，就需要正确的引导。店门设计的目的就是告诉顾客这些相关的信息，使顾客一目了然。

在店面设计中，顾客进出门的设计是重要一环。将店门安放在店中央，还是左边或右边，这要根据具体的人流情况而定。一般大型商场的大门可以安置在中央，小型商场的进出部位安置在中央则不妥当，因为店堂狭小，直接影响了店内实际使用面积

和顾客的自由流通。小店的进出门应设在左侧或是右侧，这样才比较合理。

店门应当是开放性的，所以设计时应当考虑到不要让顾客产生"幽闭"、"阴暗"等不良心理，从而拒客于门外。明快、通畅、具有呼应效果的店门才是最佳设计。店门设计还应考虑店门前路面是否平坦、采光是否充足、噪音大小如何及太阳光的照射方向等问题。

让外观更吸引人

事物的外观装饰给人的印象最深

经营者都希望通过改善企业的外观与格局

使得生意兴隆、财源滚滚

想要招徕顾客

除了要选好吉向外

还需要在其形象介绍、招牌设计等方面下功夫

第四章 PART FOUR
店铺外观装饰设计的风水

店铺能否吸引顾客，除了讲求经营商品的质量和优良的服务态度外，店铺的外观设计也是很重要的。一家经营效益好的店铺，外观设计大多具有特色，在他们的商品营销策略中，总有一条是关于店铺的外观设计的。他们把店铺的外观看成是展示店铺的包装，所以他们往往能占领更多的市场。

店铺设计的风水原则

凡事都讲究协调、因地制宜、因势利导、适中等原则，这也符合人们的审美习惯。作为有着特殊要求的店铺，为迎合人们的审美习惯，自然也不能例外。

1.对称协调的原则

注重平衡是风水市场学的关键，必须深入了解它们的意义。什么是平衡的状态？左右对称就是典型的协调与平衡。人在看到对称的东西时，就会觉得很舒服很平静。为什么呢？其中有明确的理由。人出生后，最先看到的是父母的脸。人的脸孔也几乎是左右对称的。因此，看到左右对称的东西时，会觉得好像投入了双亲的怀抱。

在风水中，无论是建筑物或是室内设计，都建议使用左右对称的基本形状。以建筑物来说，欧美

住家大部分是左右对称的。

当然，在现实生活中，或许很难一一地加以贯彻。但是，风水的基本概念是，无论怎么整，都不能破坏协调。

2. 因地制宜的原则

因地制宜，即根据店铺环境的客观性，采取适宜于自然的商业经营方式。中国地域辽阔，气候差异很大，商业经营方式随地域、气候而不同。根据实际情况，采取切实有效的方法，使人与商业经营相适宜，使商业经营与商业环境相适宜，尊重商业发展规律，返璞归真，天人合一，这正是店铺风水学的真谛所在。

3. 因势利导的原则

店铺风水学主张把店铺小环境放入社会、自然大环境考察。千尺为势，百尺为形，势是远景，形是近观。势是形之崇，形是势之积。有势然后有形，有形然后知势，势位于外，形在于内。势如城郭墙垣，形似楼台门第。势是起伏的群峰，形是单座的山头。

从大环境观察小环境，便可知道小环境受到的外界制约和影响，诸如水源、气候、物产、国家商业政策等。任何一个店铺经营的好坏，都是由大环境所决定的。只有形势完美，店铺才能获利。大处着眼，小处着手，必先后顾之忧，而后富乃大。

4. 适中居中的原则

适中，就是恰到好处，不偏不倚，不大不小，不高不低，尽可能优化，接近至善至美。店铺风水学主张山脉、水流、朝向都要与店铺位置和经营方式协调，店铺的大与小也要与市场需求协调，店铺大客源少，不吉；店铺小客源多，不吉；店铺大门小，不吉。适中的原则还要求突出中心，布局整齐，店铺室内装饰和附加设施都要紧紧围绕经营重点展开。

5. 顺乘生气的原则

店铺风水学认为，气是万物之源。太极即气，一气积而生两仪，一生三而五行具，土得之于气，水得之于气，人得之于气，气感而应，万物莫不得于气。

店铺风水学提倡在有生气的地方开设店铺，这叫做乘生气。只有得到生气的滋润，植物才会欣欣向荣，人类才能健康长寿，店铺才能财源茂盛。店铺风水学认为，店铺的大门为气口，此处生机勃勃、人流不绝，即为得气，这样便于交流，可以得到信息，又可以反馈信息。如果把店铺大门设在闭塞的一方，谓之不得气。得气有助于空气流通和信息交流，对店铺经营者和顾客都有好处。

店铺风水学把店铺环境作为一个整体系统，这个系统以人为中心，包括天地万物。店铺环境中每一个子系统都是相互联系、相互制约、相互依存、相互对立、相互转化的要素。店铺风水学就是要宏观地把握、协调各系统之间的关系，优化商业结构，寻求最佳组合。

店铺外观设计的重要性

一件商品在市场上能否畅销，除了讲求商品的质量可靠和性能的优越外，还要讲求对商品进行有特色的包装。因为包装是展示在商品外表的一层装饰，顾客在柜台上选购商品时，首先看到的就是商品的外表。所以，商品经营者要通过这一层装饰来抓住顾客，提起顾客的购买欲。同样道理，店铺能否吸引顾客，除了讲求经营商品的质量和优良的服务态度外，店铺的外观设计也是很重要的。一家经营效益好的店铺，外观设计大多具有特色，在他们的商品营销策略中，总有一条是关于店铺的外观设计的。他们把店铺的外观设计看成是一个展示店铺的包装，所以他们能够占领更多的市场。

人们认识一个事物，往往都是从认识其外观开始。店铺能从外观设计上首先赢得顾客，就等于把生意做成了一半。从某种意义上说，店铺的外观设计代表了店铺的形象。好的店铺外观能在顾客心中树立起良好的印象，使顾客来购买物品时，感到踏实、可靠、可信，从而也就增强了在顾客心中的名望。反之，如果一个店铺的外观设计不协调，看上去显得十分别扭，不仅招人评头论足，使人产生反感，也会损坏店铺在顾客心目中的形象，使顾客失去对店铺的信任，当然，也就很少上门了。

外观造型与区域景致

在设计店铺外观造型时,除了考虑建筑本身结构比例的协调性之外,还要注意使店铺的外观造型与所处区域的自然景致相协调。风水学认为,宇宙大地的万物都蕴藏着气,优美的山川景致表明生气盎然,相反,残垣断壁就是死气淤积。在山川美景中,气的流动顺畅;在残垣断壁的区域,气的流动则受阻。

按风水学的说法,在考虑店铺的外观造型与所处区域自然景致的关系时,应有意识地将店铺的外观造型与优美的自然景致和谐地融为一体,使外观造型与区域景致相协调,就意味着顺应了宇宙之气的流通,也就是将店铺融入了大自然的生气之中。店铺处在优美的自然景致之中,就拥有了丰富的生气,就能顾客盈门,生意兴旺。相反,店铺处在残垣断壁的恶劣的环境之中,就会导致生意经营惨淡。

从商品营销的角度来说,店铺有一个优美的景致作背景衬托,可使店铺在对外宣传时带给人们一个美好的形象。特别是从事旅游酒店生意的,坐落于优美的景色中,会迎来源源不断的观光游客。

有了优美的自然景致,还要考虑店铺的建筑是否与之相协调。如果不注意这种协调性,就等于失掉了所拥有的区域生气。店铺建筑与自然景致不协调,是指店铺的建筑与自然景致很不相称,或者是十分别扭地出现在优美的自然景致之中。店铺的建筑与自然景致不协调,就破坏了大自然原有的美感,就等于在一幅优美的图画上出现了一个不应有的污点。按照风水的说法,就是店铺的建筑与区域自然之气不顺,扰乱了宇宙间的自然之气,使宇宙间的生气流通受阻。宇宙生气受阻带来的就是煞气的产生,使原有的生气变成了煞气。店铺建筑受到煞气包围,生意就会清淡。另外,店铺建筑不协调地出现在优美的自然景致之中,也破坏了店铺对外宣传的形象,从而影响到生意。所以,不能将店铺置于残垣断壁的场景之中。

观察一个店铺的外观造型是否与所处区域的自然景致相协调,最简单的一个方法就是在早晚的时候,从不同的视觉角度来观察店铺的外观是否有美感。特别是在有朝霞和晚霞的时候,看一看映衬在霞光之中的店铺的外观造型,是否与自然景致融成了一幅优美的画卷,如能达到这样的效果,就是店铺的外观造型与区域的景致达到了最佳的协调状态。

店铺与优美的景致相融合,就是商家所看重的"天时地利"。精明的生意人能借用天地之利,达到财源茂盛的目的。

店铺外观的颜色搭配

建筑，从某种意义上来说，就是色彩的建筑。没有色彩的建筑，就等同于一堆灰土。按照风水学的五行之说，天地万物是由水、火、土、金、木五种元素构成。天地万物都以五行分配，颜色按五行分配为五色，即青、赤、白、黑、黄五种颜色。青色，相当于温和之春，为木叶萌芽之色；赤色，相当于炎热之夏，为火燃烧之色；白色，等于清凉之秋，为金属光泽之色；黑色等于寒冷之冬，为水，为深渊之色；黄色，相当于土，为土之色。简言之，就是木为青色，火为赤色，土为黄色，金为白色，水为黑色。白、青、黑、赤、黄五色，在古代还有如下意义：

白色：悲哀、平和、雅洁

青色：永远、平和、雅洁

黑色：破坏、沉稳、悲痛

赤色：幸福、喜乐、活泼

黄色：活力、富裕、帝王

因此，中国古代的建筑对颜色的选择十分谨慎，如果希望富贵而设计的建筑就用赤色；为祝愿和平、永久而设计的建筑就用青色；黄色为皇帝专用颜色，民间的建筑不能滥用，只能用于建筑的某个小部位；白色不常用；黑色，除了用墨描绘某些建筑轮廓外，也不多用。故而，中国古代的建筑以赤色为多。在给屋内的梁着色时，以青、绿、蓝三色用得较多，其他颜色用得很少。

可见，人们对颜色所表现出来的已经不是一种简单的欣赏，而是一种蕴含着某种情感的寄托物，反映了一个民族的信仰。于是，在设计店铺外观的颜色时，就要注意将之与人们对颜色的传统观念相协调，要使人们接受所附设于店铺建筑外观的颜色。当然，随着现代文化的发展，人们对颜色的需求也会有所变化。那么，作为店铺的经营者，就要主动去满足人们对颜色的需求，以颜色的清新、活力、美感来吸引顾客，达到促销商品的目的。

要求店铺外观设计的协调，当然也包括着色的协调。店铺外观设计颜色的不协调，主要是指建筑涂了某种人们所忌讳的颜色，或者是在搭配颜色时给人们造成了色感认识上不适应的感觉。店铺外观设计颜色的不协调，会影响店铺的外在形象。按风水的理论，颜色不正，色彩不协调，都带有煞气。店铺外观设计颜色不协调，就使店铺带上了煞气，有了煞气，则为不吉之相。另外，店铺外观设计颜色不协调，就好似一个人穿了一件不伦不类的衣服，容易给人造成不好的印象，应该加以避免。事实上，借助颜色美化店铺，借助颜色烘托店铺，这也是现代店铺营销的新方法。

店铺招牌设计风水

店铺招牌并不能决定和影响人的命运，更不能影响到子孙后代的祸福，但它可以影响到店铺的美观以及环境的和谐，从而影响到经营者的心态和店铺生意的兴隆与否。

对于经营者来说，仅靠好的方位难以解决问题，如果能从根本上改变经营之道，再加上适合自己店铺的合理的构造布局，这才是招财的最好办法。同时，还要注意招牌色彩的搭配应与经营的品种相配合，使人一目了然、赏心悦目，应符合负责人的内在命理。招牌色彩协调，让人感到亲切可人，即使不买东西，也会有进去看看的愿望，这样的招牌不仅具有艺术性，而且具有旺财功能。

按规格，店铺的招牌可分为大、中、小三类，大者俗称"冲天招牌"，是一块长方形大木板，垂直竖立在店铺一侧的前方，高出铺面房檐；中者是在长方形木板上书写商品的特色，竖挂在店门两侧，字迹简单清楚，一目了然；小者是小巧玲珑木板造型，悬挂在房前屋檐下，上面书写商品名称，目的在于介绍所经营的商品、宣传商品的特色和质量，以达到推销商品的目的。招牌的制作要新颖美观，文字的书写一般也应采用与匾额一样的方正楷书，不可使用一般人难以识读的草书和行书。介绍商品的文字要求简明扼要，通俗易懂。为了生动起见，可在招牌上使用多颜色的字体，还可以在招牌上贴商品宣传广告画，使之更具吸引力。另外，为了使店铺的匾额和招牌真正起到装饰店铺和宣传商品的作用，最基本的一点是要求匾额和招牌上的字使用正确，在书写时不能有错别字。

店铺橱窗设计风水

橱窗既是一种重要的广告形式，也是装饰店面的重要手段。一个构思新颖、主题鲜明、风格独特、手法脱俗、装饰美观、色调和谐的店铺橱窗，能够与整个店铺建筑结构、内外环境构成立体画面，起到美化商店的作用。

从整体上看，制作精美的室外装饰是美化销售场所和装饰店铺、吸引顾客的一种手段。如店铺门前的电子广告，它以新颖别致、变幻无穷的图像吸引顾客的注意力，即便不想买东西的人，也会在这种气氛中不知不觉地走进店铺。特别是店铺的橱窗，它就像店铺的一张脸，布置得好，会使人产生春意盎然之感。店铺橱窗引人注目，天长日久，自然美誉远播、名闻遐迩，顾客会越来越多。所以，精心设计的橱窗是现代装饰的重要内容。

好的橱窗设计不是商品堆积，而是追求主题突出，格调高雅，富于立体感和艺术的感染力。如纽约的大商店喜欢在橱窗里使用艺术雕塑式人物造型来配合商品的陈设，使整个橱窗在艺术装饰的烘托下显得层次分明，一目了然。

一般来讲，橱窗设计应注意以下方面：

橱窗横度中心线最好能与顾客的视平线平行，这样整个橱窗内所陈列的商品就都展现在顾客视野中。

在橱窗设计中，必须考虑防尘、防热、防淋、防晒、防风、防盗等。

不能影响店面外观造型。橱窗建筑设计规模应与商店整体规模相适应。

橱窗陈列的商品必须是本商店出售的，而且是最畅销的商品。橱窗陈列季节性商品必须在销售旺季到来之前一个月预先陈列出来向顾客介绍，这样才能起到迎季宣传的作用。

陈列商品时应先确定主题，无论是多种多类或是同种不同类的商品，均应系统地分门别类，依主题陈列，使人一目了然地看到所宣传的商品内容，千万不可乱堆乱摆。橱窗布置应尽量少用商品作衬托，除应根据橱窗面积注意色彩调和、高低疏密外，商品数量不宜过多或过少。要做到使顾客从远处近处、正面侧面都能看到商品全貌。富有经营特色的商品应陈列在最引人注目的橱窗里。容易液化变质的商品如食品糖果之类，以及日光照晒下容易损坏的商品，最好用其模型代替或加以适当的包装。

橱窗应经常打扫以保持清洁，特别是食品橱窗。橱窗玻璃里面布满灰尘，会给顾客不好的印象，引起对商品的怀疑或反感，从而失去购买的兴趣。

运用内部装饰弥补先天不足

选定了店铺地址与建筑后

有许多东西是不能变动的

这就需要通过后天的修正来弥补先天的不足

通过室内装修、装饰

就可以修正先前不合理的建筑结构

并通过各种设计手法

配合积极的风水能量

就可以使商业行为更加有效

第五章 PART FIVE

商铺内局的风水

选定了商铺地址与建筑后，有许多东西是不能变动的了，这就需要通过后天来弥补先天的不足。通过室内装修、装饰，可以修正先前不合理的建筑结构；通过各种设计手法，配合积极的风水能量，可以使商业行为更加有效。

室内装修风水

商铺要想风水好、财运佳，为经营者带来良好的经济效益，在室内装饰上就必须要下功夫。本节在商铺室内天花板、墙壁、地面等空间装修方面提供了有效的风水知识，并根据商铺的类型，详细地介绍了适宜各类商铺的装饰风格及装修材料。

1.天花板设计

天花板设计不只是把建筑物顶部一些不雅观的部分遮蔽起来，创造室内的美感而已，还要与空间色彩、照明等相配合，形成优美的购物环境。

天花板的设计首先要考虑高度问题。如果天花板太高，上部空间就会太大，使顾客无法感受到亲切的气氛；反之，天花板过低，会使店内的顾客无法享受视觉上、行动上舒适购物的乐趣。天花板的高度要根据商店的营业面积决定，宽敞的商店应适当高一些，狭窄的商店应低一些。一般而言，一个10~20平方米的商店，天花板的高度在2.7~3米左右，可以根据行业和环境的不同适当调整。如果商店面积达到300平方米，那么天花板的高度应在3~3.3米左右；1000平方米左右的商店，天花板高度应达到3.3~4米。我国不少商店对天花板的高度重视不够，有的小商店天花板很高，又不进行装饰，使上部空间显得空荡荡，大大地影响了商店的美观，应当设法改进。另外，天花板的颜色也具有调整高低感的作用。因此，有时并不需要特别把天花板架高或降低，只需改变颜色就可以达到调整高度的效果。

其次是天花板的形状问题。天花板一般以平面为主，如果在上面加些造型变化，就会对顾客的心理、店内的陈列效果产生很大影响。除了平面天花板板之外，常用的天花板形状还有圆形天花板板、波形天花板板、船底形天花板板和金字塔形天花板板等。

最后是天花板的照明设备。天花板板应与一定的照明设备配合，或以吊灯和外露灯具装饰，或以日光灯安置在天花板板内，用乳白色的透光塑胶板或蜂窝状的通气窗罩住，做成光面天花板板。光面天花板板可以使店内灯火通明，但可能会造成逆光现象，如与垂吊灯具结合，则可克服这个缺点。

天花板板的材料很多，常用的有各种胶合板、石膏板、石棉板、玻璃绒天花板板、贴面装饰板等。装修时选择哪一种材料，除了要考虑经济性和可加工性外，还要根据店铺特点，考虑防火、消音、耐久等要求。胶合板是最经济和方便的天花板板材料，但防火、消音性能差；石膏板有很好的耐热、消音性，但耐水、耐温性差，经不起冲击；石棉板不仅防火、绝热，而且耐水、耐湿，但不易加工。在装修时，也可以不用各种装饰板，直接用涂铺法将各种材料粘在底部，然后喷漆即可。

2. 墙壁设计

壁面作为陈列商品的背景，具有重要的作用。商店的壁面在设计上应与所陈列商品的色彩和内容相协调，与商店的环境和形象相适应。壁面的利用方法一般有以下四种：

①在壁面上架设陈列台，用以摆放陈列商品。

②在壁面上安置陈列台，作为商品展示处。

③在壁面上做简单设备，用以悬挂商品及布置展示品。

④在壁面上做一些简单设备，作为装饰用。

上述各种方法中，第一种方法多为食品店、杂货店、文具店、书店、药店等店铺所采用；第二、三种方法多为各类服饰店、家用电器店所采用；第四种方法则为家具店等主要在地面展示商品的店铺所采用。

壁面材料的种类很多，但比较经济的是在纤维板上粘贴印花饰面，这样具有便于拆卸、改装的优点。

3. 地面设计

地板在图形设计上有刚柔两种选择。以正方形、矩形、多角形等直线条组合为特征的图案带有阳刚之气，比较适合经营男性商品的商店使用；圆形、椭圆形、扇形和几何曲线形等图案，带有柔和之气，比较适合经营女性商品的店铺使用。

地板的装饰材料一般有瓷砖、塑胶地砖、石材、木地板以及水泥等，可根据需要选用。主要应考虑的是店铺形象设计的需要、材料费用的多少、材料

的优缺点等几个因素。应对各种材料的特点和费用有清楚的了解，才利于作决定。

瓷砖的品种很多，色彩和形状可以自由选择。瓷砖有耐热、耐水、耐火、耐磨等优点，并具有持久性；缺点是保温性差。塑胶地砖价格适中，施工较方便，还具有颜色丰富的优点，为一般店铺所采用；缺点是易被烟头、利器和化学品损坏。石材有花岗石、大理石等种类，具有外表华丽、装饰性好的优点，在耐水、耐火、耐磨性等方面亦比较好，但由于价格较高，只有在营业上有特殊考虑时才会采用。木地板虽然有柔软、隔寒、光泽好的优点，可是易脏、易损坏，故对于顾客进出次数多的店铺不大适合。用水泥铺地面价格最便宜，但经营中高档商品的店铺不宜采用。

柜台货架设计风水

商铺的装修完成之后，接下来就应该摆放货柜、货架和收银台了。收银台是钱财进出之地，而货柜和货架则是商铺的主要物质设备，因此，它们的设计非常重要。在设计上，收银台的高度应适中，位置摆放应符合人们的行走习惯；货柜和货架设计应以实用、牢固、灵便为原则，尽量为顾客选取商品提供方便。

1. 收银台

商用场所的柜台，不论是服务顾客的接待处还是结账场所，其摆设位置须考虑方便性、客人流动线路的适当性，以利于服务和结账收款，给顾客留下良好的印象。同时，最好能考虑到风水的原则，以收到事半功倍之效。

一般而言，服务性柜台人员要求亲切热心、服务周到，因此柜台宜摆放在进门最显眼的位置，如

面对门口或在进门处的右边。而结账柜台则宜摆放在纳得吉运旺气的位置。如果商铺是当运旺铺，则可以面对大门口设立，否则便要设在两边的旺位上。

每个商铺的情况都不同。坐北朝南的，若开中央正门，无论服务或结账柜台，都适合设在正对门口的正北方坎位位置。另外，收银台摆在右边西南方坤位比较好。收银台是钱财进出之地，风水上说店铺收银台应设在虎边，也就是在不动方，才能守住入库的钱财，不可设在流动性大的龙边，否则不利财气，这也是为了符合人靠右边行走的习惯。在不动方的柜台材料如果是玻璃，则应该加以遮盖，可以选择安装窗帘或使用装饰板。

收银台高度要适中，过高有拒人于外的感觉，过低又有不安全感，适当的高度在110～120厘米之间。收银台内不可有电炉、咖啡壶之类的电器，因为收银台处一般都会有现金和帐簿，万一发生火灾，首先就会被波及，当然不好。放钱的保险柜应隐秘，不可以被人看到，但小额的收银机不受此限制。另外，餐饮业进门处的收银台旁不可设有水龙头和冲洗槽。

柜台位置摆设不理想的话，则服务人员流动性较大。若有此现象，则最好考虑调整下风水。放置钱财的保险柜最好置于旺方，门不要对着大门口或走道。

商店摆放货物时，也应考虑依风水学上的衰旺位置设计，价值高、利润好的商品，应放置在容易吸引顾客的位置。

风水学上最注重门路。客人进门后，走动的路

应各类商品的不同要求。普通货柜一般长为120～130厘米，宽为70～90厘米，高为90～100厘米，这样才能使顾客更直观地看到商品。

货柜的制造材料不同，有玻璃、木材、金属、塑料等。工业消费品一般以玻璃柜台为主。玻璃柜台一般有全玻璃柜台、半玻璃半木制柜台和半金属半玻璃柜台，形式多样。设计和使用玻璃货柜应注意防尘、防磨损，并便于清扫、擦拭。通用货柜制作成本低、互换性好、实用方便，但是在布置商品时，会使人感到单调、呆板、缺少变化。为了使商品布置得美观且富于变化，很多商场采用了异形货柜，如三角形、梯形、半圆形以及多边形柜台。布置商品时利用异形货柜组合，不但可以合理利用营业场所面积，而且可以改变普通柜台呆板、单调的形象，增添活泼的线条变化，因此而受到高度重视。

采用异形柜台时，要注意因地制宜，结合店铺室内格局来布置安排。一般来说，三角形柜台宜放置在店铺的角落位置，它占地少，能满足像饮料、食品、日用百货等商品的出售要求。众多的三角形柜台还可排成半圆形、圆形或扇形，给店铺内的总体布局带来美感。梯形柜台主要是为改变柜台与柜台之间衔接的生硬而设计的。在拐角处，普通柜台之间的衔接成90度，显得生硬，且不安全。而采用梯形柜台，衔接就会比较自然，又能使营业面积被有效利用。半圆形柜台是为了充分利用营业面积以展示商品、使顾客充分看到商品全貌而设计制作的。多边形柜台是根据营业现场情况填补陈列商品的空档，或者为了沿起伏变化的营业场所边线而设计制

线需妥善规划，最好能带动旺气进来，这样的商店便能汇集人潮，有利财运，否则便要加以改进。

风水讲山与水，即动与静的相互配合，要使旺铺生旺财气，设计货品的摆放位置时，便可依"旺山旺水"原理，在旺山处堆积较高的货品，而在旺水处放置流动的物品，或摆上流水，如鱼缸或水车等，这样会有利于生意的开展。

2.货柜

货柜是商场的主要设备，是营业员出售商品的操作台，并能容纳、储存和展示一定数量的商品。货柜有不同形式和规模，它的设计既要求实用、牢固、灵便、利于营业员操作、消费者参观，又要适

作的。若采用异形柜台，则要严格设计，计算好尺寸，按要求订做。必要时，还应考虑到几类柜台的互换性。

3. 货架

货架是用作陈列备售商品的设备，有不同的构造形式和规格，如单面货架、双面货架、单层货架、双层货架、多层货架、金属货架、木制货架等。货架设计应以便于保持陈列商品的整齐清洁、美观大方、易取易放并能充分显示商品特点，保证正常销售需要为原则，还应根据商品的规格、正常储备量和营业场所的建筑条件与售货现场形式等来设计不同规格和形式的货架。柜台货架规格不宜过大，否则不易于搬动和组装。货架一般高为180～190厘米，宽为60～70厘米。一般货架上面有三四层，下面设一个拉门，便于储藏商品。

近年来，国内许多商店对商场的货架进行了更新改造，不但用材多样化，而且在造型方面也有新的变化。过去制作货架的材料主要是木材和玻璃，现在已逐渐"让位"给新型的铝合金材料了。

室内装饰风水

按风水的说法，光洁舒适就是有生气，反之，就是死气。要想让店铺有好的风水，在布置店铺的时候，应当摆放好厅堂和仓库里的货物、用具，使房屋通风顺畅，保持室内光洁舒适。阴暗和潮湿被看作一种煞气，对店铺的经营和管理很不利，在装修时务必要予以解决。

1. 风水宜忌

(1) 宜光洁舒适

店铺的光洁舒适感，主要来自于两个方面。

来自地面。可以说，对地面的感觉是顾客踏入店铺后得到的第一感觉。要使店铺地面光洁，首要的是选择表面光洁、方正、质量好的地板砖，以便做到铺设整齐，并且要经常擦洗。按风水的说法，对地面的装饰，就是对生气的凝聚。地面生气的强弱，除取决于地板砖表面的光滑明亮外，还讲求地板砖的颜色。颜色在风水上具有重要的意义，一般而言，红色代表富贵吉祥，绿色代表长寿，黄色代表权力，蓝色代表赐福，白色代表纯洁。颜色的这些象征意义也反映了普通大众对颜色的喜好，因此，可以将之作为选择地板颜色时的参考。另外要使店铺的地面光洁，还要经常清洁地面，使之不留任何污迹、纸屑和瓜果皮，永远保持光洁照人。

来自墙面。要做到店铺墙面的光洁舒适，首先就要对墙面进行修饰。墙面的装饰材料有很多，石

灰、涂料、墙纸（最佳为清淡之色）、墙砖等都是常用的装饰材料。不论是用哪一种材料装饰，都一定要保证墙面颜色的明亮，因为明亮的颜色会给人带来光洁、舒适的感觉。

店铺的厅堂总免不了要牵线挂灯。为了保证墙面的整洁，要求在铺设灯线时，走线要整齐，避免灯线乱窜。当然，能把灯线布于墙体之内是最好不过的。同时，还要注意在日常工作中不得乱涂乱画，或者是贴一些不规整的标语和广告，这些会使人感到不舒服。只有拥有一个光洁、舒适的经营环境，才可能赢得顾客，带来良好的经营效益。

(2) 宜通风顺畅

风水讲求房屋的纳气，讲求房屋内部气的流动。店铺是一个人员密集的区域，是商品堆积的区域，所以也需要纳入新鲜的空气，需要有流动的气体。气体流动可以驱走浊气，带来新气。

风水的"纳气"与"气的流动"，在一定的意义上都可以理解为通风透气。店铺的通风透气，对商品的保管和交易都是有好处的，这也是店铺装饰时

要考虑的重要因素之一。

要使店铺纳气，即让大自然的新鲜空气进入店内，在装修时就要注意留有空气的入口和出口。一般来说，店铺都有一个敞开的大门，空气的进入不成问题。以下几种情况，可不必另辟空气出口：

两面开门的气流走动，不用另辟空气出口；三面开门的气流走动，不用另辟空气出口；如果店铺是开一面墙，而且为扁平形状，气体的进出就很流畅，也不用另辟出口；平扁状单开门的气流走动，不用另辟空气出口。

但是，如果单开一门的店铺呈长方形，而且除门以外，也没有另外的窗户，就要在与门对应的另一方开一个出气口。因为，此时的空气流动只在房屋的前一部分，后一部分的空气仍静止不动。风水认为，这静止不动的气就是死气。在与门对应的方位开一个空气通道，就可以让死气变活，形成前后气的对流。

要使店铺做到通风透气，还要注意店铺厅堂内用具的摆设。摆设整齐的用具，使气在流动时不受阻碍，气流比较活跃。反之，零乱摆放的用具或高低、或混乱拥挤、或掺杂叠放，都会扰乱厅堂内的气流，造成一部分淤积不动的死气。为了避免死气

的产生，因此对用具的高矮搭配、摆置的方向、位置都要讲求整齐，尽量少采用阻碍气体流动的横式摆放。

存放货物的房间也要留有空道，便于气的流动和货物的检验提存。按照风水的说法，留有空道地堆放物品，会使四周都有生气聚集。风水阳宅的纳气之说要求调整气流，使室内空气流通，并达到阴阳平衡。同样也可以利用它来指导改良店铺内的空气，用来规整用具与商品的摆设，从而形成一个良好的经营空间。

(3) 忌阴暗与潮湿

阴暗和潮湿是不利于人类生活的两种环境。在风水中，阴暗和潮湿被看作是一种煞气，对店铺的经营和管理不利，要尽力加以避免。

店铺在装修时要解决阴暗的问题。应根据空间面积的大小、设计安装灯的盏数和位置加以注意，店铺的灯光效果要达到以下四点：

光线充足，使顾客在十米之内能清楚地看到物品。

光线分布要均匀，不能左明右暗，或者是东明西暗。

装置的灯所发出的光与色要和谐，避免出现眩光。

要避免灯光同一些具有反光性质的装饰品产生反射光线。风水认为，这种刺眼的折射光线是一种凶光。

在考虑解决店铺的潮湿问题时，有三个方面的问题要检查：

检查店铺的通风透气是否良好。店铺在通风不好时，停滞在店铺内的静气就会变成湿气，湿气的凝聚会形成为水珠，成为潮湿的水源。

检查店铺的地面是否干净整齐。如果店铺的地面凹凸不平，就会藏污纳垢，这些污垢不清除，也会产生湿气，成为水汽的又一来源。在春夏之季，应检查店铺的地面是否有回潮现象。这种季节产生的回潮现象，虽然持续的时间不长，但湿气最重，因而对商品的损害也就最大。

要解决店铺潮湿的问题，除想方设法使店铺的通风透气保持良好外，还可采用或加窗，或增加排气孔，或清除店中的多余杂物，或使物品与用具摆放整齐等方法。只有使店内的气流通畅，才能带走湿气。另外，还应设法保持店铺地面平整光洁，经常清扫地面，使其保持干爽、清洁的状态。

避免店铺阴暗或潮湿，保持店铺明亮清爽，也是为了造就一个良好的经营环境，从而使店铺获得良好的经营效果。

2. 其他注意事项

店铺内的装饰和设计还要注意以下几个问题：

①总服务台应设置在显眼处，以便顾客咨询。

②店铺内布置要体现出一种独特的与商品相适应的气氛。

③店铺中应尽量设置休息之处，备好坐椅。

④充分利用各种色彩。墙壁、天花板板、灯、陈列商品组成了商场的内部环境，不同的色彩对人的心理刺激不一样：以紫色为基调的布置显得华丽、高贵，以黄色为基调的布置显得柔和，以蓝色为基调的布置显得不可捉摸，以深色为基调的布置显得大方、整洁，以白色为基调的布置显得毫无生气，以红色为基调的布置显得热烈。色彩运用不是单一的，而是综合的。不同时期、不同季节和节假日的色彩运用应是不一样的。不同的人对色彩的反应也不一样，儿童对红、橘黄、蓝绿反应强烈，年轻女性对流行色的反应敏锐。色彩使用得当，可以把商品衬托得更完美，甚至可以掩盖商品的缺陷。

⑤最好在光线较暗处设置一面镜子。这样做的好处在于：镜子可以反射灯光，使商品更鲜亮、更醒目、更具有光泽。对此，有的店铺使用反射灯光，有的店铺使用整面墙作镜子，除了可以凸显商品的特色，还可以给人一种空间扩大了的假象。

3. 商业旺财之法

带动人气，招进财气，是一个店铺生意兴隆的重要因素。如何使自己的店铺人气更旺、财源广进呢？这里将简单介绍几种风水学认为的旺财之法，为您营造更好的商业风水提供实战参考。

(1) 三流旺财法

这里的"三流"是指水流、车流、人流。风水讲求阴阳，水流属阳、属柔、属虚，而店铺属阴、属实、属刚，以店铺迎取来水，便是旺财铺。

水流为流动之气，车流、人流亦属于流动之气。选择店铺，最好是选择水流停聚、车流停留之处，如停车场、地铁站、火车站、码头等，人流则需看其来去。

店铺的风水必须收得水流、车流、人流，方能旺财。没有三流，生意则难以开展。但若一个地方已经是车水马龙，那这个地方的租金也会十分昂贵，未必每个经商的人都能够负担得起。其实，除了那些非常繁忙的地段外，也可以选择一些旺中带静或静中带旺的地段。

(2) 财位催财法

所谓"财位"，风水学有很多不同的说法：有人认为财位在大门的斜角位，有人认为财位在房内的三白位，即一白、六白、八白三个飞星位。

"财位"对事业的发展有锦上添花的效果，也是人们最关心的风水基准，所以大多数人很讲究财位上的物品效应。一般而言，财位是在进门的左前方对角线上，此处必须很少走动，不能作为通道，否则影响财运。

如果右前方的财位刚好是一个门，就要换成左前方的财位。有些房子因格局或设计关系而找不到财位，或是刚好在财位的位置上有大柱子，都属风水不

佳。理想的做法是运用走道的隔间造出一个财位。

财位三宜

财位宜亮：财位宜明亮，不宜昏暗。最好有阳光或灯光照射，明亮则生气勃勃，对生旺位也大有帮助。

财位宜生：所谓"生"，是指生机茂盛，故应该在财位上摆放植物，尤其是以叶大或叶厚的黄金葛、橡胶树及巴西铁树等最为适宜。但要留意，这些植物应用泥土种植，若以水来培养则不宜。财位不宜种植有刺的仙人掌类植物，否则便会有反作用。

财位宜吉：财位是旺气凝聚的地方，若在那里摆放一些寓意吉祥的物件，如福、禄、寿三星或是文武财神的塑像，有锦上添花的作用。

财位六忌

财位忌压：从风水学来说，财位受压是绝对不适宜的。倘若将沉重的大柜、书柜或组合柜等压在其上，便会影响店铺的财运。

财位忌水：有些人喜欢把鱼缸摆放在财位，其实不适宜。因为这样无异于把财神推落水缸，变成了"见财化水"，财位忌水，故此，不宜在那里摆放用水培养的植物。

财位忌空：财位背后宜有坚固的墙，象征有靠山可倚，保证无后顾之忧，这样才能藏风聚气。反过来说，倘若财位背后空透（如背后是透明的玻璃窗），这样非但难以积聚财富，还会泄气，于风水不利。

财位忌冲：风水学最忌尖角冲射，财位附近不宜有尖角，以免影响财运。一般来说，尖角愈接近财位，它的冲射力量便愈大。所以在财位附近应该尽量避免摆放有尖角的家具杂物。其实，无论是为了风水还是为了顾客安全，都应该尽可能地采用圆角家具。

财位忌污：倘若厕所刚好位于财位内，便不能

使财位发生效用，于风水不利。此外，财位堆放太多杂物也绝非所宜。因为这会污损财位，令财运大打折扣。

财位忌暗：倘若财位缺少阳光，那便应该多安装电灯，借此来增加亮度，对旺财会大有益处。安装在财位的灯，一般来说，数目应以1、3、4或9为宜。 另外，财位上不可放置会发热的电器，如电视、电扇、电炉、瓦斯炉、电源线等；不可放人造花和干燥花；天花板板上不可漏水；墙壁或地板油漆不可脱落或瓷砖斑驳。

4.神桌摆放窍门

在中国传统民间观念中，认为财神是掌管天下

财富的神，倘若得到他的保佑，便可以财源广进，生意兴隆。中国人尤其是做生意的，很多都喜爱供奉财神，最流行的便有"关帝武财神"与"地主阴财神"。不论是什么财神或是佛菩萨，只要在财气位内坐镇，商铺生意必会较以前大有改进。因此，很多人为求心安理得，往往会摆放财神的像在商铺里，希望求取好兆头，而有些人更是朝夕上香供奉。

依照习俗，摆放神桌有些宜忌需要注意：

(1)神桌应向大门

家中除了某些神像应该面向大门外，其余的则不需墨守成规。举例来说，"关帝"以及"地主财神"是应该向着大门，其他则不必如此。

"关帝"是武财神，龙眉凤眼，手执青龙偃月刀，不单威武非凡，而且正气凛然，故此一般商铺大多奉为镇店之神。若是正对大门便有看守门户的作用。

"地主财神"全名"五方五土龙神，前后地主财神"。在中国传统社会里，"地主财神"供奉在商铺内，与供奉在大门外的"门口土地"，一内一外，作为商铺的守护神。但现在很多大厦均不容许在公众走廊供奉"门口土地"，因此商铺内的"地主财神"便要身兼二职，必须面向大门来守护商铺了。

(2)观音的摆设

有很多人把观音与关帝放在一起来供奉，其实这并不妥当。上面曾经提到，关帝宜向大门，但观音不需如此。观音最宜"从西向东"，此外，因为观音清净无瑕以及戒荤腥，故此有三不向：一不向厕所；二不向房门；三不向饭桌。倘若能够遵守这三种避忌，则不成问题了。请注意，观音只宜用鲜花

及水果供奉，倘若与其他神像放在一起，那么其他神像亦不可用三牲拜祭。

(3)祖先牌位不宜与神像平排

有些商铺把祖先的牌位照片摆放在神桌上，与观音、关帝、黄大仙等平排在一起供奉。其实，这不妥当，应该把祖先放在神像之下，这样才较为适宜。

5.店铺中的电梯和楼梯

现在大多数商场都有二层甚至多层，不可避免地要使用到自动扶梯或楼梯，需要特别注意的是，不要将自己的店铺门直对着自动扶梯或楼梯，如果已经形成这样的格局，就要用货架尽量遮挡，使得顾客不要一进门就看见梯，这也是风水中"喜回旋，忌直冲"的原则，不然的话，你商铺里的顾客参观访问的多，慷慨解囊的少。

6.声煞

现在许多的商铺，为了营造内部气氛，需要在商铺里播放一些音乐，需要注意的是：旋律优美，轻柔雅致的音乐，可以使顾客流连忘返，增加顾客在商铺里的逗留时间，从而增加顾客消费的可能性。但现实中，我们经常可以看到很多商铺里播放着震耳欲聋的音乐，甚至和隔壁店铺比声音响亮，其实这样是非常不好的，震耳、刺耳的音乐在风水中称之为"声煞"，"声煞"使得人们自然而然地产生出烦躁的情绪，希望越快远离这种噪音越好。

店铺的照明风水

1. 商业照明的形式

商业照明通常包括立面照明、广告照明、一般照明、重点照明和其他特殊用途照明，应结合店铺具体情况选择不同的照明方式、照明灯具和照明亮度。

(1) 立面照明

各个商业建筑都有它的普遍商业性和各自的特征。对于各个商店的立面照明来说，除了如何将它的特征展现得更有艺术性之外，还应该有意识地将临街的立面和门厅照明设置得更明亮，令路人对商店有深刻的印象。此外，还需有渲染商店形象的广告照明，除了使人看到商店的外形美之外，更重要的是联想到商店环境的舒适、商品的丰富、接待的周到，这样才能起到招徕顾客的目的。

(2) 广告照明

商店立面照明是商店最有效的广告，但各个商店还有其名称和标志。对于名称和标志的照明，常采用下列方式：

多用霓虹灯将名称或标志逐笔逐画圈起来。在这里选用霓虹灯、长明灯或多种颜色轮换闪烁，或卷地毯式闪烁，让人们在很远处就能看见。

商店的名称或标志是实体的艺术雕塑。依其形状布灯，让灯光将名称或标志凸显起来，多用霓虹灯。

(3) 一般照明

选用高光效的光源，如节能灯、荧光灯。

选用高效率的灯具，如高效荧光灯具或其他高效灯具。

光源的光色既要与商场空间协调，又能将商品质感最确切、最真实地展示给顾客。此外，还要围绕商品周围的光环境（如装修材料及其色泽等）和商品内容确定。根据商场所在地区的经济、电力供应和环境确定合适照度。为了使顾客对一些商品注目，可以使重点照明的照度增加几倍。照度高低必须慎重分析，要适合店铺的条件。

应合理设计垂直照度。一般选用宽光束或蝙蝠型配光曲线的灯具。

一般照明的照度，主要是均匀度，以适应商品陈列方式和陈列场所的变动。若货架为长条式排列，则采用高效荧光灯具，灯具应沿两货架中间布置，避免主光束投射到货架顶上。

(4) 重点照明

重点照明是为了把主要商品或主要场所照得更亮，以突出商品，激发顾客的购买欲望。照度应随商品的种类、形状、大小、展出方式而定，同时必须和店铺内一般照明相平衡。在选择光源以及照明方式时，不能忽视商品的立体感、光泽及色彩等。

重点照明的要点是：

重点照度是一般照度的3至5倍，具体随商品种类的特征而定。如金银首饰、工艺品取上限；一般大件、色泽一般、立体感不必加以突出的取下限，如床上用品等。

以高强光束突出商品表面的光泽，如饰物、工艺品、金银首饰等，多用石英灯。

以强烈的定向光束突出商品的立体感和质感，货柜（架）上的多用节能灯、石英灯，个别也用金卤灯。

利用光色突出特定部位或特有色泽的商品，如超市中的肉食和鲜果用偏红色的光线照射，会显得更鲜美。而服装，特别是儿童、青少年及女性服装，用相同光色照射，会增强其色泽和鲜艳感。

店铺某些主要场所需要造成某种特定气氛，或用灯具本身，或灯具排列和内部装修协调地组合，使这些场所产生富有生气而又热烈的理想光线，对商品产生良好的照明效果，造成室内某种气氛。

(5) 特殊用途照明

① **疏散照明**：除专用疏散通道、疏散楼梯等设专用疏散照明外，一般店铺疏散照明兼作一般照明

或警卫照明，照度按国家规范为0.5LX，但更高一些（如2LX）更为合适。原因之一是人员高度密集；原因之二是顾客对店铺内疏散路线完全不熟悉；原因之三是万一有灾祸发生，这里会比其他场所更易发生商品、展品掉落等危险。

② **疏散指示标志照明**：疏散指示标志灯和出口标志灯：人站在店铺的任何位置，至少能看到（除柱遮挡外）一个。灯具宜沿疏散路线或出口处高位布置，一般定为2至2.5米，以避免高架的遮挡。

③ **安全照明**：在收款处、贵重商品处和必要部位应设带蓄电池的应急灯。当主要照明熄灭后，能在0.5秒之内亮起来。

④ **警卫照明**：营业场所清场后，为确保安全，应设警卫照明。警卫照明多兼用于疏散照明。

下面是店铺内具体位置的照明选择及作用：

位置	作用
收银台照明	满足操作要求
展示橱窗照明	打动顾客，使用白色强光或彩光，通过均匀、饱和的照明吸引过路者
展示柜照明	照亮玻璃柜内或敞开货柜和货架上的商品
周边照明	帮助限定商品销售空间，并提供沿墙展示必要的竖向照明，使空间整体上感觉更大。目的是将顾客从主要通道吸引到销售区
天花板板照明	拓展了空间，提升了天花板高度，并通过长长的、没有阴影的、没有中断的光形成的线条，创造开敞感和空间感
试衣间照明	应清楚展示商品的形式和纹理，使商品颜色真实自然
配套空间照明	标准
指示照明	方便顾客的购物流动

2.不同商业空间的照明设计

不同商业空间的照明设计各有特点，但必须遵循以下两点：首先，商品的可见度和吸引力是十分重要的。对特定物体进行照明，可以提升它们的形象，使之成为注意力的焦点。其次，为了吸引顾客，商店必须创造一个舒适的光环境。优质的照明能够激发情绪和感觉，进而提升商店的品牌。

(1) 大堂、门厅的照明设计

光源应以主体装饰照明（装饰灯具、与装修结合的建筑照明）与一般功能照明结合设计，应满足功能的需要并要体现装饰性。

总体照明要明亮，照度要均匀。光源以白炽灯、低压卤钨灯为主。

照明方式应采用不显眼的下射式照明灯具（如筒灯、射灯等）。应设置调光装备，或采用分路控制方式控制室内照明，以适应照明的变化（如白天与夜晚室内照度不同）。

可设置壁灯、地灯和台灯等照明，以改善顶部照明的不足，同时也可以丰富空间层次。

服务台的照明要亮一些，在厅堂中要醒目，所以局部照度要高于其他地方。为了避免眩光，服务台的照明方式应以让顾客看不到光源为宜。

楼梯的照明要以暗藏式为主，以避免眩光，但又要有足够的照度。可把光源设置在扶手下、台阶下或墙角处，对楼梯直接照明。

走廊的照明要亮些，照度应在75～150LX之间。走廊的灯具排列要均匀，以嵌入式安装为宜。光源应采用白炽灯。如果层高较大，可采用壁灯进行照明。

大堂内休息区域的照明不要太突出，并应避免眩光。光源可设置在台面上（如台灯）或用地灯。

标志的照明不应突出，以只照亮标志为目的，可选用射灯、灯箱等。

大堂、门厅的照明，宜在总服务台或总控制室进行集中控制。主要楼层、楼梯、出入口、交通要道等，都要设置应急照明灯。

(2) 旅馆内的照明设计

旅馆应少设吸顶灯、吊灯，按功能要求设置多种不同用途的灯，如床头灯、落地灯、台灯、壁灯、夜间灯等。光源以采用白炽灯为主。

床头的照明灯具要在就寝和看书时没有眩光和手影，而且要在伸手范围内能开关。床头的照明灯具宜采用调光方式。旅馆的通道上宜设有备用照明。

旅馆照明应防止不舒适的眩光和光幕反射。写字台上的灯具亮度不应大于510cd/m²，也不宜低于170cd/m²，旅馆穿衣镜和卫生间内化妆镜的照明，其灯具应安装在视野立体角60°以外，灯具亮度不宜大于2100cd/m²。卫生间照明的控制宜设在卫生间门外。旅馆的进门处宜设有切断除冰箱、通道灯以外的电源开关。

(3) 餐厅的照明设计

餐厅环境中的照明设计要创造出一种良好的气氛，光源和灯具的选择性很广，但要与室内环境的风格协调统一。首先，为使饭菜和饮料的颜色逼真，选用的光源显色性要好；其次，在创造舒适的餐厅气氛中，白炽灯的使用要多于荧光灯；另外，桌上部、凹龛和座位四周的局部照明，应有助于创造出亲切的气氛，因此在餐厅设置调光器是必要的。餐厅内的前景照明可在100LX左右，桌上照明要在300～750LX之间。

一般情况下，低照度时易用低色温的光源。随着照度变高，就有趋向于白色光的倾向。对照度水平高的照明设备，若用低色温光源，就会感到闷热；对照度低的环境，若用高色温的光源，会有阴沉的气氛。为了很好地看出饭菜和饮料的颜色，应选用定色指数高的光源。

风味餐厅是为顾客提供具有地方特色菜肴的餐厅，相应的室内环境也应具有地方特色。在照明设计上可采用以下几种方法：采用具有民族特色的灯具；利用当地材料进行灯具设计；利用当地特殊的照明方法；照明与建筑装饰相结合，以突出室内的特色装饰。

特色餐厅、情调餐厅等，室内环境不受菜肴特点所限。环境设计应考虑给人以幽雅的感觉和气氛。为达到这种目的，照明可采用各种有特色的形式。快餐厅的照明可以多种多样，建筑化照明的各种照明灯具、装饰照明及广告照明等都可运用。但在设计时要考虑与环境及顾客心理相协调。一般快餐厅照明应采用简练而现代化的形式。

(4) 多功能厅、娱乐场所的照明设计

多功能厅为宴会和其他功能使用的大型可变化空间，所以在照明选择上应采用二方或四方连续的、具有装饰性的照明方式。装饰风格要与室内整体风格协调。同时采用调光装置，以满足不同功能和使用上的需要。灯光控制应在厅内和灯光控制室两地操作。多功能厅内应设置足够的插座。

酒吧、咖啡厅、茶室等照明设计宜采用低照度，并可调光，桌上可设烛台、台灯等局部低照度照明。

开运风水鱼

风水鱼

不但具有观赏价值

而且还有增运作用

鱼缸有很强的催财作用

商铺附近若有水塘之类

可营造舒适的气息

若在商铺内摆放鱼缸

可使室内的运势随之而生

第六章 PART SIX
商铺养鱼的风水

如果选了个好的商铺，并且避开了煞气，从风水角度做好了装修，那么，这个商铺就算有了成功的前提，剩下的就要靠本人的经营策略了。然而，可能因为环境的变化等情况，出现了不利于生意的气场，当我们不可能对商铺再进行迁址或重新装修时，那么饲养风水鱼就显得非常必要了。通过好的风水鱼饲养，可调整和扭转整个商铺的风水气场，收到增财、转运的效果。

商铺风水鱼缸的位置

风水是一门专业性极强的学科，同时，它又是极为辩证的。煞气太重，难免破财。但没有煞气又缺少了开拓力。所以风水学是要将财气和煞气搭配到一个最合适的程度，而绝不是把所有好的东西，搬到一起就是好风水。

有时候，我们会觉得非常奇怪。有些商铺装修得非常不错，货品齐全、价格便宜、地段又好，但就是没有生意。而有些时候，看上去很不起眼的地方，却生意兴隆。这究竟是为什么呢？其实，那是因为商铺风水的原因。商铺的风水选址，主要是选择一个能带来兴隆生意的合适位置。选择合适的位置能为商铺带来兴旺的人气，并且能带来财运。但是也有很多地方是不可以选作商铺位置的，如以下位置就不宜选择：低洼之地，前高后低之地，前大后小之建筑，道路尽头之建筑，南方有高大之建筑

（如果南方有山就不要紧，如果有高大建筑则不行），架空在水上的建筑，正门窗口正对大树以及电线杆、电线变压器之类。这些地方因为煞气太重，不宜安置商铺。

如果万一商铺选择在这些地方，就要充分发挥风水鱼缸的作用。此时，鱼缸的安放一方面要招财进宝，另一方面还需要能挡住外来的煞气，因此，对于鱼缸的安放，选择一个合适的位置是非常重要的，务必注意阳宅方位，下面是一些阳宅的招财位，不妨一起来了解一下。

1.酒店

酒店的鱼缸不应该设在财位，风水学认为"水为财，山为丁"，酒店的鱼缸水大，又是在不停地动，"动则吉凶祸福生"，所以，酒店的鱼缸位置对酒店的财运有着十分大的影响，应当十分重视。财位与店铺店门的位置刚好相对，也就是后玄武位。

2.饭店

很多饭店都会在店面中放置鱼缸，可以用来招财、镇煞。一般而言，饭店的鱼缸镇煞的作用更大，大多应该放在凶方或放在朝向凶方的位置。另外，还要注意以下两点：鱼缸中的水面总高度不要超过180厘米，因为水位过高，有"灭顶之灾"的说法；鱼缸中要用活水，而且水要从最上面的一层向下流动。

3.百货店

百货店的商品种类繁多，如果摆放不合理则容易变成一个杂乱无章的"杂货店"，空间非常狭小。为了避免出现这样尴尬的局面，首先应该在货架上下一番功夫，穿行道也要有适当的面积，传递出简约、流通的大局面，形成一个良好的商业空间。

若在百货店设置风水鱼缸，可以选在刚进门的位置，有化解外煞的作用，但不宜太大；也可以选在角落处，因为平常那里的客流量小，在这些位置养风水鱼，可以吸引客人的注意力，增加被关注的机会，达到招财的目的。要注意的是，鱼缸应尽量大一些。

4.车行

有的车行和车展中心会设置一个非常大的鱼缸，而且大多是在进门的位置，这也是为了化解屋外直冲大门的煞气。而且作为交通工具的汽车，虽然必不可少，但也算是一种吉凶难料的物品，所以，用养风水鱼来化煞，可以说是一个很不错的办法。

5.服饰店

服饰店的风水鱼缸宜小不宜大，因为服饰店本身就是一个静态的艺术空间，吸引人目光的最是这种静静的美，万不可以大的鱼缸来招财，虽然别致的大鱼缸也会吸引他人的眼球，但有喧宾夺主之嫌。

适合商铺的风水鱼品种

商铺的风水鱼,在品种上也有很多选择,如果是常规生意的商人,那商铺中宜养那些友好敦厚、和睦相处的鱼,热带鱼与金鱼均可。

就金鱼而言,金是钱财的代表,而金鱼的体型像个大元宝,看起来显得特别吉利。当然,如果是做偏门生意的,那么,则应该饲养口大齿利、凶猛易战的鱼,以取这类鱼的杀气来壮胆威和气势。总之,商铺养鱼宜选择那些在生意和运势方面有积极风水寓意的鱼儿。本节为你推荐的都是淡水鱼和海水鱼,但是你也可根据个人需求选择其他品种,只要能达到招财改运的目的即可。

天子蓝

形态特征:原产于南美的亚马逊河,最大体长25厘米,体型如圆盘,体表以淡蓝色为基色,并微微带黄色,眼圈为黄色,尾鳍半透明。

饲养要点:适宜水温为20~28℃,喜欢微酸的软水,对水质要求较高,若水质变化可能会造成鱼体的不适。属于杂食性鱼类,喜欢吃红虫及丰年虾,也可喂食人工饲料。胆子比较小,很容易受到惊吓。

风水寓意:至尊象征,备受宠爱。

红富士

形态特征:原产于南美的亚马逊河,最大体长25厘米。圆盘形,体表黄色,背鳍、腹鳍、头部后面呈红色,头部、腹部为白色,有少许浅蓝色细纹,尾鳍半透明。

饲养要点:适宜水温为20~28℃,喜欢微酸的软水,对水质的变化特别敏感,水质若出现问题,会造成鱼体的不适,导致鱼体颜色变黑。喜欢吃红虫及丰年虾,也可喂食人工饲料。胆子小,很容易受到惊吓。

风水寓意:红火富态,兴旺自在。

黑日光灯

形态特征：原产于巴西，最大体长4厘米。纺锤形，稍侧扁，尾鳍呈叉形。身体中部自吻部至尾鳍基部有一上（银色）一下（黑色）的条纹，鱼鳍为透明状，除尾鳍外，其余各鳍均带有黄色。

饲养要点：可以喂食浮起型的饲料，适宜水温20～26℃，个性温和，富有协调性，喜欢群居生活，喜欢成群活动，能与其他鱼混养。属于杂食性鱼类，可以喂食薄片饲料或鲜活饵料。

风水寓意：照耀前程，远大光明。

七彩神仙

形态特征：原产于南美的亚马逊河，最大体长25厘米。被誉为"热带鱼之王"。体型有如圆盘，体表上有红、淡蓝、白色的纹路。对水质的变化特别敏感，水质若出现问题，会造成鱼体的不适，导致鱼体颜色变黑。

饲养要点：适宜水温为20～28℃，喜欢微酸的软水，对水质要求较高。喜欢吃红虫及丰年虾，也可喂食人工饲料。胆子小，容易受到惊吓。

风水寓意：七彩人生，和和美美。

黄金

形态特征：原产于南美的亚马逊河，最大体长25厘米。圆盘形，全身均为明亮的黄色，在头部、背鳍、腹鳍上有少数的浅花纹。

饲养要点：适宜水温为20～28℃，喜欢微酸的软水，对水质的变化特别敏感，水质若出现问题，

会导致鱼体颜色变黑。喜欢吃红虫及丰年虾,也可喂食人工饲料。胆子小,很容易受到惊吓,可在水族箱中布置一些石洞的造型以供其藏匿。

风水寓意:黄金在手,富贵不愁。

金曼龙

形态特征:原产于马来半岛、泰国、印度,最大体长15厘米,属斗鱼科,是蓝曼龙鱼的变种。身体呈椭圆形,体色金黄,眼睛为红色,各鳍都是银白色,并布满了金黄色的斑点,鳃盖的后半部分在光的照射下金光闪闪。

饲养要点:此鱼性情比较温和,能与其他鱼一起混养。适宜饲养水温为26℃,水质要求不高,繁殖水温26~27℃。主要以小型活饵为食。

风水寓意:金银满怀,不发都难。

钻石灯

形态特征:原产于委内瑞拉,最大体长6厘米,纺锤形,稍侧扁,尾鳍呈叉形。随着成长,全身会出现金属的光泽,鱼鳍也会变大,十分漂亮。

饲养要点:容易饲养,适宜水温20~26℃。会吃水草,可喂食薄片、颗粒饲料。雄性间会为了交配和领地而发生战斗,它们的战斗方式就是夸耀性地张开自己的鳍向对方炫耀,甚至展开攻击。这一类型的鱼类同养,数量不宜超过5只。

风水寓意:海洋之心,独拥奇珍。

金环招财

形态特征:原产于东南亚,最大体长4厘米,全

身为红色，各鳍边缘为透明状，无色。此鱼的尾巴若是半圆的就是母红太阳，反之则是公红太阳。

饲养要点：此鱼比较容易饲养，但对水质要求较高，因此在饲养时要注意保持新鲜的水质，可稍微加一点盐以适宜其生长。属于杂食性鱼类，食量较大，每日应喂养多次，可喂食薄片或颗粒状人工饲料。

风水寓意：阳气十足，生机茂盛。

蓝摩利

形态特征：原产于马拉威湖，最大体长20厘米，属于出类拔萃的慈鲷科。以淡蓝色为底色，全身布有横向的黑纹，头部有蓝色的闪光斑点。随着其逐渐长大，额头会隆起。此鱼雄性鱼的体形要比雌性鱼的体积略大一点。

饲养要点：此鱼的生命力很强，非常容易饲养。适宜饲养水温为25℃，可喂食薄片、颗粒等人工饲料。此鱼一般生活在岩礁区，故可在水族箱中布以岩礁供其适应。

风水寓意：护主肉身，邪魔不侵。

黑孔雀

形态特征：原产于委内瑞拉、圭亚那、西印度群岛等地，雄鱼最大体长5厘米，雌鱼7厘米。体形修长，后部侧扁，有漂亮的尾巴，鱼体通体为黑色，极富神秘感。

饲养要点：娇小玲珑，性情温和，活泼好动，适宜水温22～24℃，喂食红线虫、水蚤及干饲料均可。可与性情温和的小型鱼种一起混养。可在鱼缸中种植水草，铺一些小石子供其栖息玩耍。

风水寓意：暗夜光芒，幸福追随。

企鹅灯

形态特征：原产于南美洲亚马逊河流域，最大体长8厘米。体细长而侧扁，全身以银灰色为基色，体侧有一条黑色的粗条纹，从鳃盖后起至尾柄基部、尾鳍下叶有黑色纵带。

饲养要点：性情温和，容易饲养。喜欢群居生活，喜欢成群活动，能与其他鱼混养。适宜水温为

22～26℃的弱酸性或重型软水。属于杂食性鱼类，食蚊子幼虫和其他活饵，也可喂人工饵料。

风水寓意：气度包容，和气经营。

蓝眼灯

形态特征：原产于印度尼西亚，最大体长3厘米。体态娇小，体表透明，呈淡淡的黄色。眼睛上方好像擦着金属蓝的眼影，在黑暗中会发出迷人的蓝光，故俗称为女王蓝眼灯。

饲养要点：容易饲养，适宜饲养于水温24～28℃、

pH值7.0的鱼缸中。此鱼性情温和，喜群体行动，可喂食薄片性饲料，也可喂人工饲料及小型活饵。

风水寓意：激发气能，增强宅运。

紫印

形态特征：原产于印度洋、太平洋的珊瑚礁海域，最大体长10厘米，呈椭圆形，体色鲜红，体侧鳃盖后方各有一个紫色红印，上边到达背鳍基部，下边到达腹鳍，格外明显。鳃盖淡紫色，下颌乳白色，臀鳍有蓝色花纹。紫印色的雄鱼体表有紫印，雌鱼鲜黄色无紫印。

饲养要点：可喂冰冻鱼肉、丰年虾、水蚯蚓、海水鱼颗粒饲料等，饲养的适宜温度为26～27℃。

风水寓意：大权在握，步步提升。

紫雷达

形态特征：原产于印度洋及太平洋珊瑚礁海域，最大体长7.5厘米。体形与雷达相同，第一鳍条比雷达的短。前半部分为白色，后半部分是灰色，背鳍

和腹鳍为紫色与红色,其他部分为黄色到橘黄色,吻部为紫色。

饲养要点:栖息在珊瑚礁区较深的砂砾地带,在鱼缸中要增添可躲藏的设施。容易接受人工饲料,可喂食各种饲料。适宜水温26℃,海水比重1.022,水量50L的水族箱。

风水寓意:察言观色,随机应变。

透明灯

形态特征:原产于南美北部,最大体长4厘米。

此鱼体态娇小,体表为透明状,但腹部前端为鱼白色,鳃盖附近有金色的斑点,背鳍、腹鳍稍带一点红色。因其体表为透明色,而且色泽似灯管放出的光,故称为"透明灯"。

饲养要点:易饲养,弱酸性软水,适宜水温22~26℃。鱼性温和、活泼好动,喜群居生活,能与其他鱼混养,可喂食薄片状人工饲料或红虫、线虫等动物性饵料。

风水寓意:光彩四射,与人为善。

三角灯

形态特征:原产于泰国、马来西亚、印度尼西亚,最大体长5厘米。纺锤形,稍侧扁,尾鳍呈叉形。身体中部自腹鳍至尾鳍基部有一块黑色的三角形图案,鱼鳍为透明状,颜色很多,有的呈玫瑰红与蓝色的混合色。

饲养要点:性情温和,适宜与其他品种的小型热带鱼混养,以吃动物性饵料为主。对水质要求较严,水温20~26℃为宜,必要时,还需在水中添加一些腐殖酸。

风水寓意：平衡至上，多元经营。

红绿灯

形态特征：原产于南美洲亚马逊河上游支流，最大体长4厘米。体侧线上方有一条从眼睛到尾柄的蓝色带纹，背部以后转为黑色，下方臀鳍前为银白色，后为鲜红色。眼黑色，眼眶银蓝色镶有黑边。各鳍透明，且背鳍、臀鳍、尾鳍上有红色图案。

饲养要点：典型的底层鱼，对饲养环境要求比较高，适宜水温22～24℃，弱酸性软水。性情温和，可喂食鲜活饵料及人工饵料。

风水寓意：穿梭世界，多智运财。

樱桃灯

形态特征：原产于亚洲斯里兰卡，最大体长4厘米，又名"樱桃"。体表为淡红色，背部为褐色，各鳍均透明，浅红色，群养时，煞是好看。

饲养要点：容易饲养，喜在水的下层游动。喜

弱酸性软水，适宜水温为22～26℃。鱼性温和、活泼好动，喜欢群居生活，能与其他鱼混养，可喂予薄片状的人工饲料或红虫、线虫等动物性活饵。

风水寓意：玲珑可爱，善解人意。

金玉满堂招财

形态特征：原产于越南、泰国、马来西亚等地，最大体长15厘米。椭圆形，体色为淡红色，并布满了金色的斑点，眼圈为红色。此鱼俗称"旺财锦鲤"，被视为是属兔之人的风水鱼，可弥补兔属相的

少财命象。

饲养要点：性情温和，容易饲养，可与性情相当的鱼种一起混养，适宜水温22～26℃，水质要求不严，但不可过于频繁和过多量地进行换水。

风水寓意：多子多福，富贵盈门。

大吉大利招财

形态特征：原产于越南、泰国、马来西亚等地，最大体长15厘米，椭圆形，体色为暗黄色，各鳍透明，背鳍和腹鳍前半部分为黑色，鱼体中间偏下方有一块从鳃盖到尾鳍基部的黑色条纹，且是由粗变细。

饲养要点：性情温和，容易饲养，可与性情相当的鱼种一起混养，适宜水温22～26℃，水质要求不严。不可过于频繁或过量地进行换水，以免水温突变而引起鱼体病变。

风水寓意：吉利双收，招财进宝。

黄金雀

形态特征：原产于非洲东部的马拉威湖，最大

体长10厘米，又称"黄金鲷"。幼鱼带有蓝色。雌雄鱼体完全不同，雄鱼为金黄色，雌鱼是暗青色。

饲养要点：生命力强，容易饲养，适宜水温25℃，喜好弱碱性（pH7.6以上）的硬水。最好饲养于深度为60厘米以上的水槽，并于水槽中以岩石、流木布置。对饵料并不挑剔，可喂食人工薄片和颗粒饲料。

风水寓意：金榜题名，福运将至。

荷兰金凤凰

形态特征：七彩凤凰在荷兰改良的品种，最大体长5厘米。体表有浅蓝色的金属光泽，头部和胸鳍基部附近呈黄色，眼圈为红色，各鳍橘黄色，体表及鳍上有艳蓝色小斑点，在水草缸中看起来色彩很美丽。

饲养要点：杂食性，喜食水蚤等活饵，也能喂食人工动物性饲料。适宜水温20～30℃，水质为弱酸性软水。胆怯易受惊吓，性情温和，繁殖期间可能会有领域性。

风水寓意：点点金光，钱银不缺。

玻璃扯旗

形态特征：原产于南美洲亚马逊河流域，最大体长5厘米。鱼体瘦小、光滑、透明，体形纤细，侧扁，背鳍尖旗状，黑色，尾叉形。

饲养要点：此鱼性情比较温和，容易和其他鱼一起混养。水质要求较高，水要保持清澈透明，适宜水温23～26℃，较能耐低温，在15℃水温中也能生活，但体色透明度会减弱。宜投喂细小型饵料，

且要注意饵料品种多样化。

风水寓意：细水微澜，引财入室。

红孔雀

形态特征：原产于委内瑞拉、圭亚那、西印度群岛等地，最大体长雄鱼5厘米，雌鱼7厘米。体形修长，后部侧扁，有漂亮的尾巴，背鳍和尾鳍上为红色，雌鱼的颜色比雄鱼逊色。

饲养要点：此鱼娇小玲珑，性情温和，活泼好动，适宜水温22～24℃，可以喂食红线虫、水蚤及干饲料等。可与性情温和的小型鱼种一起混养。可在鱼缸中种植水草，铺一些小石子供其栖息玩耍。

风水寓意：活跃气氛，改良环境。

金环鱼

形态特征：原产于越南、泰国、马来西亚等地，最大体长15厘米，椭圆形，体色浅黄，腹鳍变异成两根长长的丝鳍，鱼体边缘有一圈金黄色，因此得名"金环"。

饲养要点：性情温和，容易饲养，适宜水温22～26℃，水质要求不严。不可过于频繁或过量地进行换水，每次换水的量把握在整缸水的1/10～1/15左右，以免水温突变而引起鱼体病变。

风水寓意：招财进宝，福泽有余。

黑铅笔

形态特征：原产于巴西，最大体长6厘米，长条形，背部为褐色，腹部接近鱼白色，身体侧线下方有一条从吻部到尾叉的黑条纹。

饲养要点：容易饲养，可喂食薄片饲料或线蚯蚓，适宜水温24～28℃，性情温和，喜欢群居，爱追逐，会向斜上方游动，但胆子较小，容易受惊吓，受到惊吓会跳跃，饲养时鱼缸上最好加盖，鱼缸中可以置放水草等做造景。

风水寓意：团队效应，共谋富贵。

电光丽丽

形态特征：原产于印度、东南亚，最大体长8厘

米。体态优美，鳃盖上有一大块的蓝色斑，鱼体上有红、橙、蓝三色组成的斜条纹，各鳍均饰有红、蓝、灰色的斑点，并镶有红色的边。是中层鱼，但喜欢躲在水草中。

饲养要点：个性温和，能够与其他鱼混养。容易饲养，适宜水温为24～26℃，可喂食鱼虫或干饵料。比较喜欢老水，因而每次换水都不要过量。

风水寓意：美艳大方，守财于世。

头尾灯

形态特征:原产于南美北部,最大体长5厘米。体细长而侧扁,全身几近透明,上眼圈为橘黄色,尾基部有一个金色光亮斑点,在光线照射下犹如两盏游动的灯,因此而得名。雄鱼的体形比雌鱼更细长。

饲养要点:容易饲养,适宜水温为22~26℃。喜欢群居生活,能与其他鱼一起混养。杂食性,爱吃薄片状的人工饲料,但要注意所喂食的饲料应偏向植物性。

风水寓意:好头好尾,一以贯之。

彩虹鲨

形态特征:原产于泰国,最大体长12厘米,流线型,黑色的身体,红色的鳍和尾巴,因为将红黑两种经典色糅合在了一起,显得很大气。幼鱼体色是很浅的混合色,接近成鱼时呈青灰色,各鳍均呈红色。性情活泼,喜欢集群游动。

饲养要点:对水质要求不苛刻,适宜水温22~

26℃。杂食性,以缸底残存的饲料和草上的藻类为食,摄食量较大,体格健壮,容易饲养。要用大型水族箱,加盖防跳。

风水寓意:大气端庄,护心养性。

银光斑马

形态特征:原产于印度,最大体长5厘米。身体细长、尾部稍侧扁稍尖,臀鳍较长,尾鳍呈叉形。此鱼鱼体为红色,有银色的细条纹,眼圈为银色,各鳍均为透明的淡黄色。

饲养要点：容易饲养，适合水温24~26℃。属于杂食性鱼类，可投喂植物性饲料，也可喂予动物性饲料，红线虫、水蚤等活饵是其最爱。个性温和，可与体积小的温和鱼类一起混养。

风水寓意：同心协力，以和为贵。

七彩马甲

形态特征：原产于婆罗洲、马来西亚、泰国，最大体长15厘米。呈圆盘形，侧扁，尾鳍浅叉状。体表以褐色为基色，散布着珍珠状的斑点，前胸为鱼白色。从吻端经眼睛至尾基部，有一条不太明显的黑色纹路。腹鳍为金黄色，呈须状。

侧扁，似棱形，背鳍高，在背上中部，尾柄短，尾鳍呈深叉形。体表基色浅黄，鳞片带金色，从头至尾有4条垂直的金色条纹。

饲养要点：杂食性，但爱吃鱼虫、水蚯蚓等活饵料，也可喂食人工饲料。活泼好群聚，成鱼会袭击其他鱼，特别爱咬丝状体鳍条，不宜和有丝状体鳍条的鱼（如神仙鱼）混养，宜同种群养。

风水寓意：金光闪闪，财富效应。

饲养要点：性情温顺，能与其他鱼混养。对水质也没有苛刻的要求，容易饲养。喜欢栖息在浓密的水草中，可喂予线虫、水蚤及人工饲料。

风水寓意：调和五行，各行皆宜。

金四间

形态特征：原产于印尼，最大体长6厘米。体高

不同类型的商业空间风水设计

不同类型的商业空间风水

包括咖啡室、休闲馆、夜总会、酒吧等

合理的空间加上科学的管理

必定生意兴旺、财源广进

由于各种行业的区别

在风水技巧的运用上

也必须根据实际情况作出改变

第七章
PART SEVEN

常见商业店铺的风水运用

选好店铺地址以后，下一步就是室内外的装修设计，也许我们对某种风格的装修装饰比较喜欢，但不可轻易地去复制，由于各种行业的区别，在风水技巧的运用上，也就必须根据实际情况作出改变，以免弄巧成拙，影响自己的生意。

本章中，特意选择了我们日常比较常见的商业店铺，根据不同行业的经营需要，对特别部位的风水装修装饰有专门阐述，让您的店铺有个合理的风水布局。

咖啡室风水

不同的咖啡室可以让您领略到不同的风情，或庄重典雅，或乡村风情，或西风雅致。然而，从风水的角度来看，要想营造一个宁静、舒适、雅致的休闲环境，咖啡室的装饰、空间设计、气氛营造等方面的风水要求是不容忽视的，如果处理得当，定会赢得良好的经营效果。

把风水学运用到咖啡室的布局中，只需稍稍调整就会收到很好的经营效果，在发财利市、广招客源上也有广泛的应用性。

按照风水学原理来说，装修设计光洁舒适就是生气，反之，就是死气。所有咖啡室均需要一个舒适的经营环境，才能赢得顾客，也才可以赢得良好的经济效益。风水的"纳气"与"气的流动"在某种程度上可以理解为通风透气。咖啡室的通风透气有益于货品的保管。所以使咖啡室通风透气也是咖

啡室装饰时要考虑的重要因素之一。对咖啡室进行必要的装饰，有助于营造温馨的感觉，使生意更兴隆。但咖啡室的装饰应该以简约为主，不宜使用反光强的材料或者雕刻复杂的图形，否则会给人浮躁的感觉。

1.咖啡室的装饰

咖啡室是人放松的场所，人们可以在此抒发感情，尽情地享受朋友间聚会的快乐和咖啡散发出来的香气。人们往往希望去一些使他们感到舒服或觉得有趣的地方，因此咖啡室的装饰只有被顾客喜欢才是成功的装饰。

(1) 气氛的营造

一般来说，顾客进咖啡室是为了打发时光，是希望得到放松，享受片刻的惬意。对他们来说，咖啡室可以是朋友聚会的地方，意味着友谊的发展；可以是解开隔阂的地方，意味着敌意的化解……在这里，每个人都喜欢买一杯咖啡，自由地去思考和谈论。因此，咖啡室气氛的营造就显得尤为重要了。气氛营造的一个关键性因素就是音乐，应该选择轻松的音乐作为背景音乐，千万不要声音太大也不要太小，也就是要既能给人轻松的感觉，又不影响顾客谈话。另外，经营者应与设计者商量，尽可能把咖啡室设计成为雅俗共赏的地方，不但能使消费者有宾至如归的感觉，而且能使其他工作人员也有家的感觉。

(2) 灯饰的搭配

灯饰的颜色、形状与空间相搭配，可以营造出

和谐氛围。吊灯选用引人注目的款式，可对整体环境产生很大的影响。同样房间的多种灯具应该保持色彩协调或款式接近，如木墙、木柜、木顶的咖啡室适合装长方形木制灯，配有铁质品的咖啡室适合装铁管材质的吊灯。赏心悦目的布置能增加整个空间的能量，提升经营者的运势。

(3) 挂画的禁忌

很多现代人都喜欢用挂画来布置空间，以求吉祥和美感，但是在挂画的时候要注意下列禁忌：绘有凶猛野兽的图画不宜张挂，以免给人带来恐怖之感。

颜色过深或者黑色过多的图画不适宜张挂。因为此类图画看上去会令人有沉重之感，使人意志消沉，缺乏热情，容易产生悲观情绪。夕阳西下的图画也不宜张挂。

要选择一些属性为阴的画面，要求画面色调朴实，给人沉稳、踏实的感觉，让消费者可以感受到宁静的气氛，在"旺位"除了可挂竹画外，同时亦可挂上牡丹画，因为牡丹素有富贵花之称，不单颜色艳丽，而且形状雍容华贵，故此一直被视为富贵的象征，所以在当旺的方位挂上富贵花，可以说是锦上添花。图画最好不要悬挂，以免给人压迫感过重。

2.咖啡室的空间设计

咖啡室空间的大小要适宜，过大显得空荡、冷落、寂寞，过小则不利于空气对流，室内空气浑浊，也容易感觉沉闷。另外，空间不同的组成元素代表了商业财运的不同方面。天花板代表天，地板代表地，墙壁代表人。墙壁的颜色应该在天花板和地板之间，这样才能达到和谐，造就好的环境。

(1) 空间布局

空间内部的布局基本要求是：敞亮、整洁、美观、和谐、舒适，满足人的生理和心理需求，有利于身心健康。其主要采用"围""隔""挡"的方法组合或变化灵活多样的区划空间，造就好的风水。所谓"围"，就是利用帷幄、家具等在大的空间中围出另外的小空间，或者用象征的手法，在听觉、视觉方面形成独立的空间，使人在感觉上别有洞天，而实际上还是融合在大空间里。所谓"隔"，就是用

柜、台、屏风、绿化等手段，在大空间中划出不同功能的活动区域。所谓"挡"，就是用家具、胶木、折页门帘等，分隔出功能特点差异较大的活动区，但整体空间依然是畅通的。

(2) 空间的净高

内观设计在咖啡室风水设计中也是十分重要的，其设计的风水好坏，直接影响到其形象和经营状况。从人的心理需求来看，净高6米使人感到过于空旷；净高2.5米以下，则使人感到压抑和沉闷；净高3米左右，则使人感到亲切、平易、适宜，这样的高度给人的感觉较好。应根据具体的层高设计出不同风格的娱乐空间，发挥空间能量的最大作用。从科学的角度来考虑，在不同净高的空间，二氧化碳浓度

也不同。净高2.4米，空气中的二氧化碳浓度大于0.1%，不符合室内空气中二氧化碳浓度的卫生标准；净高2.8米，空气中的二氧化碳浓度小于0.1%，符合卫生标准。

(3) 天花板和墙面

不要让天花板和墙面遭受损坏，否则会感到不安全，从而影响商机。至于使用的材料，则不胜枚举，有各种胶合板、石膏板、石棉板、玻璃绒以及贴面装饰，除了考虑经济和加工两个方面外，还要考虑光线、材料质地及风水等要素，使其与空间色彩、照明等相配合，形成优美的休闲空间。

(4) 地板的装饰设计

地板代表基础和稳定，地板如不结实则会让人

担心前行的路是否稳固，最好是采用属阴的木地板，其特点是温馨自然、触感柔和、有弹性，能使空间平添清新活力，能让人充分享受放松、随意的休闲乐趣。地板在图形设计上有刚柔两种选择，以正方形、矩形、多角形等直线条组合为特征的图案，带有阳刚之气；以圆形、椭圆形、扇形和几何曲线组合为特征的图案，则带有阴柔之气。

地毯是布置地板的重要装饰品，选择一块地毯，从风水学角度来看其重要性有如屋前的一块青草地，亦如宅前可以纳气明堂，不可或缺。最好选择色彩缤纷的地毯，色彩太暗淡单调会使空间黯然失色，就会很难发挥生旺的效应。地毯上的图案千变万化，但是务必记住选取寓意吉祥的图案，那些构图和谐、色彩鲜艳明快的地毯，显得喜气洋洋，令人赏心悦目，这样的地毯便是佳选。

地毯对风水也会产生一定的影响，其影响来自于地毯颜色的不同，按照风水的理解，不同的颜色可分为不同的属性。

门向与地毯配合得宜则旺上加旺，地毯的颜色应该按照以下的说明配合门向。

门口朝向东方、东北方——配合黑色地毯；门口朝向南方、东南方——配合绿色地毯；门口朝向西方、西南方——配合黄色地毯；门口朝向北方、西北方——配合乳白色地毯。

休闲生活馆与风水

现代人用全新的方式与理念去诠释生活的意义，既有倾情投入的工作，也要有彻底的休闲放松；既不会成为一味工作的机器，也不会是只享受生活的寄生虫。在此种情况下，各类休闲生活馆应运而生。有的经营者为了更好地赢得消费者，在设计时，往往会巧妙地运用一些风水手段，以此来创造一个更加舒适、休闲的环境。

1. 休闲生活馆的风水要求

休闲生活馆的设计及其风水要求均要有一个高雅清新的怡人环境，这样不仅会增添客人的情趣，而且也会给客人带来舒适休闲的感受，可以加大消费者光顾的指数。

从经营的角度来说，注重生活馆的造型可达到树立商业形象的目的。要做到这一点就必须要使它的造型具有鲜明的独特性，才能宣传自己，招徕顾客。很多休闲生活馆都是离繁华街市有一定距离的地方，要想在这样的区域取得经营活动的成功，就要从生活馆的环境设计风水、外观设计风水以及室内设计风水等诸多方面着手，使之独树一帜，让消费者易于识别，并产生消费欲望。

2. 休闲生活馆的分类

休闲生活馆主要有三类：运动类项目主要有健身房、保龄球房、高尔夫球场、壁垒森严珠房、网球房、游泳池（兼有室内、室外、室内外三种类型）等；美容健美类项目主要包括理发室、美容室、按摩室、桑拿室等；娱乐类项目主要有游戏室、棋牌室、舞厅、各类吧等。

3. 休闲生活馆的环境设计

环境设计对休闲生活馆的风水非常关键。好的环境设计可以令休闲生活馆美观大方，从而吸引到大批的顾客。相反，不注重环境设计的休闲生活馆给人的感觉当然也不好，因此只能惨淡经营。

一般的休闲生活馆，总平面均由建筑小广场、停车场、雕塑、室内活动场所和室外活动场所组成。休闲生活馆因基地面积有限，大多都在房顶平面设网球场、游泳池、屋顶花园等。环境设计应争取良好的景观效果，提高环境质量。良好的景观会给客人带来美好的身心享受，使之留连忘返，休闲生活馆的生意必然蒸蒸日上。

4. 休闲生活馆的外观设计

休闲生活馆因规模大小的不同，整个外观设计也是不同的，不管如何，其外观本身就是一种宣传、标志、象征，所以在开始构筑休闲生活馆的硬体结构之前，应思考休闲生活馆的外观，让它能成为象征代表。

在外观设计中，休闲生活馆的大门入口是至关重要的。休闲生活馆的生意好坏，这个部分能起到三至五成的关键作用。因此，必须非常重视门庭的风水设计。

大门的设计形成应符合当地的气候条件、民俗习惯、磁向方位等要求。另外，不同经营特点的休闲生活馆大门的大小、位置、数量都是不同的，要点是进出通畅舒适，外观引人入胜，并且显示出休闲生活馆的独特标志或特色。

特殊的外观设计，对于其经营是有正面意义的，在外观设计上，还应注意以下两个方面。

(1) 造型

不管是高度还是广告，或特殊建筑风格，都可能是一个观光点，对商店经营应有正面的帮助。

(2) 颜色与装饰

外观的颜色能衬托出整个外观效果，尤其是装饰或是霓虹灯、盆栽、饰条，均具有高度强化的宣传效果。

5. 休闲生活馆的室内设计

休闲生活馆的室内设计以"气"的"平衡原理"为依据，无论是装饰的形式与造型，还是色彩的组合以及材质的运用等，皆建立在"平衡原理"的基础之上。室内设计是一种创造美的艺术，同时设计师也是好环境好风水的创造者。

休闲生活馆内的动线设计要流畅，走道不可过多，最好是以大厅为中心，能四通八达到各单独房间，而不要绕来绕去，或穿过一间房再进入一间房，动线不流畅的格局属不吉。室内不可以有回字形走廊，娱乐场更应避免这种设计。因此，室内走廊不可贯穿整个空间。如果走廊的设计将室内分为两半，属大凶之局。门的位置设计应该避免门对门，这样会导致气流相对，"气场"会漏且相冲，令客人的情

绪浮躁，而且在风水上有漏财之说。

以上两种室内格局的化解方法，在适当的地方放置大型落地屏风，让气流能回旋转折。走廊太窄会让人有局促感，宽敞的走道让人感觉安静而温馨，这样的商业空间可以给人带来财运。

平衡又可称为均衡，平衡原是力学的名词，是指地点两边的力相等，处于稳定状态的现象。在装饰工程中的各个面上，各种物体的布置关系上的平衡，主要是指在视觉中所获得的平衡感。因为在视觉形式上，不同的造型、色彩和材质等要素，会引起不同的质量感觉。平衡的处理方法有对称平衡和非对称平衡两种。所谓对称平衡，是指画面中心点两边或四周的形态和位置完全相同。比如说，在一张长台中间摆一台电视机，两边相对位置上摆放相同大小的花，即为平衡的形式。在墙面两边均悬挂一组图画，亦是一种对称平衡的处理方式。对称方式所形成的对称平衡给人以庄重和安定的感觉，但缺点是过于呆板。非对称平衡是指在一个平衡形式中，两个相对部分不同，但在数量、体积的量上给

人的感觉相似而形成平衡现象。如在装饰时以多个圆有大有小形成的对比与统一关系，又如墙面上均有悬挂的一组图画，其中两边的图画不是一幅组成，而是由两幅或多幅所组成，但组成后的面积与一幅图画相同。又如一组沙发为中心的摆设，左边摆放边桌和台灯，右边摆设绿色植物盆栽，若两者的量感和体感相差不大，即可以形成非对称平衡的效果。非对称平衡比对称平衡的平衡效果更为生动。

6.休闲生活馆的卫生间

卫生间风水是休闲生活馆风水的一个重要组成部分，它可以直接影响客人的健康。卫生间的基本功能是：满足客人盥洗、梳洗、入厕、沐浴等个人

卫生要求，它要求方便、紧凑、高效、舒适、明快、清洁，装饰也应以浅色明快为好。此外，在卫生间里摆放小型绿色花草可以提高整个空间的风水效果。

娱乐场的中心部位不宜作卫生间，否则这便如人的心脏堆积废物，那自然是凶多吉少了。倘若卫生间并不是在中心位置，却位于后半部空间的中心，刚好与大门成一直线，也不宜选用，因为这样很可能导致破财。设置卫生间时，要注意几点：

①卫生间门不宜与大门相冲。

②卫生间地点宜隐蔽，不宜正对大门与大门成一直线。

③卫生间只宜设在走廊边上，而不可设在走廊尽头。

④卫生间应该保持清洁，光线充足，排气扇要常开。

⑤卫生间应该保持空气流通，让浊气更容易排出，保持空气新鲜。

⑥卫生间是个潮湿的地方，为了隐私，很多的设计只是开一个小窗，在此往往造成通风与采光不足，一个消费场所如果卫生间不清洁，也很难留住顾客。

⑦在用材上要讲究使用材料的质量，最起码应该避免使用一些有毒、有辐射的材料。

此外，卫生间与人的联系最直接，现代的卫生间必须强调功能的细化，室内外要有良好的沟通，采光通风都要照顾到，不能够认为是卫生间就忽略它的设计。墙面、顶面等做趣味变化，如局部用木材，用玻璃台盆来增加通透感，在墙上挂画，在化妆台放置观花植物和观叶、观茎植物，周围一片绿色，可以让客人有一种身处自然界的感觉。

7. 休闲生活馆的大厅色彩

大厅要使人感到开朗、明快、舒适、高雅，使客人有"宾至如归"的感觉，那么大厅的色彩基调就要用暖色，如米黄、橙黄、浅玫瑰红等，营造温暖舒适的氛围。讲究一点的话，可按大厅的方位所暗示的金白、木绿、火红、土黄来作为用色的标准。

设在北边的大厅，墙面可涂淡绿色或水蓝色，窗帘不宜太鲜艳。

设在东北边的大厅，墙面可涂淡黄，沙发可用咖啡色，窗帘布可用黄色为底色，并配上咖啡色或其他深色花纹。

设在西北边或西边的大厅，墙面可涂白色，或在白色背景中绘上一些浅色花纹，窗帘可用金黄色，并衬以白色透明的薄纱。

设在南边的大厅，墙面也可涂淡绿色，窗帘布可采用鲜艳一点的颜色。

设在西南边的大厅，墙面可用浅黄色，与东北边的大厅相似。

设在东南边的大厅，墙面可涂草绿色，窗帘可选用绘有花木或翠竹的图案。

设在东边的大厅，墙面可涂淡紫色或淡蓝色。

KTV、夜总会与风水

KTV、夜总会布局同样讲求有风有水。有水才有生命，有风才能播种。做生意的空间一定要让人感觉舒服，从善如流，和气生财。如果风水不适应整体空间，就应该最大程度地运用科学的化解方法进行综合调整。

KTV、夜总会都有它自己的环境命运，那就是风水对它的影响，不同的场所风水也不一样，盈亏结果也不相同，其风水状况直接影响到经营者的财运。

1. 内部设计

利用色彩、灯光、造型把KTV、夜总会店面做得亮丽动人，这当然十分重要。但一个特色突出，有浓厚的"娱乐场所味儿"的KTV、夜总会，要想经济效益很好，其内部设计是必不可少的。KTV、夜总会内部设计主要包括大厅、包房、收银台、走廊、化妆室等各部分的设计。

（1）大厅

大厅是迎送客人的礼仪场所，也是KTV、夜总会中最重要的交通枢纽，其装修设计风格会给消费者留下极为深刻的印象。

大厅应明亮宽敞，无论大门是朝哪个方向，其设计都要符合风水的要求，要对客人产生强烈的亲和力，让客人一进大厅就有一种舒适的感觉，这样生意才会兴隆。材质上，要选用耐脏、易清洁的饰面为材料，地面与墙面采用具有连续性的图案和花色，以加强空间立体感，同时，还要注意减少噪音的影响。

（2）包房

KTV、夜总会包房的内装修方面，地板的材质应选用桧木、松木等，颜色以深褐色为宜，若需要铺设地毯，则以浅灰褐色系为宜，墙壁涂抹灰泥或粉刷。天花板使用具有吸音效果材质较好，板材地基用木材亦可。墙壁和天花板用茶色。总之，可说浅灰褐色系即表示吉。

(3) 收银台

收银台是钱财进出之地，风水上说收银台应设在虎边（人站在室内向大门方向望去的右边就是虎边），也就是在不动方，才能守住钱财，不可以设置在流动性强的龙边，否则不利财运。

收银台的高度也要适中，过高会有拒人于外的感觉，过低又有不安全感，适当的高度在110~120厘米之间，或取107、108、126厘米。收银台内不可有电炉、咖啡壶之类的电器，否则易生灾难及口舌。进门处的收银台旁，不可设有水龙头和冲洗槽，放钱的保险箱应该隐藏，不可被人看到，但小额的收银机不受限制。

(4) 走廊

KTV、夜总会走廊太窄会让人有局促感，而宽敞的走道给人安静而温馨的感觉。精心设计的走廊，可以使过道的沉闷一扫而空，成为一道亮丽的风景线。在走廊的地毯上另外铺设的地毯，摆成楼梯的格式，让每个步入者都有些错落的感觉。走廊若有栏杆并有数根支柱支撑，则无论在哪个方位均吉。倘若经营者十二地支星跟走廊的位置重叠，则吉相更为加强，自然有助于好运的提升、信用的增强，生意也会随之更兴隆。

(5) 化妆室

KTV、夜总会中化妆室的照明一定要明亮，昏暗的化妆室不仅显得不卫生，而且令人健康运下滑。使用光线昏暗的化妆室的夜总会，应尽快换照明设施，色调也应该是宜人的，让人居于其中，有一种精神上的享受，并有愉快的心情。总之，化妆室设计要达到这种目的：进化妆室感到非常舒适、放松，出化妆室时精神焕发，得到的是另外一种享受。

2.附属区域

KTV、夜总会里除了一般的大厅、包房、走廊、化妆室之外，还有一些其他的附属区域，例如酒吧区、舞池区等等。这些区域的装饰同样不可忽视，可根据经营场所的整体风格来进行设计，力求做到美观且不失个性。

KTV、夜总会的装饰效果要和本地区客人的文化素质相结合。在现代化的大城市，可以设计成豪华的多功能KTV、夜总会，房间内可以增加工艺品的摆放区域和自由娱乐区域，如自助式酒吧区、小型舞池区、情侣品茶区、小型舞台表演区等。不要小看这些设计，它们可是高消费人群的首选。包间的设计和施工在装饰和灯光上也特别讲究，文化内涵特别丰富，可设计为欧式、日式、中式，或原始森林式、古堡式和奇幻式等。五花八门的装饰设计被运用到KTV、夜总会的各个场所。

酒吧的风水

酒吧的原文为英文的"bar"，本意是"横木和棒"，是以高柜台为特点的酒馆。当酒吧从单纯聚会、饮酒的地方发展成为多元素融合的文化空间时，酒吧已成为一种艺术展示、个性宣泄的综合性休闲场所。

酒吧装饰艺术领域触及到的不只是艺术的发展学，也涉及到历史学、美学、心理学和社会学等诸多学科，其中包括风水学。本章将要阐述的是有关酒吧布局的风水知识。

1. 酒吧的空间划分

一个较大的酒吧，其空间可利用天花板的升降、地坪的高低以及围栏、列柱等来进行分割。空间的划分使酒吧更具层次感，在视觉上呈现出一种流动性和趣味性，让人感觉到生动、丰富、活泼和雅致。

酒吧的空间划分有许多种方法，如实体隔断：用墙体、玻璃罩等垂直分割成私密性比较强的酒吧

空间，既享受了大空间的共融性，又拥有了自我呵护的小空间；列柱隔断：可构成特殊的环境空间，似隔非隔，隔而不断；灯饰区隔空间：利用灯饰结合天棚的落差来划分空间，这种空间的组织手法使整体空间具有开放性，显得视野开阔，又能在人们心理上形成区域性的环境氛围；地坪差区隔空间：在平面布置上，利用改变局部地区的高低，呈现两个空间的区域，有时可以和天花板对应处理，使底界面、顶界面上下呼应共造空间，也可与低矮隔断或绿色植物相结合，构成综合性的空间区隔手法，借以丰富空间、连续空间。

酒吧空间设计成敞开型（通透型），则风格豪迈痛快，设计成隔断型则柳暗花明。无论哪一种布局都必须考虑到大众的审美感受，符合大众的口味又不失个性。

开敞空间是外向的，强调与周围环境交流，心理效果表现为开朗、活泼、接纳。开敞空间经常作为过渡空间，有一定的流动性和趣味性，是开放心理在环境中的反映；封闭空间是内向的，具有很强的领域感、私密性。在不影响特定的封闭机能下，为了打破封闭的沉闷感，经常采用灯窗来扩大空间和增加空间的层次。

动态空间引导大众从动的角度看周围事物，把人带到一个和时空相结合的第四空间，比如光怪陆离的光影，美妙的背景音乐。在设计酒吧空间时，设计者要分析和解决复杂的空间矛盾，从而有条理地组织空间。酒吧空间应生动、丰富，给人以轻松雅致的感觉。

2. 酒吧的装饰

酒吧多半有一个特定的主题，由此延伸出来的一些文化和风俗习惯构成了酒吧的灵魂，从酒吧氛围的营造，室内外空间的整体装饰，到细节处的点缀都围绕这个中心而展开。从风水的角度来看，我们应该注重酒吧的装饰色调，酒吧的格局以及酒吧的内部设计等因素。

酒吧文化除了给人带来审美上的愉悦和情感上的震撼，还传递着特定的历史、文化信息。酒吧内在的色彩、格局和装饰包括室内的布置、线形、色调、造型等方面。好的装饰自然带来好的风水，可以招徕更多的生意。

酒吧装饰时要注意阴阳调和、暗偏阴的空间，为了增加阳气，尽量少用玻璃台面的桌子，可以多用实木质地的材料，并通过布艺、鲜花、挂画、灯光等来装饰，也就是说，尽量让酒吧呈现出暖色调，因为冷冰冰的空间装饰会严重影响消费者的心情。

（1）色彩

如果说彩光是美人的秋波，酒吧室内色彩就是她的衣裳。人们对色彩是非常敏感的，冷或暖、悲或喜，色彩本身就是一种无声的语言。最忌讳莫如看不清楚设计中的色彩倾向，表达太多反而概念模糊。室内色彩与采光方式相协调，才有可能成就理想的室内环境。构成室内的要素有形体、质感、色彩等，色彩是极为重要的一方面，颜色会使人产生各种情感，比如说红色是热情奔放、蓝色是忧郁安静、黑色是神秘凝重……

（2）灯光

灯光是设计中不可忽视的问题，灯光是否具有美感是设计成败的因素之一。环境的优美能直接影响到人的心情，这就不能不在采光方式上下功夫了。采用何种灯型、光度、色系以及灯光的数量多少，达到何种效果，都是很精细的问题。灯光往往有个渐变的过程，就像婀娜的身姿或波动的情绪，在亮处看暗处，在暗处看亮处，不同角度看吧台上同一只花瓶获得的感观效果都不尽相同。灯光设置的学问在于"横看成岭侧成峰"，让人感觉到变幻和难以捕捉的美。

酒吧的照明强度要适中，吧台后面的工作区和陈列部分要求有较高的局部照明，以吸引人们的注意力并便于操作（照度在0～320LX之间），吧台下可设光槽将周围地面照亮，给人以安定感，室内环境要暗，这样可以利用照明形成的特点来创造不同的个性。吧台部分作为整个酒吧的视觉中心，要求较高，除了操作的照明外，还要充分展示各种酒类和酒器，以及调酒师优雅娴熟的配酒表演，从而使顾客在休息中得到视觉的满足，在轻松舒适的气氛中流连忘返。

酒吧间内主要突出餐桌照明，酒吧中央公共过道部分应有较好的照明，特别是在设在高差的部分，应加设地灯照明，以突出台阶。

(3) 材料

不同功能的建筑空间对吊顶材料的要求也不尽一致，吊顶装饰材料有纸面石膏板、纸面石膏装饰吸声板、石膏装饰吸声板、矿棉装饰吸声板、聚氯乙烯塑料天花板、金属微穿孔吸声板、贴塑矿棉装饰板、膨胀珍珠岩装饰吸音板等。

(4) 壁饰

酒吧壁饰是影响酒吧风格的重要元素，选择不同的壁饰来装点酒吧，可以打造出您想要的情调与氛围，大幅壁画装饰墙体，既可以凸显特殊的消费环境，又可以满足人们不同的艺术欣赏需求，从而进一步刺激消费。

(5) 绿化

利用室内绿化可以改变人们的视觉感，使室内各部分既保持各自的功能作用又不失整体空间的开敞性和完整性。现代建筑大多是由直线和板块形组成，感觉生硬冷漠，利用室内植物特有曲线、多姿的形态，柔软的质感，悦目的色彩，生动的影子，可以使人产生柔和情绪，减弱大空间的空旷感。墙角是一个让人不太注意的地方，然而细节往往是最动人的，也是最细腻的。大多数设计者都会采用绿化消融墙角的生硬感，让空间显得生机盎然，室内绿化主要利用植物并结合园林设计常见的手法，完善、美化它在室内所占的空间，协调人与环境的关系。

3.吧台区设计

吧台是酒吧一道亮丽的风景，是酒吧区别于其他休闲场所的一个重要标志，它令人感到亲切、温馨，潜意识里传达着平等的观念。吧台用料主要有大理石、花岗岩、木材等，由于空间设计不一样，吧台的风格也各有不同。

酒吧的格局要方正，不可有缺角或凸出的角落。如果有尖尖角角，那么坐起来会感觉不舒服，进而心情也受影响，而中国传统的居住哲学也认为，尖锐的屋角和梁柱会放射"煞气"，影响财运。如果有其他的原因不得不选择有尖角的房子，那么可以考

虑设计仰角照明灯，使灯光直射屋梁，达到以圆化尖的目的。因此，吧台设计时应特别注意避免尖角。

(1) 吧台的划分

吧台分前吧和后吧两部分，前吧多为高低或柜台，由顾客用的餐饮台和配酒用的操作台组成；后吧由酒柜、装饰柜、冷藏柜等组成。

作为一套完善的吧台设备，前台应包括下列设备：酒瓶架、三格洗涤槽或自动洗杯机、水池、饰物配料盘、贮冰槽、啤酒配出器、饮料配出器、空瓶架及垃圾桶等。后吧应包括下列设备：收款机、瓶酒贮藏柜、瓶酒、饮料陈列柜、葡萄酒、啤酒冷藏柜、饮料、配料、水果饰物冷藏柜及制冰机、酒杯贮藏柜等。

前台和后吧间距离不应小于950厘米，但也不可过大，以两人能同时通过为适。冷藏柜在安装时应适当向后退缩，以使这些设备的门打开后不影响服务员的走动。过道的地面应铺设塑料隔栅或条型木板架，局部铺设橡胶垫，以便防水防滑，这样也可减少服务员长时间站立而产生疲劳感。

(2) 吧台设计

①前台：酒吧一般有一套调制酒和饮料的吧台设计，为顾客提供以酒类为主的饮料及佐酒用的小吃。酒吧吧台的形式有直线形、"O"形、"U"形、"L"形等，比较常见的是直线形。吧台旁边顾客用的餐椅通常是高脚凳，这是因为酒吧服务台有用水等要求，地下要走各种管道因而地面被垫高，此外服务员在内侧又是站立服务，为了使顾客坐时的视线高度与服务员的视线高度持平，顾客方面的座椅要比较高。为配合座椅的高度以使下肢受力合理，通常柜台下方设有脚凳杆。吧台台面高100～110厘米，坐凳面比台面低25～35厘米，踏脚又比坐凳面低45厘米。

②后吧：除了前吧台即前吧外，后吧的设计也十分重要，由于后吧台是顾客视线集中之处，也是店内装饰的精华所在，因此更需要精心处理。首先应将后吧分为上下两个部分来考虑，上部不作实用上的安排，而是作为装饰和自由设计的场所；下部一般设柜，在顾客看不到的地方可以放置杯子和酒

瓶等。下部柜最好宽400~600厘米，这样就能贮藏较多的物品，满足实用要求。

③吧凳：吧凳面与吧台面应保持0.25米左右的落差，吧台面较高时，相应的吧凳面亦要高一些。吧凳与吧台下端落脚处，应设有支撑脚部的支杆物，如钢管、不锈钢管或台阶等。较高的吧凳宜选择带有靠背的样式，坐起来会感觉更舒服些。

(3) 酒柜

现代生活中的家庭酒柜更多地把酒柜合入间厅柜、墙壁、橱柜、装饰柜中，由于考虑到空间面积、结构和原有家具设计的客观条件等因素，人们会更多地考虑酒柜的实用性。

中式、欧式酒柜各有特色。中式酒柜大多讲究侧面的装饰，喜欢把酒柜的各个部位细化、美化、复杂化。欧式酒柜面积大，但做得轻巧，多用不锈钢、玻璃等材质，木材用得少，追求简约的风格，多讲究外部线条的搭配和装饰。相对来说中式酒柜做得比较正式，一般适合较大面积的房子。

①壁炉式酒柜：这种酒柜的设计灵感来源于美式壁炉。在美式风格的家居里大都有壁炉，如今人们已经接受它作为装饰，成为大厅的一部分。考虑到开放的大厅、餐厅与门厅相连，没有分区，于是取了壁炉的造型，设计了一个大理石材质的固定酒柜，放在大厅与餐厅之间。它就像一个岛，让大厅和餐厅相互关联，却又明确地分区，同时它又具备酒柜的功能。

②原木酒柜：若您偏爱回归原始的感觉，那么不妨设计一个原木的酒柜。这种酒柜在设计上用原木

材料，原木的质感让人有一种回归自然的感觉，月牙形的艺术壁灯又添加了浪漫的色彩。但切记，这种风格的酒柜设计一定要符合居室的整体设计风格。

③玻璃隔断的酒柜：如果空间不大，且房屋举架过低，那么这种酒柜最适合，因为它既实用又美观，由于实际空间的限制，我们不得不改变原有的酒柜概念，于是仅仅在墙壁上安装出几块玻璃板用于摆放酒瓶及酒器，这样将空间向高处延伸，可以说算是别出心裁的创造。

④玄关的酒柜：这种酒柜的设计实在是出于功能性的考虑，由于原有房屋的整体格局不够合理，因此在设计师的巧妙设计下创造了这样一个酒柜。这种酒柜是将狭长的玄关处设计成一个酒柜，使原有的不被利用的空间得到了合理的利用，同时从外面看这里是一处玄关，但从居室里面看这里又是一处小酒吧，既实用又增添了情趣。

酒楼的风水

但凡经商者无不希望自己所销售的商品受到市场和大众的欢迎,事业蒸蒸日上,财源滚滚而来。越来越多的人意识到风水学对于酒楼经营的重要影响,并开始逐渐去了解、利用、改造和顺应它。许多知名的酒楼之所以能够生意兴旺,大多是因为它们的经营者重视风水,并在经营过程中始终关注对内外部环境的适应与调整。因此,选择一个人气旺、地段好的经营地址,打造出美观和谐的内外部环境是非常必要的。

1.环境与餐饮业风水的关系

风水学以自然科学的理论为依据,将各种自然信息能量利用起来,进行阳光、气流、地势、色彩等自然物理能量的调整,使之适合人们身心健康的需要。风水学满足了各类人群在避凶趋吉、招财进宝、升官晋爵、延年益寿、家业兴旺等方面的心理

需求,在人们的心理和精神上产生了良好的安慰和激励作用。

有些时候,人们会很奇怪地发现,有些餐饮店装修得不错,价格便宜,地段又好,但就是没有什么生意;而有些看上去很不起眼的地方,却生意兴隆、人流不断。根据中国传统的观念来看,这与餐饮店的风水有很大关系。从科学的观点来看,这是因为在餐饮店的选址、外观设计和内部装修上没有根据地理环境、气候及消费者心理等因素来进行,这些都是风水学所研究的内容。因此,在事业经营中必须加以重视。这里的风水包括餐饮店的选址、餐饮店的外观设计、餐饮店的内部布局。

(1) 车流

许多店面都面临大街,门前人流和车流来往不断,这样的店面一般说来是人气旺,有利于餐饮业发展的。但是,从风水学的角度来说,有吉凶之分。我们可依马路的车辆行走方向来判断店址的吉凶好坏。要考虑到所处的街道环境是主干道还是分支道,人行道与街道是否有区分,以及道路的宽度、过往车辆的类型、停车设施的情况等,估算出通过的客流量和车流量。分析时,还应注意按照年龄和性别区分客流量,并按时间区分客流量与车流量的高峰值与低谷值。

入口在前方中央(朱雀门),可以不用理会汽车的行走方向,这种情况以吉论之。在入口的前方,有一处平地或水池、公园等,视为吉相,主旺财。在店的前方,车辆由右方向左方行驶(由白虎方向青龙方行驶),于前方靠左开门(青龙门),以吉论。

在店的前方，车辆由左方向右方行驶（由青龙方向白虎方行驶），店址于前方靠右开门（白虎门），以吉论。入口前方，并非马路，全是平台，则以开前方中门及前左方开门的店址为吉论。

(2) 周边楼宇

餐饮业最理想的环境是店址的左方和右方都有大楼，但这些大楼应矮过店铺背后的大楼，小过背后的大楼，否则仍不是理想的风水。

2.酒楼外观风水

从营销的角度来说，注重酒楼的外观造型可达到树立商业形象的目的，要做到这一点就必须使它的外观造型具有鲜明的独特性。关于酒楼外观风水设计的原则，就是要使人们在观看时感到舒服顺眼，达到良好的视觉效应，从而获得人们对酒楼的认同感。

(1) 外观造型

从风水上来讲，酒楼的外观造型最好是能围绕酒楼的营销特色展开设计和构想，主要原则是要使顾客看酒楼的外观就能体会到或猜测到酒楼经营的范围，起到宣传和招揽顾客的作用。

在追求外观造型的特色时，并不意味着要将建筑外观搞成奇特的形状，奇形怪状的外观造型很可能会弄巧成拙，惹来路人的非议。良好的建筑造型在于挖掘人们对造型结构的审美意识，这种审美意识对中国人来说，就是讲究结构的左右对称、前后高低均等、弧圈流畅、方正圆圆等。因此，在设计酒楼外观的独特造型时要注意造型结构的协调性。就是说，要考虑酒楼外观的独特造型是否符合人们

对建筑结构的审美观念。具体来说，就是要看牌子左右两侧部分是否对称，前后高低是否相宜，四周留出的空间是否均等，该呈角形的是否呈角形等。人们认识一个事物，往往都是从认识外观开始。因此，酒楼能从外观造型上赢得顾客的好感，就等于生意做成了一半。优美的外观与美丽的景致相结合即是商家所看重的天时地利，精明的生意人能借用天地之利，以达到财源茂盛的目的。

(2) 外观色彩

从某种意义上来说，建筑是色彩的建筑，没有

色彩的建筑如同没有了灵魂，会变得毫无生气。按照风水学的五行之说，天地万物是由水、火、土、金、木等五种元素组成的。天地万物都以五行分配，颜色配五行就为五色，即青、赤、白、黄、黑。每种颜色都代表不同的意义。青色，为草木萌芽之色，代表温和之春；赤色，为金属光泽之色，代表炎热之夏；黑色为深渊之色，代表寒冷之冬。

因此，古代建筑对颜色的选择十分谨慎，如果是为希望富贵而设计的建筑就用赤色；为和平、永久而设计的建筑就用青色；黄色为皇帝专用颜色，民间建筑不能滥用，只能用于建筑的某个小部分；白色不常用；黑色除了用于某些建筑的轮廓之外，也不多用。故而，中国古代的建筑以赤色为多，在给屋内的栋梁着色时，以青、绿、蓝三色用得较多，其他颜色很少用。

其实也可以这样理解，人们对色彩的感受已经不是一种简单的颜色欣赏，而是将之作为一种人类情感的寄托物，反映了一个民族的信仰。于是，在设计酒楼外观的颜色时，就要注意与人们对颜色的传统认识观念相协调，使人们接受建筑上的颜色。当然，随着现代文化的发展，人们对颜色的认识与需求也会有所变化。那么，作为经营者，就需要主动去满足人们对颜色的要求，以清新、活力、美感的色彩来吸引顾客，达到商品促销的目的。

要求酒楼外观造型的协调，当然也包括着色的协调，各种颜色搭配的协调等方面。外观造型颜色的不协调，主要是指建筑物涂了某种为人们所忌讳的颜色，或者是在着色、选择搭配的颜色上，给人们造成了不舒服的色彩感觉，出现这样的情况将会影响酒楼的外在形象。按风水学的理论，颜色不正、色彩不协调都带有煞气。酒楼外观颜色不协调，就会给店铺带上煞气。即使抛开风水不论，酒楼外观造型颜色的不协调，就好似一个人穿了一件不伦不类的外装，是应该加以避免的。借助颜色美化店铺，这是现代商家运筹经营的崭新意识。

（3）大门

酒楼的大门就如同咽喉，是顾客出入的通道，每日迎送顾客的多少决定了生意的好坏，因此，必须非常重视酒楼大门的风水设计。大门的形式和设计应符合当地的气候条件、民俗习惯、宗教信仰、磁向方位，以及酒楼等级的要求等。

门的分类与应用

风水学上将开门分为四类，分别是：朱雀门、青龙门、白虎门、玄武门。

所谓朱雀门，是指宅门开在建筑中间。比如建筑前方有一处水池或空地，即是有"明堂"。这样，门适宜开在建筑之前方中间。

所谓玄武门，是指大门开在建筑的后面，一般的独栋式建筑都要开设后门，一是对安全有利；二是因为住宅犹如人体，需要吐故纳新的渠道。没有门户，就如同只进不出，长此以往，对健康和事业运都极为不利。

所谓青龙门，是指大门开在建筑的左方。比如建筑前方有街道或走廊，右方路长（来水），左方路短（去水），住房宜开左方门以收地气。此法称为"青龙门收气"。

所谓白虎门，是指大门开在建筑右方。比如建筑前方有街道或走廊，左方路长（来水），右方路短（去水），住房宜开右方门来收截地气。此法称为"白虎门收气"。

门的大小

酒楼大门的形式多种多样，但有一个总的原则就是门不宜设计得过小。从风水学的角度看，门为纳气口，餐厅生意的好坏，三成左右由门决定。所以，大门的方位、大小、装饰等就显得至关重要。对于经商活动来说，如果大门过小，会使顾客出入不便，视线受阻，自然会减少一部分客源，影响酒楼的经济效益。出入通道的门做得过小，会使顾客出入不便，还会造成人流拥挤，影响酒楼正常的营业秩序。因而，为了使酒楼提高对顾客的接待量，门不宜做得太小。酒楼的门做得过小，按风水的说法就是缩小了建筑的气口，不利于纳气，令气不能通畅地流入室内，减少了屋内的生气，增加死气。改善的方法是把酒楼的门加宽，甚至可以把酒楼的门全部拆除。酒楼的门加大，也就是扩大了风水学所说的"气口"，大气口就能接纳大财源。保证酒楼有良好的营业秩序，使经营蒸蒸日上。

酒楼广开大门，还可以将内部面貌更好地展示于顾客面前。使精美的室内设计成为吸引路人和顾客的实物广告，作了宣传，又有了生意。换个角度考虑，广开了大门，酒楼大堂就成了橱窗，把商品和服务都展示给大家。而且这个"柜台橱窗"更灵活，既可看，又可进行交易买卖，从酒楼投资的效益来说，就可在不用扩建酒楼的基础上，扩大了酒楼的经营空间和营业面积。

设立迎客的门面门厅，这就如同伸出双手来拥抱来者，表现出一种热忱，如果有逼压的感觉，必须改为宽敞的门厅空间，以此作为主体设计。

大门的朝向

设计门的朝向时，最好选择朝有上乘之气的方向开门，而且在大门之后，最好设置一架屏风，对煞气再做些阻隔。

酒楼的朝向是商家十分慎重的事情，他们往往会将之看成为经商成败的关键。大体来说，各类行业适宜的大门朝向是与各行业的五行密切相关的。实际上，酒楼的兴衰取决于顾客，顾客是酒楼的财源所在。顾客盈门，酒楼就会兴旺发达，所以酒楼门的朝向，应取决于顾客，应该是顾客在哪里，酒楼的门就开向哪里。

酒楼的门向还跟酒楼的选址有很大的关系，如果店址为坐南朝北，或是坐西朝东，而且顾客的聚集点就在房屋所坐朝的方向，那么酒楼的门就只有朝北、朝东无疑了。如果是这样，酒楼又犯了门不宜朝北、不宜朝东的忌讳，夏季酒楼就要受到烈日的直晒，冬季就又要受到北风的侵袭。在这种情况下，不妨运用阴阳五行相克的原理来处理。在夏季除了在门前搭遮阳篷外，还可以在大堂放置一个大的金鱼缸，摆上若干盆景。金鱼缸属水，盆景属木，都可以减弱室内的热气。而且，人在暑天里看到一缸清凉之水，其中又有生气勃勃的金鱼，就会获得清新、舒爽之感。

(4) 招牌

酒楼的招牌可以影响到整个酒楼的形象以及环境的和谐，从而影响到经营者的心态，这也直接关系到生意的兴隆与否。酒楼的外观和格局与店址的隆昌、营业的好坏有极大的联系。人们往往也会依照招牌的高低、色彩、大小尺寸等方面判断吉凶。尤其要注意具体场所、企业法人的名称和出生等信息。

招牌色彩的搭配很有讲究，要与酒楼的经营内容相配合，而且应该一目了然，赏心悦目。要符合负责人的内在命理。招牌色彩协调能够令人感到亲切可人，会引起人们的好奇心。这样的招牌既具有艺术性，又具有旺财的功能。招牌可选用薄片大理石、花岗石、金属不锈钢板、铝合金板等材料。一般来说，石材门面显得厚实、稳重、高贵、庄严，金属材料门面显得明亮、轻快、富有时代感。

招牌的文字设计

除了店名招牌以外，一些以标识口号隶属关系和数目字组合而成的立体化和广告化的招牌不断涌现。在文字设计上，应注意：

首先，招牌的字形、大小、凹凸、色彩应统一协调，美观大方。悬挂的位置要适当，可视性强。

其次，文字内容必须与本酒楼经营的产品相符。

第三，文字要精简，内容立意要深，并且还需易于辨认和记忆。

第四，美术字和书写字要注意大众化，中文及外文美术字的变形不宜太过花哨。

招牌的种类

招牌的种类很多，常见的有：

悬挂式招牌：悬挂式招牌较为常见，通常悬挂在餐厅门口。除了印有餐馆的店名外，通常还印有图案标记。

直立式招牌：直立式招牌是在餐馆门口或门前竖立的带有餐馆名字的招牌。一般这种招牌比挂在店门上方或挂在门前的招牌更具吸引力。直立式招牌可设计成各种形状，如竖立长方形、横列长方形、长圆形和四面体形等。一般招牌的正反两面或四面都印有餐馆名称和标志。直立式招牌因不像门上招牌那样受面幅限制，可以在招牌上设计一些美丽的

图案更吸引顾客的注意。

霓虹灯、灯箱招牌：在夜间，霓虹灯和灯箱招牌能使餐馆更为明亮醒目，制造出热闹和欢快的气氛。霓虹灯与灯箱设计要新颖独特，可采用多种形状及颜色。

人物、动物造型招牌：这种招牌具有很强的趣味性，使餐馆更具有生气及人情味。人物及动物的造型要明显地反映出餐馆的经营风格，并且要生动有趣，具有亲和力。

外挑式招牌：外挑式招牌距餐馆建筑表面有一定距离，突出醒目，易于识别。例如各种立体造型招牌、雨篷、灯箱、旗帜等。

壁式招牌：壁式招牌因为贴在墙上，可见度不如其他类型招牌。所以，要设法使其从周围的墙面上突出出来。招牌的颜色既要与墙面形成鲜明对照，又要协调、美观；既要醒目，又要悦目。

3. 酒楼内部装修风水

将中国风水学运用到酒楼的经营中已有一千多年的历史，众多古籍、秘本对此方面应用都有所介绍。酒楼的风水不但包括选址及外观装修，内部装修对风水的影响也很大。

（1）酒楼的格局

大堂

大堂是酒楼迎送客人的礼仪场所，散客的就餐之地。同时，大堂也是酒楼中最重要的交通枢纽。大堂的功能是综合性的，其风格、品质会给客人们留下极为深刻的印象。随着社会服务的不断发展，

许多大中型酒楼的大堂还兼备了更多的服务功能。如，当大堂结合中厅或休息厅形成巨大的空间时，还可以在中间添加一些布置，成为各种公共活动、文化交流和社会交际的场所。

大堂的基本功能由入口大门区、总服务台、休息区、散客区和通道等部分组成，每一部分都有不同的使用功能。每部分的组合有机而生动，使大堂既是通向各功能空间的交通枢纽，又是多种功能兼备的过渡空间或中心空间。此外，大堂常需的功能内容还有客用卫生间、时钟、新闻报纸及杂志陈列架等。大中型酒楼可能还需要另设宴会大厅、团体大厅等。还要有靠近大门的行进通道，门外要有车道停车线，便于宴会客人出入等。大堂比较大时，应设酒吧和咖啡厅，一来是客人会客休息之处，二来又可给酒楼增加收入。大堂应以宽敞明亮为主格调，不论大门是朝哪个方向，宽阔明亮的大堂是事业发达的基本保证。应使顾客一进大堂，就有一种舒适的感觉。将装饰摆设与主格调相配，可以体现出酒楼的特色，如果大门前有冲煞信息，那就应该在大门口安放石狮子，大堂内摆放避煞招财之物。一般是5个或8个金色石英钟，或是神佛，或是大象等，这要根据具体情况而定。大堂的装饰灯光非常

重要，有许多酒楼的大堂，如香港的香格里拉大酒楼、天津的喜来登大酒楼、海南的金海岸大酒楼、北京的京广中心大酒楼、马来西亚的云顶大酒楼等，他们的大堂设计都很符合风水的要求，对客人有很强的亲和力，生意很好。大堂是接待客人时间最长、最集中的场所，在经营中不便维修，因为这将影响饭店的信誉和形象，所以设计时需要尽可能长久地保持良好外观。选用耐脏、耐磨、易清洁的饰面，地面与墙面采用具有连续性的图案和花色，以加强空间整体感。同时，还应减少噪声影响。

（2）财位及收银台

财位及收银台对事业的发展有锦上添花的效果，也是每一位经商人士最关心的风水基础。因此，风水学很讲究财位和收银台的风水效应。

财位的摆设位置

一般而言，财位宜设置在进门的右前方对角线处，此处必须是很少走动之处，不能是通道，否则财运会守不住。如果右前方财位刚好是一个门，就要换找左前方的财位了。有些房子会因格局或设计的关系而找不到财位，或者是刚好在财位的角落有大柱子凹进来，都是风水不佳的铺子。改善的方法是运用走道隔间创造出一个财位，当然，最好还是请风水专家亲自来设计比较好。

按照风水术，一般是采用挨星法算出每年的当旺财位，然后在风水上进行处理，但最大麻烦就是每年、每月、每天的财位都不相同，这就给用户带来很多不便，显得无所适从。依照"八宅"法则，可相对简单地定出财位，位置就在进门对角线所指的角落。一般说来，财位宜亮不宜暗，在财位上放置一棵常绿植物可起到催财的作用。

财位禁忌

财位上不可放置会发热的电器，如电视、电扇、电炉、电源线等。

财位不可胡乱堆放物品，或不加整理，布满灰尘。

财位上不可摆放人造花、干燥花等没有生气的物品。

财位上方的天花板不可有漏水，墙壁或地板油漆不可脱落或瓷砖斑驳。

财位的摆设

关于财位的摆设，有人说要摆盆景，不可放置有水流动之物，如有水的盆景或是鱼缸。但有人认为摆放鱼缸比较好，而且财位上摆鱼缸是最常见的。其实两者都可以，若是八字缺水的业主应该在财位上摆一个鱼缸，若是八字多水的人就不要摆鱼缸，改摆长青树类的盆景。所以，最好是以经营业主的八字来确定财位应摆什么。

财位上摆设长青盆景有助于财源滚滚，但必须选择高度超过室内一半的大花瓶。养植万年青、白铁树或秋海棠、发财树等盆景，而且要选叶片圆大的树种，不可选针叶树种。财位上要放盆景就一定要细心照顾，让它长得茂盛，一有叶子枯黄一定要尽快剪除，若不能细心照顾的话，宁可不放。如果在落地门窗前的一个阳台上摆放一排盆景，或是在窗台上做盆景花台可以接气，看起来满室生春，有助于健康和财运。

如果是摆设鱼缸则选择圆形的为最佳，或者是口小底大的鱼缸也较佳。鱼种也应选择色彩鲜艳，易饲养的，最忌有病或死亡，会有损风水财运。一般在酒楼的财位上不方便摆鱼缸的话，最好是设置收银台，象征进财能守。

收银台设计

酒楼的效益，首先直接由收银台得到体现，故收银台必须设在聚财之位，宜静不宜动，更不宜受冲。收银台是钱财进出之地，风水上说，酒楼的收银台应设在虎边，也就是在不动方，人站在室内往大门方向看去的右边就是虎边。柜台设在虎边才能守住入库的钱财，而不能设在流动性大的龙边。其实，这是为了符合人们靠右行走的习惯。因为人面向酒楼时习惯靠右走，因此，龙方设门符合一般的行走习惯。顾客从里面要出来时，也习惯右走，正好在虎边腹脏处。柜台的后方必须是墙壁，不可有让人走动的通道。若是玻璃幕墙的大楼，柜台在不动方却正是玻璃，则应该在这一面的玻璃加以遮盖，用窗帘或者是用装饰板遮起来。

收银台高度要适中，过高的收银台会有拒人于千里之外的感觉，过低又缺少安全感。适当的高度在110～120厘米之间，或是取107厘米、108厘米，或者是126厘米高。收银台内不能有电炉、咖啡壶之类的电器。因为，收银台处一定会有现金或账簿，万一发生火灾，首先被波及当然不好。放大额财物的保险柜应当隐密，不可在明显的地方摆放，以免漏财。但小额的收银机不受此限，因为当天打烊结账后就将当天的收入存入保险柜了。

(3) 楼梯

楼梯也相当于大门，是通往楼上的门，故楼梯的位置、形状也会影响到酒楼的效益。一般来说，楼梯不能正对酒楼的大门，当楼梯迎大门而立时，为了避免店内的人气与财气在开门时会冲门而出，可在梯级于大门对面之处，放一面凸镜，以把气能反射回店内。避免楼梯正对大门的方法主要有三种：一是把正对着大门的楼梯的方向反转设计，比如把楼梯的形状设计成弧形，使得梯口反转方向，背对大门；二是把楼梯隐藏起来，最好就隐藏在墙壁的后面，用两面墙把楼梯夹住，增强上下楼梯时的安全感；三是在大门和楼梯之间放置一个屏风，使"气"能顺着屏风进入店堂。楼梯的下方可以摆放植物或者做储物柜，但不能安排就餐席。

(4) 厨房

厨房是酒楼的重要部位，除了直接影响饭菜的质量外，还有易学的内涵，故厨房的位置不可乱设。炉灶是厨房的关键，而炉灶的放置又是风水中的关键，依照中国传统"家相学"的说法，炉灶放置的基本法则是：坐凶向吉。也就是说，炉灶应放在凶方，而炉灶的开关应朝向吉方，这几乎是炉灶摆放的最佳法则。另外，厨房的用途及流程设计，在酒楼的内部格局中极为重要。

一个理想的设计方案，不但可以让厨师与相关部门工作人员井然有序、密切配合，顾客也因此得到更好的服务，并可以不断提高顾客的回头率。反之，一个粗制滥造的设计，可能由于设备、器具安排不合理，造成厨师使用时不顺手，无法挥洒其烹饪技术而影响菜品质量。时间长了必然影响酒楼的声誉。

因此，酒楼进行厨房设计时，整个厨房设备的布局要根据现场情况和酒楼的功能要求进行合理安排和设计，并结合煤气公司、卫生防疫、环保、消防等部门的要求进行厨房设备方案的调整。

(5) 海鲜池

海鲜池既是酒楼的食品库，又是水大旺之地，故位置的安排亦很重要，不可随意。最好的方式是根据经营内容和经营业主的命理来确定其位置。

(6) 卫生间

内部功能区中还有一个重要的内容就是卫生间的设计，因为卫生间也是酒楼风水的一个部分，它可以直接影响客人的健康。卫生间的基本功能是向客人提供盥洗、梳洗、入厕等个人卫生要求。卫生间要求方便、紧凑、高效、舒适、明快、清洁，装饰也应以浅色明快为主。卫生间的门不可以正对就餐席，在卫生间摆放小型绿色花草可以提高整个餐厅的风水效果。卫生间在风水上是污浊气场的所在，不可占据吉地，要求压在凶方。一般来说，卫生间的处理比较简单，但如果是多层的酒楼，就要注意切不可让楼上的卫生间压在楼下的收银台上，或压在办公室、厨房之上，不然会产生许多不良后果。

4.酒楼的装修要点

(1)宜光洁舒适有生气

按风水的说法,光洁舒适就是有生气,反之,就是死气。酒楼的光洁舒适感,主要来自于两个方面。

第一来自地面。可以说,地面是顾客踏入酒楼得到的第一感觉。要使酒楼的地面光洁,在装修时,要选择表面光洁方正、质量好的地板砖,以便做到铺设整齐、经久耐用、方便擦洗。

按风水的说法,对地面的装饰,就是对生气的凝聚。地面生气强弱,除决定于地板、地砖表面的光滑明亮外,还讲求地板、地砖的颜色。颜色对于风水来说,有象征性的意义。一般而言,红色代表富贵吉祥、绿色代表长寿、黄色代表权力、蓝色代表天赐福、白色代表纯洁。颜色的这种象征含义,也反映了普通大众对颜色的喜好。因此,可以将之作为选择地板颜色时的参考。

要使酒楼的地面光洁,还要经常地擦抹地面,使之不留任何污迹,不留任何纸屑和瓜果皮,永远保持光洁照人。

第二来自墙面。顾客进入酒楼,举目看到的就是酒楼的四周墙面。

要做到酒楼墙面光洁舒适,首先就是对墙面的修饰。对墙面进行修饰的材料很多,石灰、涂料、墙纸(清淡之色最佳)、墙砖、面板等都是常用的装饰材料。不论是哪一种材料的装饰,一定要保证墙面颜色的明亮,因为明亮的颜色,才会给人带来光洁舒适的感觉。风水学认为,明亮就是生气。

要做到酒楼墙面光洁,还要注意在日常工作中,不得乱涂乱画,或者随意往墙面上洒泥水、墨汁等污迹,或者是贴一些不规整的标语和广告,这些不规整的污迹会使人感到不舒适。有了一个光洁舒适的经营环境,就能赢得顾客,赢得良好的经营效益。

(2) 宜通风顺畅广纳气

风水讲求房屋的纳气,讲求房屋内部气的流动。酒楼是一个人员密集的区域,也是一个商品堆积的区域。故而,酒楼也需要纳入新鲜的空气,也需要厅堂内的气体流动。气体流动可以驱走浊气,带来新气;也可以带走湿气,带来干爽之气。

风水的"纳气"与"气的流动"在一定的意义

上,都可以理解为通风透气。酒楼的通风透气,对货品的保管和交易都是有好处的。所以,使酒楼通风透气是酒楼装饰时要考虑的重要原则之一。

要使酒楼纳气,即让大自然的新鲜空气进入酒楼,在装修时要注意留有空气的入口和出口。一般地说,酒楼要做买卖,都有一个敞开的大门,空气的进入不成问题。而有以下四种情况,也不必另辟空气的出口。

① 两面开门的气流走动,不用另辟空气出孔。

② 三面开门的气流走动不用另辟空气出孔。

③ 如果酒楼是开一面墙,而且为扁平形状,气体的进出很流畅,也不用另辟出气孔。

④ 平扁状单开门的气流走动不用另辟空气出孔。

但是,如果单开一门的酒楼呈长方形,而且除门以外,也没有另外的窗户,就要在与门对应的另一方开一个出气孔。因为,此时的空气流动只在房屋的前一部分,后一部分的空气仍静止不动。风水学认为,这静止不动的气就是死气。在与门对应的方位开一个空气通道,就可以让这死气变活,形成前后气的对流。

要使酒楼做到通风透气,还要注意酒楼功能区内用具的摆设。摆设整齐的用具,使气在流动时不受阻碍,比较活跃。反之,零乱摆放的用具,或高、或低、或混乱拥挤、或掺杂叠放,都会扰乱室内的气流,造成一部分淤积不动的死气。因此,为了避免死气的产生,对用具的高矮搭配、摆置的方向、位置等,都要讲求整齐,尽量少用阻碍气体流动的横式摆放。

在酒楼存放的货物间也要留有空道,便于气的流动,便于排出湿气,便于货物的检验提存。按照风水的说法,这样留有空道地堆放物品,会使四周都有生气保养。

风水阳宅的纳气之说要求调整气流,保证室内空气流通,达到阴阳平衡,既有积极的意义,也符合客观实际,可以利用来指导改良酒楼内的空气,从而形成一个良好的经营空间。

(3) 忌阴暗与潮湿

在考虑解决酒楼的潮湿问题时,有三个方面的问题要检查:

一是检查酒楼的通风透气是否良好。酒楼在通风情况不好时,停滞在酒楼内的静气就会变成湿气,湿气的凝聚就形成水珠,成为潮湿的水源。

二是检查酒楼的地面是否平整和洁净。酒楼的地面凹凸不平,就会藏污纳垢,这些污垢不清除,也会产生湿气,成为潮湿水汽的又一来源。

三是在春夏之季,应检查酒楼的地面是否有回潮现象。这种季节产生的回潮现象、虽然持续的时间不长，但湿气最重，因而对商品的损害也就最大。

要解决酒楼潮湿问题，可想方设法使酒楼的通风透气保持良好，或加开窗，或增加排气孔，或清除店中的多余杂物，或使物品与用具摆放整齐等，使店内的气流通畅，从而带走湿气。另外，应设法保持酒楼地面的平整光洁，经常擦扫地面等，使地面永远保持干爽清洁状态。

避免酒楼阴暗和潮湿，保持酒楼明亮清爽，也是为了造就一个良好的经营环境，从而使酒楼获得良好的经营效果。

(4) 消除声煞

许多店铺为了营造内部气氛，在室内播放震耳欲聋的音乐，这样对酒楼来说是要避免的，因为酒楼本身是一个雅致的空间，需要轻柔雅致的乐声，这样才可以使顾客留连忘返，增加顾客的回头率，从而增加顾客消费的可能性。震耳的音乐在风水中称之为声煞，属于凶煞的一种，会使得人们自然而然地产生出烦躁的情绪，对酒馆的经营只能起到负面影响。

5. 酒楼的装修风格

(1) 中式传统风格

传统风格的室内设计，是指在室内布置、线形、色调以及家具、陈设的造型等方面，吸取了传统装饰"形""神"的特征。例如，吸取我国传统木构架建筑室内的藻井天棚、挂落的构成和装饰，明、清家具造型和款式特征等。中式传统风格常给人们以历史延续和地域文脉的感受，它使室内环境突出了民族文化渊源的形象特征。

(2) 日式风格

日式风格推崇自然、结合自然，使人们能取得生理和心理的平衡，因此室内多用木料、织物、石材等天然材料，并显露出材料清新淡雅的纹理，也常注重体现天然木、石、藤、竹等材料和纹理的质朴，日式风格巧于设置室内绿化，创造自然、简朴、高雅的氛围。空间造型极为简洁，家具陈设以茶几为中心，在茶几周围的榻榻米上放置日式蒲团，墙面上使用木质构件做方格几何形状与细方格木质推拉门、窗相呼应，悬挂纸灯笼。空间气氛朴素、柔和。

(3) 西式风格

西式风格吸取了传统欧洲古典样式的构成装饰，擅用各种花饰和丰富的木线变化。富丽的窗帘帷幔是西式传统室内装饰的固定模式，其中包括仿罗马风、哥特式、文艺复兴式、巴洛克、洛可可、古典主义等，空间环境多表现出华美、富丽、浪漫的气氛，室内多见仿英国维多利亚或法国路易式的室内装潢和家具款式。

(4) 中西结合式风格

中西结合式风格在总体上呈现多元化、兼容并蓄的状况。在空间结构上既讲求简洁实用，又具有浓厚的文化内涵，室内布置中既趋于现代实用，又吸取了传统的文化特征，在装潢与陈设中融古今中西于一体。例如传统的屏风、摆设和茶几，配以现代风格的墙面、门窗、新型的沙发；欧式古典的琉璃灯具和壁面装饰，配以东方传统的家具或埃及式的陈设、小品等。混合型风格虽然在设计中不拘一格，运用多种体例，但设计中仍然是匠心独运，值得深入推敲形体、色彩、材质等方面的总体构图和视觉效果。

(5) 地方风格

地方风格，也称为"乡土风格"。室内多采用木材、织物、石材等天然材料，讲究材料的纹理，再辅以有浓郁地方区域色彩的乡土工艺作摆设，设置绿化，给人以回归自然的亲切感。在室内环境中力求表现悠闲、舒畅的田园生活情趣，创造自然、质

朴、高雅的空间气氛。

(6) 现代风格

现代风格强调突破传统，不拘泥于传统的逻辑思维方式，重视功能和空间组织，注意发挥结构构成本身的形式美。造型简洁，反对多余装饰，崇尚合理的构成工艺，尊重材料的性能，讲究材料自身的质地和色彩的配置效果。线条流畅，色彩大胆明快，空间气氛表现简洁、新颖、流畅，发展了非传统的以功能布局为依据的不对称的构图手法。探索创新造型手法，讲究人情味。

有的酒楼也会在室内设置夸张、变形的柱式和断裂的拱券，或把古典构件的抽象形式以新的手法组合在一起，即采用非传统的混合、叠加、错位、裂变等手法和象征、隐喻等手段，创造出一种融感性与理性、集传统与现代、融大众与行家于一体的室内环境。

茶馆与风水

茶馆的外观造型从某种意义上说，代表了一个茶馆的形象。好的造型能够在顾客中树立起良好的形象，如果一个茶馆的外观设计得不协调，会使人产生反感，甚至产生厌恶感，从而也就损坏了茶馆在顾客心中的形象。当然，顾客也就很少上门了。风水上称之为"凶宅"，认为会带来天灾人祸。茶馆因建筑外观造型的不协调而失掉顾客，就是茶馆遭受到的最大的祸患。

1. 茶馆的外观风水

很多茶馆都位于繁华热闹的街市，而拥有众多店铺的繁华街市是一个商品经营竞争十分激烈的区域。要想在这里取得成功，首先就要从外观造型上着手，使之能够在商业角逐中独树一帜，先声夺人。

(1) 外观造型

注重造型的特点，就如同注意商品包装的特色

一样，一件商品在市场上要想做到畅销，除了讲求商品的质量可靠和性能的优质外，还要讲求对商品进行具有特色的包装；茶馆要想吸引顾客，除了讲求经营商品的质量和优良的服务态度外，茶馆外观造型的特色也是重要的。据不完全的调查，一个经营效益好的茶馆，大多都是一个外观造型具有特色的茶馆。一个善于经营的茶馆，在他们的商品营销的对策中，总有一条是关于茶馆外观造型设计的，因为，茶馆的外观造型可以看成是一种包装，具有特色的包装就能够占领商品的经营市场。

茶馆的造型应该符合它自身的文化类型定位。按文化特征分析，茶馆可分为传统型、艺能型、复合型和时尚型等多种类型。各类茶馆均有其独特的外观造型，体现了特有的品位和文化内涵。

(2) 外观环境

在设计茶馆外观的造型时，除了要考虑建筑本身结构比例的协调性之外，还要注意使茶馆的外观造型与其所处区域的自然环境相协调。风水学认为，宇宙大地的万物都蕴藏着气，优美的山川景致表明生气盎然。相反，残垣断壁的区域，气的流动会受阻。有意识地使茶馆的外观造型与区域景致相协调，就意味着顺应了宇宙之气的流通，将茶馆融入了大自然的生气之中。如很多茶馆建在风景区、公园等地本身就成了风景的一部分，拥有了丰富的大自然生气，自然顾客盈门，生意兴隆。相反地，如果茶馆处在残垣断壁的恶劣环境之中，就会导致生意经营的惨淡。

从商品营销上说，茶馆有优美的自然景致作为

衬托的背景，可以带给人们一个美好的视觉形象。如果茶馆的位置处于风景区内，拥有了优美自然景致的良好环境，就更应使建筑与周围环境相协调，如果不注意这种协调性，就等于失掉所拥有的优美自然景致的生气区域。从客观的实际来说，不协调的茶馆建筑出现在优美的自然景致之中，会损害茶馆对外宣传的形象，从而影响到茶馆的生意。

观察一个茶馆的外观造型是否与所处区域的自然景色协调，最简便的一个办法就是在早晚的时候，从不同的角度，来观察茶馆的外观是否美好。特别是在朝霞和晚霞的时候，看一看映衬在霞光之中的茶馆外观造型是否与周围的区域景致达到最佳的协调状态。

（3）大门

茶馆的大门入口是至关重要的。生意好坏，这个部分能产生三到五成的作用。因此，必须非常注意门庭风水的设计。茶馆大门形式的设计可以参考上一节提到的酒店大门的大小和朝向要领。

另外，不同等级的经营特点的茶馆大门的大小、

位置、数量都是不一样的。现代茶馆大门的设计主要是从茶馆的类型定位来确定大门的样式、颜色、大小等。要点是要进出通畅，舒适，外观引人入胜，并且显出茶馆的独特标志或文化特色。

传统风格的茶馆大门庄重大气，多用铜门或铁门，店面往往飞檐装饰、琉璃屋顶，金碧辉煌，门口摆放石狮等，阔而敞亮。大门的气势上就显示出尊贵的感觉来。而乡土型的茶馆大门就小一点，装饰也相对质朴，木门木窗，以旧式中国庭院和田园风格的装饰物来营造清幽淡雅的环境。而自然型的茶馆大门设计更是别具一格。它的设计以不破坏景点为原则，往往依山而建，傍水而立，或以天然洞穴为店堂，大门的安装与造型可以说是千奇百怪，也可自成风景了。但无论什么样的茶馆和大门，其设计的第一要决便是要能吸引顾客、方便顾客。

（4）招牌与命名

招牌

前一节我们讲了酒楼招牌的意义与制作原则，这在茶馆的外观风水上也同样用得到。而且茶馆的招牌相比之下有更高的艺术性和鉴赏性要求。要体现自己的个性和特色。

有些茶楼的店面狭窄，或者受遮挡，不利于茶楼的发展经营，改良、转运的方法有几种：

一是努力去拆除店前的遮挡物，使店面及招牌显露出来。

二是对店面狭窄而无法改变的，就把店牌加大高悬，使行人处在较远的地方张眼就能看到，但调整要十分小心，不然很可能变成"擎头煞"（又称

"朱雀昂头"),是风水中大不吉的宅相。

三是通过电视、电台、报纸、广告牌等新闻媒介,广泛地进行介绍宣传,尽量做到使顾客知道茶楼的地址、经营的商品,以及商品服务的特点。

命名

店名与人名一样,虽然只是一个符号,但由于它的意义、字形、笔画数、字体等的不同,也会对经营者的运程起到一定作用。中国的成千上万的汉字,每个字都有其独特的内涵,不同字的组合又会产生新的内涵。这种内涵会潜移默化地、全方位地影响到茶馆的经营。一个茶馆名称的好坏,关键还是要看店名天格与地格之间的搭配、店名五行生克的状况、店主人命中五行与店名的生克状况等因素。

而所用的字体如真、篆、隶、草、仿宋体、美术体等,它们各自拥有的属性也各不相同。所以,在起名制作招牌时,应当因人而异、因铺而异、因行业而异。一个合适的店名能够提高茶馆的档次,还可起到趋吉避凶、生意日旺的效果。茶馆的命名应该从以下几个方面去考虑:

名副其实:茶馆的名称能够反映经营者的经营特色或反映所售商品和服务的优良品质。使消费者易于识别,并产生消费欲望。

与众不同:茶馆命名必须能引起消费者的注意,吸引他们的消费欲望。

简单明了:店名不能起得太复杂,有的商家喜欢用繁难字作店名,使顾客不仅不认识而且弄不清楚其经营和服务的内容。

艺术命名：好的店名有文化底蕴，使消费者感到有品位，有档次而更愿意到店里来消费。茶馆命名有很大的学问，不仅要结合音、形、意，更要注意卦象、数理的配合。

茶馆的名字还可以反映出店主的素质和经营头脑。因为饮茶的本身便是一门高雅的艺术，如果取名低俗，自然不能吸引顾客。而命名高雅者，顾客往往会因心理的附加价值产生相应的效果，自然财源滚滚来。店名取得好是引起消费者的好奇心和把品牌打响的关键。一些老字号可以为我们做出榜样，它们多采用典雅、古朴、考究的名字，这些店名往往成了招揽生意的金字招牌。

茶馆的名称必须与经营业主的名字相协调，不可相克。如果店名与经营者姓名之五行相冲，事业则会受影响。

结合茶馆的外部、内部环境情况论名称是更高层次的方法，二者若得到完美结合，会使名称更具有吉祥的诱导力。

2.茶馆内部装修风水

茶馆的内部装修从某种意义上说，代表了一个茶馆的形象。好的设计能在顾客中树立起好的形象，自然就会有宾客临门。如果一个茶馆的设计不协调，就会使人产生反感，甚至产生厌恶感，顾客当然也就很少上门了。

风水学运用到当代茶楼的风水布局、微观调整中会收到很好的经营效果，在发财利市、广招客源

上也具有广泛的应用性、效果性。另外，喝茶、品茶作为一种文化气息比较浓的行为，顾客在选择茶楼时，除了商品质量、服务态度之外，另外一个重要因素就是茶馆内部的格局和装修，看是否高雅舒适，能否体现顾客的地位和欣赏水平。

(1) 茶馆的格局

由于茶馆经营的特殊性，很难将茶馆规划分隔成完全独立的功能区域。在古代，茶馆本来就是一个信息交流中心，大家在茶馆里交流国家大事、家长里短，不失一个交流邻里感情的好地方。随着社会的发展，茶馆的功能日益完善，茶文化与饮食文化、娱乐文化结合日益紧密，茶馆的类型不一样，其内部的格局和功能划分也不一样。

大厅

茶馆的大厅与酒楼的大厅不一样。酒楼大厅是迎送客人的礼仪场所，而茶馆的大厅则是重要的营业场所。还集入口、吧台、休息区、散客区和通道等于一体。一般的茶楼都将大厅作为经营的一大块，厅里设雅座。而包厢、辅座、道旁茶座等则只是辅

助的经营方式。

茶馆大厅的格局宜方正、地势平坦，不可有缺角或凸角。从风水学上讲，天圆地方，方正的格局能使人心胸开阔，眼界高远。从科学的角度讲，方正的格局有利于设计施工、摆放家具，能有效地利用每一寸空间。大厅如果有尖尖角角，客人坐起来也会感觉不舒服。茶馆的大厅是主要的经营之所，方正的造型更容易摆放桌椅和方便客人通行。当然，有些茶馆为了追求风格的独特，把整个茶馆设计成山居模样，大厅则是弯弯曲曲，造成曲径通幽，别有洞天的感觉，那就要另当别论了。

另外，茶馆的大厅应该明亮宽敞，无论大门是朝哪个方向，其设计要符合风水的要求，使客人产生强烈的亲和力，让客人一进大厅就有一种舒适的感觉，这样生意才会兴隆。

吧台

茶馆吧台一般设在大厅，方便客人的茶水取用和其它服务。另外，吧台还应该是在各个包厢、辅座的入口处。能观察到整个大厅的情况，并且包厢里客人的要求也能随时满足。吧台分为两部分，前吧多为高低式柜台，由顾客用的餐饮台和配茶用的操作台组成，后吧由储物柜、商品展示柜和冷藏柜、装饰柜等组成。前吧和后吧的距离不应小于950毫米。

吧台宜做得宽大，一方面显得大气，方便陈设商品；另一方面，服务人员要随时替客人取用东西，需要大的活动空间才不至于磕磕碰碰。过道的地面

应铺设塑料隔栅或条型木板架，局部铺设橡胶垫，以防水防滑，也可减少服务员长时间站立而产生的疲劳感。

厨房

茶馆的厨房设计与酒楼的厨房设计有所不同。通常茶馆以提供各类茶水饮料为主，加上简单的点心熟食，因此，厨房的面积占10%即可。也有一些小茶馆，不单独设立厨房，工作场所都在吧台内。但这样能直接接触到顾客的视线，所以必须注意工作场所的整洁及操作的隐蔽性，吧台区的大小与茶馆的面积、服务范围等。此外，在狭窄的吧台中配置几名工作人员是决定作业空间大小的关键因素。

通道

通道是从外空间过渡到内空间的道路。如果大门够大，那么气流就会顺利进入室内。反之，入口少而小，或者茶馆前空地很少，那么你就要营造宽敞的通道把尽可能多的气流引入室内。因为大气宽敞的通道就像伸出手臂将客户迎入室内，而狭窄的通道好像把人拒之门外，让人心生不快。除非你是故意设计，否则最好不要做过于狭窄的通道。

（2）茶馆的装修要点

灯光与照明

在风水学中，阴暗被看作是一种煞气，对于茶楼的经营和管理不利，要尽力加以避免。但是茶馆营造的就是一种安静、优雅的气氛，和宁静自然的氛围，灯光就不宜过亮，灯光在茶馆装修时是很重要的一块，要做到不明不暗，恰到好处。茶楼的灯光效果要达到以下四点：

一是光线充足，使顾客在10米之内能清楚地看到物品。

二是光线分布要均匀。不能左明右暗，或者是东明西暗。

三是所装置的灯发出的光与色要和谐，避免出现眩光。

四是要避免灯光同一些具有反光性质的装饰品产生反射光线。风水学上认为，这种刺眼的折射光线是一种凶光。

要避免采用直射的日光灯，因为人在吃东西、情绪放松的时候有灯直射，会使人精神紧张，不舒服。可以使用壁灯或角灯。有些传统型的茶楼营造古色古香的风格，采用了悬挂灯笼的形式，或圆或

方、或明或暗、温馨雅致，自有一种风韵。

另外，茶楼的厅堂总免不了要牵线挂灯，为了保证墙面的整洁，要求在铺设灯线时，走线要直，整齐划一，避免灯线乱窜。不然，就有所谓"破坏风水"之虞。当然，能把灯线布于墙体之内是最好不过的。

色彩

茶馆的装潢颜色有很大的讲究，很多茶馆的设计都非常注重内部装潢的颜色，根据心理测试的研究表明，每种色彩都会带给人不同的心理感受。例如：红色等比较明快的颜色，会令人处于一种相对兴奋的状态，激起人们的消费欲望；绿色能缓和情绪，让顾客的心情平和。

从风水的角度而言，店面内部的颜色要和店主的生辰、店面的朝向以及所售商品的五行属性相结合来考虑，将商品的属性纳入金、木、水、火、土五大类，然后根据店主的命卦和店的宅卦，具体确定内部的装潢色调。茶馆的整个装饰色彩也会对效益带来影响，也应随经营业主的命理的喜忌而选取。

绿化

茶馆的绿化是餐饮业装饰中的一大特色。比起其它类型的店铺来，茶馆更多地注重了绿化的功能。

利用室内绿化可以改变人们的视觉感，使室内各部分既保持各自的功能作用又不失整体空间的开敞性和完整性。茶馆的功能区分不是很分明，容易给人造成混乱的感觉，利用植物合理地对室内进行区域分割能取得不错的效果。这种有通透性的间隔，既享受了大空间的共融性，又保持了小空间的私密性。植物特有的曲线、多姿的形态、柔软的质感、悦目的色彩、生动的影子，可以使人们产生柔和情绪，减弱大空间的空旷感，对于营造气氛来讲，植物是必不可少的工具。现在大部分的茶馆装饰得都很雅致。厅里面有茂盛的大树，并设假山喷泉，造小桥流水。走廊和楼梯上也是藤蔓环绕，绿意盎然。还有的茶馆设在风景区、园林或者公园里，以天然的环境为厅，周围是鸟语花香。让顾客在品茶的时候悠然自得。

装饰

茶馆的装饰应该与其本身的类型定位相符。另外装饰材质亦应与经营业主的个人特质相符，方可达到生财旺气的作用。大部分的茶馆装饰材料都是取天然材质，桌椅一般用竹制和木制的，雕花窗和仿古家具也很常见，为的是营造古朴清雅的感觉。屏风、灯笼、字画和纸扇是茶馆的常用装饰品。这些小物件一方面能修饰环境，营造气氛；另一方面，屏风和灯笼还有化煞的功能。比如说，茶馆大门受路冲时，可以放置一面屏风缓解，既美观又实用。灯笼在夜晚很能调节气氛，但是要注意灯笼造型与周围环境的协调与配合，保持色彩的协调或款式的接近，以免显得不伦不类。

另外，在茶馆旺位摆放一些常绿、大叶植物，可达到助运旺财的功效。摆置花瓶、貔貅、麒麟及特别意义的雕塑，也会取得趋吉避凶旺财的功效。目前，很多茶馆皆供奉财神，但根据财神的类型不同，其摆放的位置、方向也要恰当，否则只会适得其反。

(3) 茶馆的装修风格

步入街头巷尾任意一家茶馆，你都能领略到不同的风情，或庄重典雅，或乡风古韵、或西化雅致，这些都成就于设计师和茶馆经营者对于装饰风格的不同理解和诠释。综观茶馆风格，不同类型的风格会带给人不同的视觉感受。

传统风格

传统风格崇尚庄重和优雅。多采用中国传统的木构架构筑室内藻井、天棚、屏风、隔扇等装饰，并运用对称的空间构图方式，笔墨庄重而简练，空间气氛宁静、雅致而简朴。

乡土风格

乡土风格茶馆主要表现为尊重民间的传统习惯、风土人情，保持民间特色，注意运用地方建筑材料或利用当地的传说故事等作为装饰的主题，在室内环境中力求表现悠闲、舒畅的田园生活情趣，创造自然、质朴、高雅的空间气氛。

自然风格

自然风格崇尚返朴归真、回归自然，摒弃人造材料的制品，把木材、砖石、草藤、棉布等天然材料运用于室内设计中。这些做法，对风景区中的茶馆特别适宜，备受人们喜爱。

西式古典风格

西式古典风格茶馆追求华丽、高雅。茶馆色彩主调为白色。家具为古典弯曲式，家具、门、窗漆成白色。擅用各种花饰、丰富的木线变化、富丽的窗帘帷幔是西式传统室内装饰的固定模式，空间环境多表现出华美、富丽、浪漫的气氛。

韩日风格

韩日风格茶馆的空间造型极为简洁、家具陈设以茶几为中心，墙面上使用木质构件做成方格几何形状，与细方格木推拉门、窗相呼应，空间气氛朴素、文雅、柔和。

⑥混合型风格

混合型风格的茶馆在空间结构上既讲求现代实用，又吸取了传统的特征，在装饰与陈设中融中西为一体。如传统的屏风、茶几，现代风格的墙画及门窗装修，新型的沙发，使人感受到不拘一格。

(4) 茶馆的审美

饮茶之所以被看作是一种文化，主要是因为它在满足人们解渴的生理需要的同时，还能满足人们审美欣赏、社会交流、养生保健等高层次的精神需要。茶馆的美是来自于方方面面的，不单是茶馆所营造的文化氛围，更重要的是人们能在品茗的过程

中体会到一种全身心的放松，体验到心灵的净化与宁静。茶馆的心灵审美功能源于许多因素，这里只列举了几个主要因素加以描述。

自然之美

我国山水风景举不胜举，在许多名胜风景区中都设有或大或小的茶馆或茶室，供游人小憩、品茗赏景。茶室几乎可与自然景致融为一体，或在山中，或在湖中，或在幽境之中，或在山涧泉边，或在林间石旁，客人可在茶香萦绕间体会大自然的灵性之美。

建筑之美

亭、台、楼、阁是中国古建筑中的优秀代表，是传统民族建筑艺术中的重要组成部分。园林建筑景观中有亭台楼阁点缀其间，会使园林增添古朴典雅的色彩。现在，许多茶楼的主体建筑设计为江南古典园林的形式，屋檐、梁栋、门窗都雕刻上具有吉祥意义的人物、飞禽走兽及花鸟草木等，更有一些砖刻和绘画等都具有独特的审美情趣与吉祥意义。还有一些茶楼将茶馆设计成仿古建筑，华丽中透着古朴，优美中伴有刚健，给人以古朴典雅之美。

格调之美

中国古韵式的茶楼，大厅内有红木八仙桌、茶几方凳、大理石圆台，天花板上挂有古色古香的宫灯，

墙上嵌有壁灯，桌上摆放着古朴雅致的宜兴茶具。

中国古典式茶楼，大厅茶室内设有大理石桌面的红木桌椅，雕花隔扇内是茶艺表演台，壁架上陈列着茶样罐和茶壶具，壁上悬挂着各式字画。中国园林式的布置十分别致。绿树林荫、卵石覆地、木栅花窗、阁楼回廊，加上藤制桌与萦绕的古乐雅音，无一不渗透出古朴典雅的江南庭院风韵，使人产生回归自然、心旷神怡的感觉。

中国仿古式的茶楼，再现昔日茶楼的风采。充满喜庆色彩的春联、深色的老式账台，向人们展现了旧时老城的风情。沿着木楼梯拾级而上，大堂里透着木纹的长条凳、八仙桌，阁板上放着的老式算盘、茶罐、提篮、米桶……临窗而坐，透过雕花木格窗棂，可见街市上游人如织。品着香茶，再看茶堂四周，清新的民俗壁画，古朴的剪纸窗花，好一番"清香茗品留客坐，箫管丝竹入耳来"的意境。

品茗之美

品茶是为了追求精神上的满足，重在意境。在细细品味的过程中，可以从茶馆美妙的色、香、味、形中得到审美的满足与愉悦。

茶叶冲泡后，形状发生变化，几乎可恢复到自然状态，冲泡的水色也由浅转深，晶莹澄清。每种茶叶都有不同的颜色。如：绿茶，其冲泡的水色就有浅绿、嫩绿、翠绿、杏绿、黄绿之分；而红茶也有红艳、红亮、深红之分；同是黄茶，就有杏黄、橙黄之分。茶叶的形状，也是千姿百态，各有风致。不同的茶叶具有不同的香气，泡成茶汤后，出现清香、栗子香、果味香、花香等，令人回味绵长。

茶艺之美

通俗地说，茶艺就是泡茶的技艺和品茶的艺术。在茶艺馆里，茶叶的冲泡过程就是一项普及茶文化知识，充满诗情画意的艺术活动。沏泡者不仅要掌握茶叶鉴别、火候、水温、冲泡时间、动作规范等技术问题，还要注意在整个操作过程中的艺术美感。沏泡技艺会给人美的享受，包括境美、水美、器美和技艺美。茶的沏泡艺术之美表现为仪表的美与心灵的美。仪表是沏泡者的外表，包括容貌、服饰、姿态、风度等；心灵是指沏泡者的内心、精神、思想、情感等，通过沏泡者的设计、动作和眼神表达出来。

在安静幽雅、整洁舒适、完美和谐的品茶环境里进行欣赏活动，不仅能培养和提高人们对自然美、社会美和艺术美的感受能力、鉴别能力、欣赏能力和创造能力，而且还能帮助人们树立崇高的审美理想、正确的审美观念和健康的审美趣味。

因地制宜的风水设计

在具体的商业风水的设计中

要与环境加以配合

由于环境位置以及形态各有不同

因此

要想方设法寻找最佳的平衡点

针对商业的具体情况

用科学的方法进行化解

使得商业经营者不仅能享受到商业环境的舒适

更能享受到商运昌和的喜悦

第八章
PART EIGHT

商铺的风水宜忌

> 现代城市的商业街里，各色各样的商铺林立。在带来商业繁荣的同时，也产生了一些风水问题。营业地点、经营项目、客源等诸多因素都可能影响到商铺的经营，但每个商铺都有不同的特点和经营手法，所以风水的布置就不可一概而论。
>
> 理想的商铺风水能像磁铁一样把消费者吸引过来，甚至还有可能带动周边的生意。不好的商铺风水，无论你怎么努力，最终可能只落得个事倍功半甚至失败经营的结局。

商铺风水之宜

1. 商铺橱窗宜有广告

在现代商业活动中，橱窗既是一种重要的广告形式，也是商铺店面装饰的手段。一个构思新颖、主题鲜明、风格独特、手法脱俗、装饰美观、色调和谐的商店橱窗，与整个商店的建筑结构和内外环境构成一幅立体画面，能起到美化商店和市容的作用。从整体上来看，制作精美的室外装饰是美化销售场所和装饰商铺、吸引顾客的一种手段。商铺橱窗引人注目，天长日久后商铺自然美誉远扬，名闻遐迩，顾客也会越来越多。

2. 商铺设计宜有特色

对于一间商铺的形象是否适合，设计是否美观的问题，不但要以该商铺设立的时间、地区和顾客对象的喜好为依据，还要根据市场的需求和顾客的

地方如果正好是玻璃，则应该把这一面玻璃加以遮盖，也可安装窗帘或用装饰板将其遮掩。

4. 商铺的财位宜明亮

财位宜明亮，不宜昏暗。财位明亮的商铺会生机勃勃，因此财位如有阳光或灯光照射，对生旺财气大有帮助；如果财位昏暗，则有滞财运，需在此处安装长明灯来化解。安装在财位的灯，一般来说，数目应以1、3、4或9为宜，而光管亦以这些数目为宜。

5. 商铺的颜色宜明亮

按照风水上的说法，对地面的装饰就是凝聚生气。地面生气的强弱，除决定于地板砖表面的光滑明亮外，还注意地板砖的颜色。颜色对于风水来说，有象征性的意义。首先要保证墙面颜色的明亮，因为明亮的颜色才会给人带来光洁舒适的感觉。风水学认为，明亮就是生气，有了一个光洁舒适的经营环境，就能赢得顾客，更能赢得良好的经营效益。

购买动机、消费习惯及与同行的比较等因素，要通过详细调查、研究而后再着手设计。总的来说，商场的设计装修要讲究个性、特色，这样才能突出卖点，更能招揽顾客。

3. 商铺收银台宜设在白虎位

风水上认为，商铺的收银台应设在白虎位（人站在室内往大门方向看去的右边就是白虎位），也就是在不动方，这样才能守住入库的钱财。收银台是钱财主要的进出之地，切不可设在流动性较大的龙边，否则不利财气。其实，这也是为了符合人们靠右行走的习惯，从里面出来时一般习惯性靠右走，而这边正好是白虎位的付账处。收银台在不动方的

6. 商铺宜选用吉祥字号

旧时人们采购物品时，大多选择商铺字号的吉利性，甚至会舍近求远，因此，许多商铺就因吉利的字眼而声名远扬，生意日渐兴隆。商铺的字号，除了要突出商铺特色，配合经营者阴阳命理之外，还宜给买卖双方带来兴旺发达、吉祥如意的好兆头。旧时民间商铺字号的用词用字，总在乾、盛、福、利、祥、丰、仁、泰、益、昌等吉利的字眼上选择，意为招财进宝，一本万利，大发鸿财。经营文物、古玩、书刊、典籍、文房用品、医药等业的商铺字号，则多取典雅的字眼。

7. 商业场所的楼梯口宜宽敞

有的商铺开设在二楼或二楼以上，需要通过楼梯才能到达。在设计商业场所时，上下的楼梯口不可狭窄、拥挤，否则容易产生压迫感，使顾客不愿意光顾。理想的楼梯应该宽广、明亮，不仅从视觉上看起来心里舒畅，而且还要兼顾安全。同时，楼梯也是财气进出的通道，楼梯口宽阔，也就意味着财路宽阔。

8. 商铺宜有圆形水池

在传统风水学中，水代表"财"，"水"的安排恰当与否，和公司的财富有密切关系。圆形可以藏风聚气，所以商铺前若有喷泉或瀑布等水景，最好将水池设计成圆形，并要向商铺稍微倾斜内抱（圆方朝前）。从风水学的设计角度来讲，水池设计成圆满的形状，圆心微微突起，这样才能够藏风聚气，

增加居住空间的清新感和舒适感。同时，圆形也不易有犄角旮旯隐藏污垢，便于日常清洁。

9. 商铺内宜通风透气

风水上说房屋的纳气，也就是指房屋内部气的流动。商铺是一个人群密集的区域，是一个商品堆积的区域，所以更需要纳入新鲜的空气，也需要厅堂内气体反复的流动。气体流动可以驱走浊气，带来新气，也可以驱走湿气，带来干爽之气。风水中的"纳气"，在一定的意义上，可以理解为通风透气。商铺的通风透气，对商品的保管与交易都是很有好处的。使商铺通风透气，也是商铺装饰时所要考虑的重要原则之一。

10. 商铺内宜设镜子

镜子可以反射灯光，使商品更鲜亮、更醒目、更具有光泽。有的商铺会运用反射灯光，使得商品更鲜亮、更醒目、更具有光泽；有的商铺则用整面墙作镜子，除了上述的好处之外，还可给人一种空间增大了的假象。所以最好在商铺内光线较暗或微弱处设置一面镜子。镜子又分为凹镜、凸镜和平面镜。一般而论在屋内放平面镜有收聚财气的作用，而朝向窗外或屋外的平面镜则有反射煞气的作用。凸镜有分散的作用，可以将电灯柱、尖形物体、路冲、旗杆冲射、天斩煞、道路指示牌、烟囱这些煞气卸去，故属于"化解煞气"的风水用品。凹镜有更强的"收聚"的力量。当某些方位出现地气逸走或吉利物体远离住宅太远时，可利用凹镜来收聚。

11. 武财神宜面向商铺大门摆放

商铺中除了某些神像应该面向大门外，其余的则不需要墨守成规。举例来说，"关帝"以及"地主财神"应该朝向大门，其他则不必如此。"关帝"是武财神，龙眉凤眼，手执青龙偃月刀，不单威武非凡，而且正气凛然，故此一般商铺大多奉为镇店之神。若是正对大门便有看守门户的作用。"地主财神"的全名为"五方五土龙神，前后地主财神"。在传统社会里，"地主财神"供奉在商铺内，与供奉在大门外的"门口土地"，一内一外，作为商铺的守护神。

12. 商铺地面宜平整防滑

商铺地板应平坦，不宜有过多的阶梯，也不宜制造高低的分别。有些商铺采用高低层次分区的设计，使得地板的高低有明显的变化，而财运也会因地板的起伏而多有坎坷。还有的设计者会将商铺内的地板凹下去一阶，或将室内某部分的地板加高一阶，以使之看起来有变化，其实这是一种风水不好的表现。风水学认为，不平坦的地板会导致身败名裂。从实际运用的角度来分析，高低不平的地板也容易发生意外，不小心会一脚踩空而跌倒，对经营者和顾客都不利。

13. 商铺的保险柜宜摆放在财位

商铺的财位放置落地式保险柜，是非常符合风水要求的做法。保险柜里面可放置贵重金饰、珠宝、存折等，但必须秉持"财不露白"的原则，不可买回保险柜就大大方方的往财位一放了事。可以做一些室内设计，将保险柜加以遮掩装饰，使人不知道里面是保险柜，外观应形似一般的橱柜为好。同时金柜口不宜朝向门口，否则容易导致财来财去；商铺保险柜的门也不宜向着顺水流，否则容易导致耗财连连。

14. 天花板高度宜与商铺面积相协调

商铺天花板的高度要根据其营业面积来决定，宽敞的商店应适当高一些，狭窄的商店则应低一些。一般而言，一个10～20平方米的商铺，天花的高度在2.7～3米左右，可以根据行业和环境的不同作适当调整。如果商铺的面积达到300平方米，那么天花板的高度应在3～3.3米左右；1000平方米左右的商店，天花板高度应达到3.3～4米。天花板太高，上部空间就太大，会使顾客无法感受到亲切的气氛；反之，天花板过低，虽然可以给顾客亲切感，但却使店内的顾客带来压抑感。

15. 商铺宜近"三流"

"三流"指的是水流、车流、人流。风水上讲究阴阳，水流属阳、属柔、属虚，而商铺则属阴、属实、属刚。以商铺迎取来水，便是旺财铺。水流为流动之气，车流、人流亦属于流动之气。故选择商铺，最好选择水流停聚之处，如码头等；选择车流停留之处，如停车场、地铁站、火车站；人流则需看其大规模的来去走向。经商的风水必须收得水流、车流、人流方能旺财，没有"三流"，生意则难以开展。

16. 商铺的财位宜置植物

财位上宜摆放长势茂盛的植物，可令家中的财气持续旺盛，运势更佳。因此在财位摆放常绿植物，尤其是以叶大、叶厚或叶圆的黄金葛、橡胶树、金钱树及巴西铁树等最为适宜。但要留意的是，这些植物宜用泥土来种植，不宜以水来培养。财位不宜种植有刺的仙人掌类植物，因为此类植物是用来化煞的，如不明就里，则会弄巧成拙，反而造成伤害。而藤类植物由于形状过于曲折，也最好不要放在财位上。

第三部分 现代商业风水

商铺风水之忌

1. 商铺忌临高速公路

随着城市建设的发展，高速公路越来越多。由于快速通车的要求，高速公路边一般有固定的隔离设施，两边无法穿越，公路旁也较少有停车设施。因此，尽管公路旁有单边固定及流动的顾客群，也不宜作为商铺选址的区域。通常人们不会为了一项消费而在高速公路旁违章停车。另外，高速公路的路冲煞比较严重，对附近人的健康也会造成一些不利的风水影响。

2. 商铺忌临隧道出入口

隧道口是向下凹去的地方，象征引水走的地方。风水上水为财，所以商铺门口向着隧道，代表不能聚财。商铺向着行人隧道的出入口，不能聚财；若向着汽车进出的隧道，则更加难以聚财。但是，隧道若是通往地铁站则不在此例，因为这种隧道有疏导聚水局之气，商铺接近之，也能受到此气的影响，所以商铺处在通往地铁隧道附近或接近之，则作吉论，经营者旺财。

3. 商铺忌开在坡路上

正常情况下，商铺场所的地形应与道路的路面处在一个基本的水平面上，这样比较有利于顾客进出商铺。商铺设在坡路上是不可取的，因为这种格局难以招揽顾客。如果商店不得不设在坡路上的话，就必须考虑在商店与路面之间的适当位置设置入口，以方便顾客进出。商铺大门的路面与商铺的地面高低悬殊较大，也会妨碍顾客的进出而影响商铺的生意。

4. 商铺忌临反弓路

"反弓路"呈弯曲型，住宅之门正对此路，易犯反弓煞。"反弓煞"即住宅门前有弧状道路向外拱出，主住宅区的人易受血光之灾或破财。当商业大厦或商铺门前同时出现反弓路或怀抱路时，会出现财来财去的状况。一方面经营收入十分丰厚，但商铺中大数目的开支也会使经营者失去预算，正所谓"有钱赚而无钱剩"。如果遇到此种情况，可于门前设一块镜子来化解，具体还需咨询专业人士。

5. 商铺忌前后门相对

一些大的商铺会在店面的前方和后方各开一扇门，以方便顾客的进出，吸引更多的顾客。这种格局似乎对生意有利，但从风水的角度而言，气流可以通过前门而直通后门。风水理论中最忌气流互通，"气流直通财气流空"，这种格局难以聚财。除了少数的情况之外，"两门相对"会令财气不聚，所以，即使有必要开两扇门，也不宜出现两门相对的格局。

6. 商铺大门忌有光煞

如果商铺大门是朝东西方向开的，那么，夏季火辣辣的阳光就会从早晨照射到傍晚，风水上将此视为光煞。光煞对于商铺的经营活动是相当不利的。煞气进入店内首先干扰到的就是店员，而店员在烈日的暴晒之下，会口干舌燥、眼冒金星、全身大汗，很难维持良好的工作情绪。商品在烈日的暴晒之下，也容易变脆发黄，严重的还会影响到商品的质量。另外商铺在烈日的炙烤之下热气逼人，自然难有人会登门拜访，更难说消费。

光煞的光波折射是一种动象，动象能影响吉凶。若光煞照射在商铺的吉方，则影响力不大；若光煞照射在商铺的凶方，则受光煞刺激便会兴风作浪。如果光煞照射在白虎位，"五黄""二黑"凶星之方，轻则使人破财败业，重则容易发生血光之灾，导致碰伤撞瘀，使身体健康受损，尤其是对店中的女性不利。

7. 商铺忌临"孤煞地"

阴代表黑暗、深沉、消极的气氛和环境，如寺庙教堂、坟场都是所谓的"孤煞地"。阳代表旺盛、热闹、喧哗，所营造的环境包括戏院、餐厅、酒楼、闹市等。很明显，阴阳环境属于两个极端，对于商业经营来说，人流穿梭，人气就盛，人越拥挤，气氛就越热闹。开店做买卖需要的就是以人气来带旺生意，而孤煞地的阴气则与之相反。阴气过重的孤煞之地附近是不适合开设商铺的。

8.商铺忌临垃圾站

商铺不宜选在垃圾站、加油站、电力房或锅炉房旁。正所谓"孤阳不生，独阴不长"，大厦的前面有公厕或垃圾站便是犯了独阴煞。五楼以下的商铺较容易犯此煞，如果垃圾站紧贴着自己的住房，凶性会加重。如果犯上独阴煞，一定要小心家人的身体健康，防止因病而破财。另根据佛教的观点，灵体是喜欢聚集在阴森及有臭味的地方，如森林、垃圾站等。所以如果商铺附近有垃圾站，容易引灵体入屋，致使业主的精神出现问题，运势反复。解决的办法是在门口安装一盏红色的长明灯。

9.商铺大门忌对窄巷

商铺大门不可面对窄巷，否则，商铺内的气流易受阻，运势也不顺畅，容易聚积秽气，对经营者健康有不良影响，而且商铺的发展前景也被封死，在事业上象征没有出路，发展缓慢。另外，如果窄巷的尽头比入口大，处在其中的妇女都很难怀孕。

10.商铺忌临立交桥

长长的立交桥就像一把利剑直冲而来，路上的车辆往来穿梭，产生煞气非常重。而立交桥上高速行驶的车辆也会形成强大的噪音和冲击气流，对低层楼内人员的身体和气运都会造成不良影响。立交桥在风水上有聚财的功效，因此，五楼以上的高楼内的商铺临近高架桥，不但可以抵挡煞气，而且也可以起到兴旺财运的作用。总的来说，向着立交桥的商铺，一般风水较差，因为立交桥大多高过商铺，比商铺低的不多，除非是商业大楼。

11. 商铺忌临公交车总站

商铺不宜临近公交车总站，因为时常会有公交车启动的声音来骚扰。从风水上来讲，这种情况称为声煞，因为这些声音会影响到商铺的经营。另外，临近公交车总站除犯声煞外，还会犯另一个风水问题。公交车在开动时，会产生一定的磁场，令道路上的气流急速转动，这些动象会对商店员工的情绪和健康造成影响。化解方法：把商铺内的窗关闭，以减少噪音的分贝，但关闭窗户后，最好打开空调，否则，空气就会不流通。

12. 商铺门前忌多条道路交汇

有的商铺前方由左右两条道路交汇，而形成三角形，冲射到商铺。这种情况易使经营者因财失义，而且身体也容易多病。若三条或四条道路相交，犹如一把剪刀剪向商铺，则犯剪刀煞，象征破财、损丁、易受意外受伤，非常不宜，交汇的道路越多，就越凶。

13. 商铺大门忌对屋角

商铺的大门如果正对附近其它房屋的屋角，在风水上称为"隔角煞"。远看上去像是一块巨大的刀片直划而来，为大凶之兆，主健康不利，财运也不济。以现代的观念来看，从大门看出去，一半是墙壁，一半是天空，在心理上也会有种被切成两半的不佳感觉；而从气场上看，两边的气流被阻隔，完全失衡，则非常之不好。

14. 商铺的门忌四面相通

无论是商铺或居住楼宇，都不宜大门前后相通，更不能四面相通，否则地气会前进后逸或后进前逸。如果屋的大门对着窗门，通常主财运不聚，也就是从大门入来的气会从窗门流走。大门正对窗门，已对风水不利，大门前后相通，后果则更加严重。如果商铺的门前后左右都相通，则经商者的生意时好时坏。客人要求过高，以至生意难做，四面楚歌。化解方法：用"铁马"把门的其中一个方位拦截，或者干脆选择将顾客流量少的门关闭。这样就不会前门通后门，构成了"藏风聚财"的格局。

15. 商铺地势忌四周高过中间

商铺的地势如果是四周高而中间低，如邻近街道，则行人的脚像是踩在商铺头顶，一方面是通风和采光不好，另一方面，如果周围的道路明显高于商铺中心，那么，在道路上只能看到商铺的屋顶。屋顶上布满灰尘的管道和设备，也可能会导致招揽顾客的气场下降。

16. 商铺忌招牌冲大门

在风水学中，指示交通的路牌，有时也会给商铺带来影响。如商铺的大门对面，有电灯柱、电线杆或停车路牌正立着，称为"对堂煞"，又叫"穿心煞"。"穿心煞"会导致破财，易招口舌是非及产生生离死别之患，不利经营者。商铺的人犯此煞容易患上心腹等疾病，若再逢上流年正煞或三煞、太岁等飞到，后果则更为严重，建议不要选择这种格局的商铺。

17. 商铺的财位忌无靠

商铺财位的背后最好是用坚固的墙做依靠。背后有靠象征有靠山可倚，可保证无后顾之忧，这样才能藏风聚气。反过来说，倘若财位背后是透明的玻璃窗，这不但难以积聚财富，而且还因为容易泄气，会有破财之虞。

18. 商铺忌与直路、"Y"字路相冲

道路若直且长，而中间又没有红绿灯截气，就有可能产生副作用，出现直路冲射的现象。商铺的前方如果正对一条直路，则为直枪煞，象征商铺内的工作人员健康日渐恶化。"Y"字型的路口往往都是繁华的地段。在此处开店，虽然较繁华，但易受到来自大道的煞气冲击，若不在此开店，又避开了有利于发财的生气。这种的情况可采取以下几种风

水"制煞"的方法：

要求在开设"Y"字型路口的商铺前，加建一个围屏、围障，或将商铺门的入口改由侧进，以挡住或避开迎大路而来的风尘。

在店前栽种树木和花草，以增加店前的生气和消除尘埃。

多在门前洒水消尘，以保持店前空气的清新；勤于清扫店前的卫生和擦洗店面的门窗，以清除沉积的尘土。

19. 商铺地势忌倾斜

商铺地势宜平，从风水的角度来看，地势平坦的房屋较为平稳，而斜坡则颇多凶险。倘若商铺位于斜坡之上，那么在选择时便需要特别小心的视察周围环境。若房屋的大门正对一条甚为倾斜的山坡，则不可将其选作商铺，因为这样不但会使生意萧条，而且还会导致血光之灾，有去无回。

20. 商铺的财位忌水

郭璞的《葬经》有云，生气是"界水则止，遇风则散"。而财位是聚气之所，所以此处忌水。有些人喜欢把鱼缸摆放在财位，其实这是不适宜的，将鱼缸置于财位会造成财气阻滞。财位忌水，故此不宜在那里摆放用水培养的植物，同时也不宜放置饮水机等物品。不过有一种情况例外，如果业主的八字命里缺水，则可于财位摆放有水的器物。

21. 商铺的财位忌振动

大部分人开店经商的目的是求财、赚钱，财位是商铺催财的重要位置，如果商铺的财位长期凌乱及受到振动，则很难固守正财。所以财位上放置的物品要整齐，也不可放置经常振动的各类电视、音响等。

22. 商铺的财位忌尖角冲射

风水学上最忌尖角冲射，商铺财位附近不宜有尖角，以免影响财运。一般来说，尖角愈接近财位，它的冲射力量便愈大。所以在财位附近，应该尽量避免摆放有尖角的家具杂物。无论是为了风水，或

是为了顾客安全，都应该尽可能选用圆角家具。

23. 商铺的财位忌脏污

商铺财位应该保持清洁，倘若卫生间刚好位于财位内，那便十分遗憾。此外，倘若财位堆放太多杂物，那亦绝非所宜。因为这亦会污损财位，令财运大打折扣，不但会使财位不能招财进宝，而且会令家财损耗。化解之法最好是把财位收拾干净，并摆放上吉祥物。

24. 商铺忌摆放干燥花

木五行属阳，是五行中唯一具有生命的东西，可以生长、繁殖，因此商铺里摆放的植物一定要健康美观，不可出现枯萎的情况。干燥花由真花制成，容易保存，但从风水的观点来看，干燥花并不适合放在办公室或商店内。干燥花会吸收阴气，在风水上是不好的。另外，干燥花是已经死的花，是人工的，虽然这是一种艺术，但它还是无法代替鲜花的。